中印佛學泛論

——傅偉勳教授六十大壽祝壽論文集

藍吉富 編

東大圖書公司

滄海叢刊

國立中央圖書館出版品預行編目資料

中印佛學泛論：傅偉勳教授六十大壽祝壽
論文集／藍吉富著.--初版.--臺北市
：東大發行：三民總經銷，民82
面； 公分.--(滄海叢刊)
ISBN 957-19-1622-6 (精裝)
ISBN 957-19-1623-4 (平裝)

1.佛教-論文，講詞等

220.7 82008430

©中印佛學泛論

—傅偉勳教授六十大壽祝壽論文集

編　者　藍吉富
發行人　劉仲文
著作財產權人　東大圖書股份有限公司
總經銷　三民書局股份有限公司
印刷所　東大圖書股份有限公司
復興店／臺北市復興北路三八六號六樓
重慶店／臺北市重慶南路一段六十一號
郵　撥／〇一〇七一七五——〇號
初　版　中華民國八十二年十二月
編　號　E 22030①
基本定價　陸　元
行政院新聞局登記證局版臺業字第〇一九七號

ISBN 957-19-1622-6 (精裝)

本書各文作者及編者簡介

——依本書各文之先後為序

楊惠南：臺灣大學哲學系教授

林鎮國：政治大學哲學系副教授

恆　清：臺灣大學哲學系教授

方立天：北京・人民大學宗教研究室主任

賴永海：南京・南京大學哲學系副主任

游祥洲：中央通訊社研考室主任

慧　開：美國天普大學博士班研究生

Steven Heine：美國賓州州立大學副教授

楊曾文：北京・中國社會科學院世界宗教研究所佛學研究室主任

蔣義斌：中國文化大學歷史系教授

江燦騰：清華大學兼任講師

李元松：「現代禪」教團創辦人

林光明：漢功企業公司總經理

藍吉富：中華佛學研究所教師

編者序

本書是傅偉勳教授的友人或學生們，為祝賀傅教授六十大壽所撰集而成的佛學論文集。

今年（一九九三）十月七日，是傅教授滿六十歲的壽辰。在今年三月，幾位在臺灣研究佛教的友人知道這一消息，乃產生以文集祝壽的動機。本來，傅教授的友人、學生遍布在亞、歐、美各地的學術界裏，絕不止佛學界人士而已。然而，由於距離壽辰的時間太緊迫，要及時全面通知所有友人撰文，確有事實上的困難。幾經考慮，最後乃決定僅以佛學界人士為限。

單以佛學人士為限，另外又有若干用意。其一，彙集若干研佛者的智慧，撰文賀壽，猶如佛教徒生日時之延請僧人誦經祝禱，具有宗教上的意義。其二，傅教授自一九六〇年之後，其著述以西洋哲學、中國哲學及中國文化問題為主。近十年來，轉攻佛教哲學而佳作頻出。在近五年來，對臺灣的佛學研究有相當程度的刺激與啟迪。因此，由佛學界人士賀壽，當更可以彰顯傅教授近年來的治學方向及其與佛學界的深度關係。

通常，這種論文集的約稿期限，往往是一年，至少是半載。然而，此次由於要趕在年底前出版，因此，發出邀請函後僅有三個月時間卽必須截稿。雖然緊迫如此，然亦收到海內外寄來的十餘篇佳構。傅教授之為友人或學生所尊敬的程度，由此亦可窺見一斑。其中，至為可惜的是，傅教授的高足——現任美國貝特斯學院(Bates College)

哲學與宗教系副教授的 Dan Lusthaus 博士，在本書截稿之後曾寄來一篇英文論文《The All-inclusive Exclusion of the Excluded Middle: The Chinese Reception of Buddhist Logic》，由於文長四十頁，而且內容艱深，不易迻譯。因此，編者雖曾請兩位友人翻譯，然皆無法在短期內交稿。為了全書的出版進度，該文只好忍痛割愛。編者在此謹向 Dan Lusthaus 博士敬致謝意與歉意。

本書所包含的十二篇文字，涉及的層面包含佛教哲學、歷史、文學與現代佛教。所討論的內容涉及印度、中國、以迄現代臺灣。撰文作者又分別是美國、中國大陸及臺灣的優秀學者或宗教修行者。因此，不論從各文的份量上看，或從作者的水平看，本書應有一定程度的代表性。因此，除了編輯動機是為了向傅教授祝壽之外，本書內容之可讀性及學術價值應該也是可以肯定的。

在邀稿過程中，所有撰稿者的熱忱響應、以及政治大學林鎮國教授的多方協助、該校哲學研究所呂凱文同學的費心翻譯，都使本書的完成進度加速不少。此外，三民書局及東大圖書公司的負責人劉振強先生與傅教授是多年知交，劉先生慨然應允出版本書，也是本書能快速出版的直接動力。編者謹在此向上述諸位先生敬致謝忱。

茲書出版在即，所有參與此書之同仁，謹在此祝賀傅教授：健康猶如壯年，著述更勝昔時！

藍 吉 富

中印佛學泛論

—傅偉勳教授六十大壽祝壽論文集

目　次

批判心靈的昇華

——釋迦的教育理想

楊 惠 南

釋迦牟尼佛所處的時代，是印度傳統宗教——婆羅門教（Brāhmaṇism）極盛的時代。婆羅門教，夾其結合政、教的龐大勢力，橫行於印度的精華地區——「中國」（Madhyadeśa）❶，但也形成了奢靡的世俗惡習。另一方面，當時印度的新興地區——恒河（Gaṅgā）流域的中、下流，則出現一些反抗婆羅門教傳統的宗教新興學（教）派；例如：主張享樂主義的唯物論者（Cārvāka），乃至主張極端苦行的耆那教（Jaina）。前者卽是佛教文獻所說的「順世外道」（Lokāyatika），而後者則是佛教文獻所說的「裸形外道」❷。相對

❶ 卽恒河（Gaṅgā）最大支流——閻牟那河（Yamunā）上游，與薩特雷治河（Sutlej）之間的地帶。古代稱爲「拘羅（地方）」（Kurukṣetra），又稱婆羅門國（Brahmāvarta）或雅利安國（Āryāvarta）。而它的中心則是佛教文獻當中，常常說到的「摩迦陀」。事實上，它是婆羅門教文明的根據地和大本營。〔參見高楠順次郎、木村泰賢著，高觀廬譯，《印度哲學宗教史》，臺北：臺灣商務印書館，1991（臺1版6刷），頁5。〕

❷ 釋迦時代的耆那教，已經分裂爲兩大派別：(1)白衣派（Śvetāmbaras），傳教士以身著白衣而得名；(2)裸形派（Digambaras），傳教士以不穿衣服而得名。前者的戒律較後者的戒律來得寬鬆。（Cf. Chatterjee, Satischandra and Dhirendramohan Datta, *An Introduction to Indian Philosophy*, Calcutta: Univ. of Calcutta, 1984, p. 74.）佛教文獻中的「裸形外道」，指的卽是裸形派的耆那教徒。

於極端腐敗的「正統的」(āstika) 婆羅門教來說，「非正統的」(nāstika) 唯物論者和耆那教，也是另一種極端❸。唯物論者見到了婆羅門教的腐敗，轉而否定善行及其結果——解脫的價值，相反地，主張即時行樂。他們以爲：「解脫只不過意味著死亡？」(Maraṇam eva apavargaḥ)❹。另外一種反抗「正統」婆羅門教的方式，則是耆那教的苦行主義；無疑地，那也是另一種極端❺。

事實上，釋迦牟尼佛所創立的佛教，乃是建立在對於「正統」婆羅門教和「非正統」之唯物論者、耆那教的批判之上。他提出了不和權勢掛勾、不縱慾、不苦行的「中（庸之）道」(madhyamā-pratipad)，那是一種遠離於奢靡、苦行之「二邊」（兩極端）的德性生活❻。這樣看來，釋迦所創立的佛教，乃是在批判與否定之後，所建立起來的宗教。無疑地，那是批判心靈的昇華。

本文試圖透過釋迦的批判心靈，來了解他那經過昇華之後的教育

❸ 印度哲學宗教史上，往往把印度的宗教哲學分成「正統派」(Āstika) 和「非正統派」(Nāstika) 兩類。前者指婆羅門教的「六派哲學」(Ṣaḍ-darśana)，亦即釋迦時代已成立的數論（僧佉，Sāṅkhya）、瑜伽（瑜伽，Yoga）、正理（尼夜，Nyāya）、勝論（吠世，Vaiśeṣika）等四派，以及紀元後才成立的彌曼沙 (Mīmāmsā) 和吠檀多 (Vedānta) 等兩派。這六派都肯定婆羅門教聖典——《吠陀經》(Veda) 的權威。而「非正統派」則指佛教、耆那教和唯物論者，其中，唯物論者卽是佛教文獻所說的「順世外道」。三個非正統派，都不承認《吠陀經》的權威。

❹ 《祈禱主經》(*Bṛhaspati-sūtra*) 語；參見❷所引書，頁65。

❺ 耆那教特別注重苦行，這點尤其可以從斷食以致死亡，乃至曝曬身體而中暑等「外苦行」看出來。（參見中村元編，葉阿月譯，《印度思想》，臺北：幼獅文化事業公司，1984 頁95～97。）

❻ 《中阿含經（卷五六）・羅摩經》，卽曾明白地說到這點：「五比丘當知！有二邊行，諸爲道者，所不當學。一曰著欲樂下賤業，凡人所行。二曰自煩、自苦，非賢聖求法，無義相應。五比丘！捨此二邊，有取中道。」（引見《大正藏》卷一，頁777下～778上。）在這段向「五比丘」（釋迦最早的五個弟子）所說的道理當中，釋迦說到要遠離「欲樂下賤業」和「自煩、自苦」之二邊，而求取「中道」。

理想。在下面的幾個段落裏，我們將把注意力集中討論釋迦的反權威教育、反婆羅門教的宗教儀式、反苦行、反不平等的社會階級制度——「四姓」、反形上學，乃至反一神論等幾個主題之上。其中，前面四個屬於宗教制度或社會制度方面的批判；而後面兩個，則屬於思想層面的批判。

一、批判與否定

(一) 權威教育的批判與否定

釋迦是一個反對權威教育的聖者，這點可以從下面的事實看出來：一次，釋迦在舍衛國祇樹給孤獨園說法時，曾對他的弟子們說：有四種修行人「可敬可貴，世之福田」。這四種修行人是：持信、奉法、身證、見到❼。其中，持信人是指「有信於如來」、「亦信如來語，亦信梵志語」，總之，是一個「恒信他語，不任己智」的修行人。也就是一個完全信任別人所說的修行人，不管教導他的是如來或是梵志（婆羅門）；也不管教導的內容是什麼。其次的「奉法人」，是指那些「分別於法，不信他人，觀察於法」的修行人。也就是那些能够分辨是非、對錯，而帶有懷疑、反省之心的修行人。他們能够分辨「此是如來語，此是梵志語」，以致做到「知如來法語者，便奉持之；諸有外道（指梵志）語者，而遠離之」。而第四的見到人，則指那些已經「斷三結」，而成就「須陀洹不退轉法」的修行人；也就是

---

❼ 下面有關四種修行人的詳細說明，請參見：《增壹阿含經》卷一九，第10經；《大正藏》卷二，頁646中～下。

那些已經達到初步解脫的修行人❽。

在這四種「可敬可貴，世之福田」的修行人當中，第一種人——持信人，只是虔誠的信仰者罷了；第二種人——奉法人，只是有反省能力，而「依教奉行」者罷了；而第四種人——見到人，則是（部分的）解脫者，並不是一般人所能做到的。不過值得注意的是，從前後的排列次序看來，第二種的奉法人，比起第一種的持信人，要來得「可敬可貴」。從這一安排可以看出，釋迦雖然指出信仰的重要性，但，更加強調弟子們自我反省的習性和能力。

在這四種修行人當中，最值得我們注意的，莫過於第三種的身證人。什麼是身證人呢？釋迦做了這樣的解釋：

> 彼云何為身證人？於是有人，身自作證。亦不信他人，亦不信如來語。諸尊所說言教，亦復不信。但任己性而遊，是謂名為身證人。❾

由引文看來，所謂「身證人」，和那些雖然能够自我反省，但最後還是沒有主見，只是「依教奉行」的第二種奉法人不同；相反地，身證人是指那些不但具有自我反省的能力，而且只相信自己所了解、所證悟，不信「他人」，不信「諸尊所說言教」，甚至不信「如來語」的修行人。在排列的次序上，身證人是第三種人，緊接著就是已經獲得（部分）解脫的第四見到人；可見身證人在釋迦眼中具有僅次

---

❽ 須陀洹，譯爲預流；乃初步體悟到佛教眞理，而入於（預，進入的意思）聖者之流的意思。一個修行人，如果要入於須陀洹位，必須斷除「三結」（三種煩惱）：（1）見結，我見的煩惱；（2）戒取結，修行邪戒的煩惱；（3）疑結，懷疑正理的煩惱。

❾ 《增壹阿含經》卷一九，第10經；引見《大正藏》卷二，頁646下。

於見到人的尊貴地位。這一尊貴地位，不但表現在自我反省的能力之上，更表現在不畏懼權威，連「諸尊所說言教」和「如來語」都不盲目遵從，也不心生畏懼的態度之上。無疑地，這是釋迦反抗權威教育最有力的例證。

事實上，釋迦也是一個反對個人崇拜的聖者。有關這點，可以從下面這則出自《大智度論》卷一一❿的故事，得到證明：一次，當釋迦外出將要回來的時候，他的弟子由於思念師長心切，因而各個都想第一個見到釋迦。「行空三昧」⓫而聞名的須菩提，自然也不例外。但是，須菩提心想卻打量著：「佛常說，若人以智慧眼，觀佛法身，則爲見佛中最。」於是，須菩提並不出到外面去迎接釋迦的歸來，相反地，他獨自一人留在室內思維「無常」，乃至「諸法空無有實」等道理，並且因而得到了「道證」。另一方面，有個名叫蓮華色的比丘尼，「欲除女名之惡，便化爲轉輪聖王及七寶千子」⓬，跑在眾人的前面，最先見到了外出回來的釋迦佛。她興奮地對釋迦說：「我是第一個見到佛的人！」然而釋迦說：「汝非初禮，須菩提最初禮我！所以者何？須菩提觀諸法空，是爲見佛法身，得眞供養，供養中最。非以致敬生身爲供養也！」釋迦的意思是：見到佛陀「法身」（眞理之

---

❿ 下面有關須菩提觀空三昧而見到釋迦佛之法身的故事，請參見《大正藏》卷二五，頁136下～137上。

⓫ 空三昧是三種三昧（禪定方法）之一，另外的兩種是無相三昧和無願三昧。空三昧是一種觀察事物的內在本質都是空幻不實的禪定方法；無相三昧是一種觀察事物的外在相狀都是無常變化的禪定；而無願三昧則是一種訓練不在事物之上生起欲念的禪定。在這三種三昧當中，空三昧自然是最根本的。後二三昧只是空三昧的自然衍生而已。

⓬ 依照釋迦佛所制訂的戒律，女性出家人——比丘尼，不可走在男性出家人——比丘的前面。如此，蓮華色比丘尼永遠不可能第一個見到外出回來的釋迦佛。這是爲什麼她要化身爲轉輪聖王的原因。（轉輪聖王，即轉動眞理之輪——法輪的聖明國王，類似中國儒家所說的「明君聖主」。）

身）的須菩提，才是第一個禮敬佛陀的人。而佛陀的「法身」，卽是佛陀的眞理之身，亦卽佛陀所宣說的道理。見到這些道理的人，才是眞正禮敬佛陀的人⑬。從這則故事，可以明白地看出，釋迦並不是一個喜歡個人崇拜的人。相反地，他認爲：只有體悟到佛教眞理的人，才是眞正尊敬佛陀的人⑭。當代新心理分析學派（Neo-psychology）巨匠——埃洛克・弗羅門（Erich Fromm），曾把宗教分爲「極權宗教」和「人文宗教」，並把佛教列入人文宗教的範圍之內⑮。從前文

⑬ 《金剛般若波羅蜜經》當中，釋迦曾對弟子說：「若以色見我，以音聲求我，是人行邪道，不能見如來！」（引見《大正藏》卷八，頁 752 上）。所謂見佛「法身」才是眞正禮敬佛陀，見佛「生身」並不是眞正禮敬佛陀，也許正和《金剛經》所說的這一道理相同吧！〔此處，「法身」一詞中的「法」（dharma），是眞理的意思。因此，「法身」是眞理之身的意思，指的是佛陀所宣說的那些道理。〕

⑭ 《大智度論》的這則故事，顯然出自於《增壹阿含經》，卷二八，第 5 經。只是在這裏，蓮華色比丘尼被譯爲優鉢華色比丘尼。另外，當須菩提正在思考到底要不要跟隨大衆去迎接釋迦佛，經裏曾詳細描寫他的心路歷程：「此如來形何者？是世尊爲是眼、耳、鼻、口、身、意乎？往見者復是地、水、火風種乎？一切諸法皆悉空寂，無造，無作。如世尊所說偈言：『若欲禮佛者，及諸最勝者，陰持人諸種，皆悉觀無常。曩昔過去佛，及以當來者，如今現在佛，此皆悉無常。若欲禮佛者，過去及當來，說於現在中，當觀於空法。若欲禮佛者，過去及當來，現在及諸佛，當計於無我。』此中，無我，無命，無人，無造作，亦無形容有教有授者。諸法皆悉空寂，何者是我？我者無主。我今歸命眞法之聚。」其中，「眞法之聚」卽是「法身」的異譯。另外，釋迦佛則對優鉢華色（蓮華色）比丘尼說：「善業以先禮，最初無過者；空無解脫門，此是禮佛義。若欲禮佛者，當來及過去，當觀空無法，此名禮佛義。」（以上皆見《大正藏》，卷二，頁707下～708上。）

⑮ 埃洛克・弗羅門，在其《心理分析與宗教》〔林錦譯，臺北：慧炬出版社，1986（5版）〕，第三章當中，曾把宗教分類爲「極權宗教」（Authoritarian Religion）與「人文宗教」（Humanistic Religion）兩種。他並引用《牛津字典》當中對於「宗教」一詞的定義，做爲極權宗教的定義：「宗教是人類對一種不可見的超人力量的承認，這力量控制著人類的命運，人類必須對它服從、敬畏與崇拜。」而其代表的宗教（人物），則是創立基督新教中之喀爾文派（Calvinism）的喀爾文（Johannes Calvin）。另一方面，所謂的「人文宗教」，則是指「以人和人的力量爲中心」的宗教。在這種類型的宗教之下，「人必須發展理性的力量以了解他自己及人與人之間的關係，和自身在宇宙中的地位。」他又說：「人文宗教最好的例子就是早期的佛教。」

的分析看來，這誠然是極爲恰當的作法。

（二）無意義之宗教行爲的批判與否定

釋迦反對任何無意義的宗教行爲，包括苦行、祭祀天神等。有關這點，可以從他剛剛出家求學的過程看出來。依據《佛本行集經》卷二〇的記載[16]，釋迦出家後最先拜訪的，是一羣（位？）住在毗舍離國的婆羅門仙人——跋伽婆（Bhārgava）。這是一羣修習苦行的婆羅門，他們甚至「止食一樹之枝」、「食牛糞」而過活。而當釋迦問到爲什麼要苦行時，他們的回答是：「依《韋陀論》，往仙所說。」[17]釋迦又問：「此是何義？」他們的回答則是：「若有諸人祭祀諸天，是名爲法。」也就是說，「祭祀諸天」乃是合於眞理——「法」的行爲。這樣看來，苦行的目的，無疑地，也是爲了「祭祀諸天」。

釋迦並沒有在跋伽婆的住處多加停留，因爲他不滿意他們那種只爲了取悅於天神，而修苦行的生活。他更不滿婆羅門教祭祀諸天的迷信作爲。《佛本行集經》卷二〇，這樣記載著：

> 菩薩（指未成佛時的釋迦）又言：「我且問汝世間近法：若人殺羊，祭祀天已，得如法者，何故不殺所愛親族，而祭祀天？是故我知，殺羊祭祀，無有功德。汝行雜法，意欲如是。」

釋迦的意思是：殺害其他動物做爲祭祀天神的犧牲，是一種沒有意義（功德）的「雜法」。他甚至認爲，即使殺生祭神而可生天，也

---

[16] 下面有關《佛本行集經》卷二〇的記載，請參見《大正藏》卷三，頁746上～747中。

[17] 《韋陀論》，應該是指婆羅門教的聖典——《韋陀經》（又譯《吠陀經》，Veda）或指討論這些聖典的書籍。

是與眞正的解脫無關；因爲「一切諸天宮殿所有果報，是無常法」，那無異是一種「遠離諸樂，以求樂」、「更入於大牢獄中」的錯誤作爲。

由此可見，釋迦不但反對苦行祭祀、生天，而且也反對殺生以祭祀天神的宗教行爲。他認爲這些宗教行爲不但不能獲得眞正的解脫，相反地還會引導我們走入「大牢獄中」。事實上，各種佛教文獻顯示，釋迦並不是眞的反對苦行，而是反對那些無意義的苦行。他認爲，眞行的苦行，必須伴隨德性的生活，以提升解脫的境界。他在《長阿含經（卷八）·散陀那經》當中，曾這樣說：

> 今當於垢穢法中，說清淨無垢穢法……彼苦行者不殺、盜、婬、兩舌、惡口、妄言、綺語、貪取、嫉妒、邪見，是為苦行離垢法也……彼苦行者，常懷信義，修反復行，能持淨戒，勤受訓誨，常與善人而為伴黨，積善不已，是為苦行離垢法也。⓲

事實上，依照另外一本佛傳——《佛所行讚》（卷三）的記載，釋迦成佛前，曾在尼連禪河邊過著「日食一麻米」的六年苦行生活。而在最後關頭，改採不放逸、不苦行的「中道」路線，澈底放棄無意義的苦行生活。他這樣自我反省著：「道由慧解脫，不食非其因。」乃至：「道非羸身得，要須身力求。飲食充諸根，根悅令心安。心安順寂靜，靜爲禪定筌。由禪知老死，法力得難得。寂靜離老死，第一離諸垢。如是等妙法，悉由飲食生。」⓳釋迦放棄了苦行之後，接受

⓲ 引見《大正藏》卷一，頁48中。
⓳ 以上皆見前書卷四，頁24中～下。

了牧牛女——難陀婆羅闍的牛乳供養，恢復了體力，不久就開悟成佛。

總之，釋迦反對沒有意義（包括為了生天）的苦行，反對殺生以祭祀天神。他認為生天並不是究竟解脫；智慧的開發，才是解脫的眞正原因。所以他說：「道由慧解脫」。

（三）四姓階級的批判與否定

四（種）姓（catur-varṇā），是指：（1）婆羅門（brāhmaṇa），婆羅門教的宗教師；（2）剎帝利（kṣatriya），統治國家的王族或武士；（3）吠舍（vaiśya），一般庶民；（4）首陀羅（śūdra），奴隸。早在婆羅門教剛剛成立不久，不平等的四姓制度，即已在印度施行。例如，成立於西元前 1500～1000 年之間的婆羅門教原始聖典——《梨俱吠陀》（Ṛg-veda）第 10 章當中的〈原人歌〉（Puruṣa-sūkta）說：「祂〔指最高神——原人（Puruṣa）〕的口是婆羅門（brāhmin）祂的雙臂是王族（rājanya），祂的兩腿是吠舍，從祂的腳生出首陀羅。」[20] 其中，前三種姓（階級）稱為「再生族」（dvija），意思是：由於能够自由信仰婆羅門教的關係，因此死後可以重新生到天上。相反地，奴隸階級——首陀羅，則稱為「一生族」（ekajāti），意思是：由於不能信仰天神，因此死後就沒有重生的可能。而在《科多馬法典》當中甚至還說：如果首陀羅故意聞聽《吠陀》的頌聲，則其耳塞；如果自己讀誦《吠陀》，則其舌靡；如果心中憶念《吠陀》的詩頌，則其身體破壞[21]！由此可見，四姓是一種極不平等的社會階級

[20] 譯自：S. Radhakrishnan and C.A. Moore, *A Source Book in Indian Philosophy*，臺北：雙葉書店，1972（影印版），p. 19。

[21] 參見高楠順次郎、木村泰賢合著，高觀廬譯，《印度哲學宗教史》，臺北：臺灣商務印書館，1991（臺1版6刷），頁323～324。

制度；而其制訂者和理論的根源，竟然是婆羅門教！

對於這種不平等的社會、宗教階級制度，釋迦所採取的，則是批判和否定的態度。《雜阿含經》卷二〇，第548經，即曾批判說：

> 世間言說言：「婆羅門第一，餘人卑劣；婆羅門白，餘人黑；婆羅門清淨，非非婆羅門；婆羅門從婆羅門生，生從口生；婆羅門所化，是婆羅門所有。」大王！當知！業眞實者，是依業者……四種姓者，皆悉平等，無有勝如差別之異……四姓世間言說，為差別耳。乃至依業，眞實無差別也。㉒

在這段對某大王宣說的道理當中，釋迦強調四姓階級的形成，並不是最高神——婆羅門（又譯梵天，Brahmā）所決定，而是衆生自己的「業」(karma) 所造成的。在此，「業」的意思是人們的行爲或行爲所殘存下來的潛在力量。也就是說，四姓階級的形成，是依照衆生自己的善、惡行爲，而決定的。善行者生爲婆羅門乃至刹帝利或吠舍中的有錢人，惡行者則生爲吠舍中的窮人或首陀羅階級。這樣看來，不平等的四姓階級，在「業」的觀察之下，其實是平等的。

釋迦的這一說法，似乎是爲不平等的四姓制度辯護；但是，只要仔細分析引文中的語意，即可肯定：他的眞正用意，是在批判婆羅門階級的高傲自大。他警告婆羅門說：「四種姓者，皆悉平等，無有勝如差別之異。」在「業」（行爲）之潛在力量的自然運作之下，奢靡

㉒ 引見《大正藏》卷二，頁142上～中。其中，「婆羅門生，生從口生」一句當中，第一個出現的「婆羅門」，指的是四姓中的婆羅門階級；第二個出現的「婆羅門」，則是天神名，乃梵文 Brahmā 的音譯，一般義譯爲「梵天」。而「生從口生」，是指婆羅門階級是從梵天的口所生。無疑地，這一說法，是從《梨俱吠陀・原人歌》中的最高神——「原人」，所演變出來的。（詳見前文。）

而又爲惡多端的人，哪怕是最高階級而且操控著宗教、思想大權的婆羅門階級，也同樣會墮入首陀羅階級，甚至墮入地獄！

由於釋迦懷有四姓平等的思想，因此他是個有教無類的聖者；在他的弟子當中，不乏下階層的人士。強盜鴦掘摩（詳見《增壹阿含經》卷三一）、妓女孫陀利（詳見《興起行經》卷上），是其中有名的例子。另外，優婆離（Upāli），更是顯著的實例。依照《五分律》卷三的記載，優婆離屬於首陀羅階級，他原本是釋迦出家前的家族理髮師。一天，跋提王、阿那律、阿難、難提、調達（提婆達多）、婆婆，以及金鞞盧等七個釋迦族的王族子弟，爲了跟隨釋迦出家，因此找來優婆離，爲他們剃髮。優婆離由於嚮往出家生活，因此也跟隨這七個年輕的主人，來到釋迦的面前要求出家。釋迦爲了貫澈四姓平等的理想，故意先收優婆離爲徒，然後再收七個王族子弟（也是他的親戚）爲徒。依照釋迦所制訂的戒律，先出家者爲尊，後出家者必須向先出家者行禮。因此，出家後的七個主人，反而必須向屬於奴隸階級的優婆離行禮㉓。

出家後的優婆離，不但形式上來得比原先的七個主人尊貴，而且，依照《佛本行集經（卷五五）·優婆離因緣品（下）》的記載，他還贏得了「持律（諸弟子中，最爲）第一」的美稱㉔。不但如此，他是釋迦十大弟子當中的一個；釋迦逝世後不久，他就和大迦葉、阿難等同門師兄弟，共五百人，在王舍城的郊外，共同結集了釋迦生前所宣說、所制訂的遺教和戒律。這是佛教史上有名的「王舍城結集」，又名「五百（弟子）結集」。所結集出來的，即是經藏、律藏和論藏等《三藏》（trīṇi piṭakāṇi）。其中，《律藏》（又譯《比尼》、《毘

㉓　參見《大正藏》卷二二，頁16下～17中。
㉔　參見《大正藏》卷三，頁906上。

尼》，vinaya-piṭaka）的結集，即是由優婆離（優波離）主其事㉕。可見釋迦所領導的僧團當中，乃是澈底施行四姓平等的一個小社會。而其教育理想，則是試圖達到四姓平等的教育機會；這也是毋庸致疑的。這和婆羅門教不許「一生族」的首陀羅信仰婆羅門教，甚至不許他們聽聞、讀誦、默念《吠陀經》的做法（詳前文），成了強烈的對比!

二、批判心靈的昇華

以上是就宗教行為和社會制度方面，來看釋迦的教育理想。這一理想可以歸納成為下面的三個要點：(1) 反對個人崇拜和權威教育，包括對於天神的祭祀；(2) 遠離縱欲、苦行之「二邊」，而以「中（庸之）道」的修行方式，來達到智慧的解脫；(3) 四姓平等——人人都有受教育、信仰宗教、解脫成佛的權利和可能。這三個要點，無疑地，都側重在宗教行為和社會制度方面，甚少涉及思想的深層內涵。而且，它們都偏重在否定與批判方面，較少具有積極意義的建樹。因此，下面我們將把重心放在釋迦的宗教思想層面之上，並探究他在宗教哲學上的積極主張，以進一步了解他的教育理想。

（一）四聖諦——形上學的批判與昇華

釋迦牟尼是一個沉默的聖者，他的名字——釋迦牟尼（譯為寂默

㉕ 詳見《彌沙塞部和醯五分律》卷三〇；《大正藏》卷二二，頁 190下～191上。

能仁，Śākyamni)㉖，據說就是因爲這樣而得來的。這是流傳很廣的一則傳說：《佛本行集經》卷二〇，即曾這樣描寫剛出家時的釋迦：「菩薩（指未成佛前的釋迦）行路，諦觀徐行。有人借問，默然不答。彼等人民各相語言：『此仙人者，必釋種子。』因此得名釋迦牟尼。」㉗這意味著「釋迦牟尼」一名，乃是人們對他的尊稱。另外，《根本說一切有部毗奈耶雜事》卷二〇則有不盡相同的說法：釋迦未出家前，已經是一個沉默寡言的人，這是「釋迦牟尼」一名的來源：「太子（指釋迦）入城，皆悉默然，牟尼無語」；因此，他的父王向臣子們宣稱：「應與太子名曰釋迦牟尼。」㉘

不但出家前和成佛前的釋迦，是個沉默寡言的人，而且，成佛以後的釋迦，也是一位不輕易回答別人問題的聖者。特別是一些與生命的苦痛與解脫，沒有什麼關聯的形上學問題，通常釋迦都保持沉默，拒絕回答。下面即是一個有名的例子，它出自《中阿含經》卷六〇當中的《箭喻經》：

一天，鬘童子尊者，向釋迦問了下面的十個問題㉙：（1）世有常？（2）世無有常？（3）世有底？（4）世無有底？（5）命即是身？

㉖ 「釋迦牟尼」一詞，又譯爲「釋迦文」或「寂默能仁」。其中的釋迦(Śākya)一詞，是釋迦的族名，義譯爲「能」。而牟尼（munih）一詞，譯爲「文」、「仁」，乃至「儒」等，是聖人的意思；其中並沒有沉默寡言的意思在內。《太子瑞應本起經》卷上，在夾註中即說：「天竺語，釋迦爲能；文爲儒義。名能儒。」（引見《大正藏》卷三，頁473上。）因此，「釋迦牟尼」一詞的義譯應該是「能仁」；而其字面意思則是：釋迦族的聖人。「寂默」兩字則是譯者所塡加進去的。無疑地，這是釋迦出家以後，甚至成佛以後，人們對他的尊稱。這樣看來，下文所引文獻，把「釋迦牟尼」一詞釋爲「寂默」，應該是引申義，而非原文的意思。

㉗ 引見《大正藏》卷三，頁745上。

㉘ 引見前書，卷二四，頁298中。

㉙ 下面有關鬘童子尊者的故事，請見《中阿含經》卷六〇，第221經；《大正藏》卷一，頁804上～中。

(6) 命異身異?(7) 如來終?(8) 如來不終?(9) 如來(亦)終(亦)不終?(10)如來亦非終亦非不終?鬘童子並向釋迦說:如果你能回答這十個問題,我就跟從你學習「梵行」(清淨行);反之,如果你不能回答這十個問題,我就不跟你學習「梵行」。

在這十個問題當中,(1) 與(2) 是有關「時間」上,到底世界是永恒(有常)或是不永恒(無有常)的問題;(3) 與 (4) 是有關「空間」上,世界到底是有限(底)或無限(底)的問題;(5) 與 (6) 是有關「命」(靈魂)與「身」(肉體)之間,到底相同或不相同的問題;而(7)-(10)四個問題,則都是有關徹底的解脫者——如來,到底會不會「終」(死亡)的問題。〔亦卽:「終」(死亡)與「不終」(不死亡)二者之四種可能的排列組合,到底是哪一個的問題。〕

對於鬘童子尊者的這十個問題, 釋迦並沒有正面地回答; 相反地,他對這十個問題,做了這樣的批評:「若有愚癡人,作如是念:『若世尊不爲我一向說世有常者,我不從世尊學梵行!』彼愚癡人,竟不得知,於其中間而命終也! 如是世無有常、世有底……。」㉚ 釋迦的意思是:提出這十個問題的人,當他還來不及知道這些問題的答案時,已經「命終」了!

事實上,在這部名爲《箭喩經》的佛經當中,釋迦曾經用「箭」的譬喩,來說明:形上學問題比起那些與生命息息相關的問題,要來得不重要。他的譬喩是:有個愚笨的人,被毒箭射傷;他的親友把他送到醫生那裏去求醫。然而,愚人說:「醫師! 你必須先回答我十個問題,否則我不讓你醫治我的箭毒! 我的十個問題是:用箭射傷我的人,姓名是什麼?他長得是短小型或是粗壯型?他的皮膚是黑色或是

㉚ 引見《大正藏》卷一,頁805上。

白色？他到底是四種姓當中的哪一個種姓？另外，弓到底是柘，或是桑，或是獸角製作的？弓弦到底是牛筋、鹿筋，或是絲線製作的？箭頭到底是什麼材料製作的？……醫師！你必須先回答我這十個問題，我才讓你醫治我的箭毒！」釋迦說了這個譬喻之後，下結論說：「彼人竟不得知，於其中間而命終也！」㉛釋迦的意思顯然是：鬘童子尊者所提出來的這十個形上學問題可能永遠沒有答案；也可能有答案，但不易獲得或理解，即使窮盡一輩子的時間去探究，還是找不到正確的答案。因此，與其把時間和精力浪費在這些形上學問題的探究之上，不如花在現實生命的改善之上。有關這點，釋迦曾做這樣的解釋：

> 世有常者，有生，有老，有病，有死。愁慼啼哭，憂苦懊惱，如是此淳大苦陰生。如是，世無常、世有底……如是此淳大苦陰生。世有常，我不一向說此。以何等故，我不說此？此非義相應，非法相應，非梵行本，不趣智，不趣覺，不趣涅槃；是故我不一向說此。如是世無常、世有底…我不一向說此也。㉜

釋迦的意思是：世有常、世無常等說法，都與眞理不相契合——「非義相應，非法相應」，也不是修習淸淨行的根本——「非梵行本」。它們都無法趨向智慧、覺悟和涅槃——「不趣智，不趣覺，不趣涅槃」；因此，釋迦不去探究這些問題的答案㉝。

㉛ 詳見前書，頁804下～805上。
㉜ 引見前書，頁805中～下。
㉝ 釋迦所拒絕回答的這十個問題，後來被稱爲十種「無記」(avyākrta)。無記，那是無法分辨、區別、說明的意思。這十個問題的答案，由於釋迦並沒有說出來，因此我們就無法判斷到底釋迦認爲它們的答案是正面的或是反面的？這是它們被稱爲「無記」的原因。（記，是「䛅」字的別寫，亦卽分別、分辨的意思。）

那麼，釋迦所要探究的問題是什麼呢？他繼續說：

> 何等法，我一向說耶？此義我一向說：苦苦、習苦、滅苦、滅道跡，我一向說。以何等故，我一向說此？此是義相應，是法相應，是梵行本，趣智、趣覺、趣涅槃，是故我一向說此。[34]

引文中的苦苦、習苦、滅苦、滅道跡，即是釋迦有名的「四聖諦」(cātvāry ārya-satyāni)；一般譯爲苦（聖）諦、集（聖）諦、滅（聖）諦和道（聖）諦。其中，苦諦(duḥkha-satya)，乃是有關世間充滿著苦難的道理；集諦(samudaya-satya)，乃是有關這些苦難之所以形成（集成）的道理；滅諦（nirodha-satya)，是有關這些苦難及其集成之因都可滅除的道理；而道諦（mārga-satya)，則是滅除這些苦難及其原因的方法。

釋迦向鬘童子尊者說：我不討論「世有常」等十個與生命的苦難及其形成、滅除，乃至滅除方法無關的形上學問題；相反的，我只關心苦、集、滅、道這些與生命的苦難及其形成、滅除、及滅除法有關的四種道理。在此，釋迦一方面反對形上學問題，另一方面，又肯定那些與生命有直接關聯的四聖諦；這一事實，到底透露著什麼訊息呢？無疑地，它至少透露著本文的主題：批判心靈的昇華。事實上，在鬘童子尊者這個例子當中，釋迦透過他對十個形上學問題的默然批判，以突顯苦、集、滅、道等四聖諦的重要性。在這一對話的過程當中，釋迦並沒有一直停留在批判與否定之中；相反地，他更進一步提出個人的主張——四聖諦。因此，四聖諦是釋迦批判心靈的昇華。釋迦似

[34] 引見《大正藏》卷一，頁805下。

乎想告訴我們：哲學教育的目的，並不在探索那些與生命的苦難及其解除方法不相干的形上學論題；而是應該探索那些直接與生命的苦難與解脫有關的問題。

（二）緣起——一神論的批判與昇華

在批判與否定之後，另外一個被釋迦進一步正面提出來的理論，是緣起（pratītya-samutpāda）的道理。緣起的道理，是釋迦最重要的思想之一；這可以從下面的事實得到證明：一天，釋迦的弟子阿說示，在路上遇到了舍利弗。舍利弗看到阿說示「儀服異容，諸根靜默」，就問阿說示：「汝誰弟子？師是何人？」阿說示回答說：「我的師父是釋迦牟尼佛。」阿說示並以下面的四句詩，來歸納他的師父釋迦牟尼所說的道理：「諸法因緣生，是法說因緣；是法因緣盡，大師如是說！」聽了這四句詩，因而受到感動的舍利弗，帶著他的好友目犍連，以及兩百五十個弟子，前去皈依釋迦㉟。

從這則故事，可以明白地告訴我們：緣起的道理，確實是釋迦最主要的思想之一。另外，下面的這段引文，也可以再次地肯定，緣起理論在釋迦思想中的重要：

> （某一婆羅門）白世尊（即釋迦）曰：「沙門瞿曇（釋迦的俗名）！何論何說？」佛告婆羅門：「我論因說因。」又白佛言：「云何論因？云何說因？」佛告婆羅門：「有因有緣集世間，有因有緣世間集。有因有緣滅世間，有因有緣世間滅。」㊱

㉟ 詳見《大智度論》卷一一；《大正藏》卷二五，頁136中～下。

㊱ 《雜阿含經》卷二，第53經；引見《大正藏》卷二，頁12下。

引文中，釋迦自認爲他的思想特色是「論因說因」；而其實質的內容則是：有因有緣，世間才會形成；有因有緣，世間才會滅壞。在此「因」與「緣」都是條件的意思；那些主要的或直接的條件稱爲「因」，而那些次要的或間接的條件則稱爲「緣」。也就是說，世間的形成和壞滅，都有它直接或間接、主要或次要的原因。而這些「因」與「緣」，如果依照前文所說的，應該是眾生的「業」（行爲）；而不是像婆羅門教所信仰的創造神——尊祐。有關這點，《中阿含經（卷三）・度經》當中，說得極爲清楚：

> 於中若有沙門、梵志如是見，如是說：「謂人所為一切皆因尊祐造耶？」彼答言：「爾！」我復語彼：「若如是者，諸賢等皆是殺生！所以者何？以其一切皆因尊祐造故。如是諸賢皆是不與取、邪婬、妄言，乃至邪見！所以者何？以其一切皆因尊祐造故。諸賢！若一切皆因尊祐造，見如眞者，於內因內，作以不作，都無欲、無方便。諸賢！若於作以不作，不知如眞者，便失正念，無正智，則無可以教。」㊲

引文中明白地說到，世間的一切事物，並不像婆羅門教所說的，是由最高神——尊祐（Īśvara，又譯爲自在天神）所創造的。釋迦採取反證的方法，來說明這點。他反證說：如果世間的一切事物都是由尊祐所創造的，那麼，世間的因果律便會完全被破壞。也就是說，如果一切都是尊祐所造，那麼，人們就沒有自由意志（欲、方便）可言。不管人們作惡或不作惡（作以不作），都決定在創造萬物的第一

㊲ 引見《大正藏》卷一，頁435中。

因——尊祜的意志之內（內因內）。這樣一來，即使人們犯了殺生、不與取（偸盜）、邪婬、妄言，乃至邪見等惡事，也都是俗話說的「天註定」，亦卽尊祜所造，與我們無關。像這樣的「尊祜創造一切」的說法，顯然是「不知如眞」、「失正念」、「無正智」，乃至「無可教」的。總之，世間的事物並不是尊祜所造，而是人們自已的行爲——「業」所造。世間的一切事物，以人們的「業」爲「因」、爲「緣」而生起；這卽是「緣起」的道理。

值得注意的是，依照這一緣起道理而生起、存在的世間事物，固然不是尊祜所造。同樣地，這一緣起道理的本身，也不是尊祜所造；而是世間的自然法則。釋迦把它稱爲「古仙人道」、「古仙人逕」、「古仙人道跡」㊳。這意味著緣起的道理，並不是釋迦個人的發明；而是老早卽已存在而又不可更改的自然法則。所以，《雜阿含經》卷一二，第 299 經，曾這樣說：「緣起法者，非我（釋迦）所作，亦非餘人作。然彼如來出世及未出世，法界常住。」㊴而對於緣起的這一自然法則，原始的佛典——《阿含經》中，曾有詳細的說明。例如，《雜阿含經》卷一二，第 298 經，卽說：

> 云何緣起法法說？謂此有，故彼有；此起，故彼起。謂緣無明，行；乃至純大苦聚集。是名緣起法法說。㊵

引文的意思是：所謂的「緣起」，是指「此有，故彼有；此起，故彼起」的自然法則而言。也就是說，有什麼樣的「因」（此有），

㊳ 詳見《雜阿含經》卷一二，第287經；《大正藏》卷二，頁80下。
㊴ 引見《大正藏》，卷二，頁85上。
㊵ 同前註。

就會有什麼樣的「果」(彼有)的生起——亦即俗話所說的「種瓜得瓜,種豆得豆」,乃至「善有善報,惡有惡報」。值得注意的是,引文中還以無明、行,乃至生、老死之「純大苦聚集」等「十二因緣」(dvādaśāṅga-pratītya-samutpāda)[41],作爲緣起法的一個重要的例子。也就是,以「無明」爲條件(緣無明),才有「行」的生起;以「行」爲條件,才有「識」的生起;乃至以「生」爲條件,才會有「老死」等「純大苦聚集」的生起。這即是緣起(依條件而生起)的眞義。

釋迦提出十二因緣等緣起的道理,並不是純粹爲了解釋「純大苦聚集」的原因;而是爲了滅除這些「純大苦聚集」。用佛教固有的術語來說,即是:十二因緣等緣起道理的提出,並不只是爲了說明「流轉」(pravṛtti)意義的十二種緣起法;同時也要解釋「還滅」(nivṛtti)意義的十二種緣起法。事實上,釋迦的目的,仍然和他宣說四聖諦的目的一樣,乃是扣緊在生命苦難的滅除與解脫之上。無疑地,這和前文所討論到的四聖諦之精神,完全一樣。也就是說,它再次地告訴我們:宗教哲學的目的,不在證明宇宙最高創造神(例如婆羅門教之尊祐)的存在;而在解釋生命苦難的緣起道理,並設法滅除它們。另外,還值得提醒讀者注意的是:緣起的思想,乃是批判與否定了婆羅門教的宇宙最高創造神——尊祐之後,進一步提出來的主張。無疑地,它和四聖諦一樣,也是釋迦之批判心靈的昇華。

---

[41] 十二因緣即:無明、行、識、名色、六入、觸、受、愛、取、有、生、老死等十二支。除了第一無明支之外,其他十一支中的每一支,都以前面的一支爲因緣。相信這是它們被稱爲「十二因緣」的原因。

三、結　語

對於舊有宗教、哲學、及社會制度等的批判與否定，是人類心靈最尊貴的特質之一。人類各方面的改革與進步，都是這一批判心靈的具體展現。釋迦牟尼佛的宗教哲學——四聖諦與十二因緣等緣起的理論，乃是建立在批判與否定「二邊」的極端見解之上；這樣的宗教哲學，釋迦自認爲契合「中道」的精神。而所謂極端的「二邊」見解，指的是婆羅門教的一神（尊祜）創造論、殺生祭祀，以及唯物論者的縱慾和耆那教的苦行。在這「二邊」的見解當中，還隱藏著權威教育、個人崇拜、不平等的四姓制度等宗教、社會腐化的一面。這些，自然也是釋迦所要加以批判、否定的對象。而四聖諦和緣起的理論，同樣也是建立在這些否定和批判之上。這樣看來，四聖諦和十二因緣等緣起的理論，乃是釋迦批判心靈的昇華。

另外，我們也在前文討論過：在批判與否定之後，釋迦牟尼佛正面所提出來的宗教哲理——四聖諦與緣起，帶有濃厚的實用色彩。無疑地，這是由於釋迦所關心的乃是那些與生命的苦難與解脫相關的論題；相對地，他拒絕討論那些與這一論題無關的任何形上學論題。

對於這點，筆者想藉用最後的機會，進一步指出，釋迦曾把自己（如來）比喻爲「大醫王」；例如，《雜阿含經》卷一五，第389經，即說：

> 爾時，世尊（即釋迦）告諸比丘：「有四法成就，名大醫王者，所應王者，具王之分。何等為四？一者、善知病；二者、善知病源；三者、善知病對治；四者、善知治病已，當來更不

動發……如來應等正覺，當大醫王，成就四德，療眾生病，亦復如是。云何為四？謂如來知：此是苦聖諦，如實知；此是苦集聖諦，如實知；此是苦滅聖諦，如實知；此是苦滅道跡聖諦，如實知。」㊷

在此，釋迦首先說到一個「大醫王」所必須具備的四個條件：(1) 知道病人的病苦所在；(2) 知道病苦形成的原因；(3) 知道病苦及其形成原因的治療方法；(4) 知道消除病苦及其原因之後，如何使它不再復發。如果把眾生的煩惱病苦，比喻爲大醫王所要醫治的病苦，那麼，這四條件其實分別是苦、（苦）集、（苦滅）道（跡）、（苦）滅等四聖諦。釋迦所要做的，正像大醫王療治世間人的病苦一樣，乃是療治眾生的煩惱病苦。這是爲什麼釋迦把他自己（如來），比喻爲大醫王的原因。

把如來比喻爲大醫王，這透露著什麼訊息呢？無疑地，那是釋迦所一再強調的實用。大醫王（如來）所關心的，並不是（煩惱）病苦的「第一因」問題。這個世界何以會有（煩惱）病苦，他並不關心；就像醫生並不關心這個世界爲什麼會有使人生病的細菌一樣。釋迦所關心的毋寧是：把眾生的煩惱病苦視爲既成的事實，然後探究如何滅除這些（煩惱）病苦？因此，集聖諦中所要探究的「病源」，並不是具有「第一因」意義的「源」頭。儘管在「病源」的探究中，釋迦提出了「業」的理論預設，甚出提出（十二因緣中之）「無明」的預設，來說明生命苦難的根源。但是，不管是「業」或是「無明」，都不能視爲宇宙的「第一因」。第一因毋寧是：生命體爲何要造「

㊷ 引見《大正藏》卷二，頁105上～下。

業」？爲何會有「無明」？對於這些「第一因」的問題，釋迦從來都不曾回答過㊸。因此，釋迦這種實用的態度，仍然是批判心靈的昇華；這是因爲這一態度也是立基於形上學問題（例如「第一因」）的批判與否定之上。

釋迦牟尼佛的批判心靈，曾經帶給我們什麼新的啟示嗎？如果答案是肯定的，那即是：宗教哲學的教育目的，並不只是爲了探求「眞」，而是要探求那些可以實際改善人類生活的「眞」。

㊸ 《大智度論》卷九〇，曾討論無明的來源問題。而其結論是：「若無明因緣更求其本，則無窮，卽墮邊見，失涅槃道；是故不應求。若更求，則墮戲論，非是佛法。」（引見《大正藏》卷二五，頁697上。）《論》的意思是，無明來源的問題，不但不可能有答案，而且還會引生「無窮」之過，乃至引生「墮邊見」、「墮戲論」、「失涅槃道」的危險。《論》的這一說明，典型地代表了釋迦不探究「第一因」的哲學問題。

龍樹中觀學與比較宗教哲學

——以象徵詮釋學爲比較模型的考察

林 鎮 國

一、導 言

在九十年代的臺灣討論大學通識教育中的「宗教哲學」課程，確是有其迫切性。這迫切性特別表現在近年來整個社會，包括知識界，對宗教的認知產生相當根本的轉變：自五四運動以來在理性啟蒙的主導原則下，視宗教爲蒙昧迷信的意識形態已經逐漸消褪，代之而起的是回歸人文與宗教的要求。這種轉變使得宗教理論的介紹與建構，宗教現象的詮釋與解明成爲急待開拓的領域；如何呼應此需求，提供宗教哲學的反省，也成爲新興的課題。

反觀目前臺灣的宗教研究與宗教哲學的發展，由於處於轉型階段的緣故，狀況曖昧，既有其守舊的局限，同時也蘊蓄著生機與可能。以宗教哲學來說，其局限處在於本土性詮釋工具的缺乏。一如其它學門，宗教哲學的教學仍然大量倚賴來自西方（特別是英美）的教材，其論題與方法也多是移植成品。這種學術移植現象本是不可避免，其積極面也不可忽視，但是在接受過程中，若無抵制性的省察與調整，以適應本土文化，則形成理論與實際之間扞隔不相應，甚至彼此衝突的窘境，乃可預見。

爲了能夠從世界宗教的鉅視架構出發，並相應於詮釋本土文化的自主性要求，本文嘗試以佛教的材料來從事比較宗教哲學的開發工作。首先，本文擬從現代西方宗教哲學的研究脈絡中，指出開拓「比較宗教哲學」或「跨文化宗教哲學」的可能途徑，在方法論上並特別援借保羅・呂克（Paul Ricouer）的象徵詮釋學（the hermeneutics of symbols）作爲建立比較宗教哲學的線索。其次，本文將以印度佛教中的龍樹及其中觀哲學爲資料，藉由象徵分析與教義（哲學）反省兩層次的交互照明，建立佛教觀點的宗教哲學。結論部分，則進一步考察以此佛教觀點的宗教哲學，於此方法論引導下，和其它宗教傳統（如亞伯拉罕宗教、儒教或道教）進行「對照」與「對話」的可能途徑。

二、宗教研究、宗教哲學與比較宗教哲學

「比較宗教哲學」或「跨文化宗教哲學」，誠如法蘭克・雷諾（Frank E. Reynolds）在一九九〇「美國宗教學會」（AAR）年會的報告中指出，是一門尚未成形，猶待發展的學門。與傳統宗教哲學不同的是，該學門發展自宗教史、人類學與哲學等學科的整合❶。最能反映這項趨勢是越來越多的學者以複數格（philosophy of relig-

---

❶ 該年會有一組討論，題爲「論述與實踐——朝向一種比較宗教哲學」，雷諾即於討論會上發表〈比較宗教哲學初探〉（"The Very Idea of a Comparative Philosophy of Religion"），報告由芝加哥大學六年專案研究，「文化與歷史中的宗教」，所蘊生的新研究觀點。另一組宗教哲學討論會也以「比較宗教哲學」爲主題。參考 *AAR/SBL Abstracts* (1990), Scholars Press.

ions）來表達此多元性與科際整合性內涵的宗教哲學。對世界各宗教傳統的研究，特別是從各種方法論觀點所發展出的宗教理論，已經成爲當今宗教哲學反省的新資源。

對於這種新趨勢的體認，在宗教哲學學者之間卻非十分一致。以英美的宗教哲學課程爲例，教材仍以基督教（神學）教義爲範圍，討論的範圍不外是如上帝屬性與存在論證，理性與信仰的關係，宗教語言，神蹟，復活與不朽等傳統論題。John Hick 那本普受採用的《宗教哲學》(Prentice-Hall, 1983)，即是典型。不久前由牛津大學出版的《理性與宗教信仰——宗教哲學導論》(1991)，在內容安排上亦無多少改變❷。倒是 John Hick 的近著，《宗教新詮》(*An Interpretation of Religion*, Yale, 1989)，卻有突破舊有的宗教哲學格局，結合宗教理論的傾向，令人耳目一新。不過，總體來說，英美的宗教哲學教育仍然以基督教爲中心，少觸及其它宗教傳統，特別是在八十年代新保守主義思潮的影響下，更顯得守成有餘，創新不足。

另一種截然不同的宗教哲學研究的圖像，則是在各種新興論述沖擊下所產生的邊緣思考。翻開時下各種學報期刊，隨時可以發現採用解構主義，女性主義，新歷史主義等論述來討論宗教哲學的論文❸。

---

❷ Michael Peterson, William Hasker, Bruce Reichenbach, David Basinger, *Reason and Religious Belief: An Introudction to the Philosophy of Religion*, New York: Oxford University Press, 1991. 反映英美宗教哲學的近百年發展，可參考 Alan P. E. Sell, *The Philosophy of Religion* 1855-1980, Croon Helm, 1988. 作者任教於加拿大考爾格里大學 (University of Calgary)，該書所討論的範圍全以英國的宗教哲學爲主，僅稍及美國，而全然不提歐洲的發展。

❸ 在此趨勢中，Mark C. Taylor 可爲代表，參考其 *Erring: A Postmodern A/theology*, The University of Chicago Press, 1984.

不足以驚訝的是這些新潮的邊緣論述與學界主流之間，似乎仍存有對話上的困難。

介於主流論述與邊緣論述之間，又能充分尊重宗教研究的成果，足以堪爲比較宗教哲學的方法論基礎者，當推保羅・呂克的宗教詮釋哲學。不同於一般英美宗教哲學的定型與局限，呂克的宗教哲學表現出綜合辯證的格局。在他編著的《哲學主要趨向》（1979）裏的「宗教哲學」一節，呂克將現代的宗教研究置於五項範疇下予以評介：（一）本體論神學，包括士林哲學，黑格爾主義，懷德海過程神學，胡塞爾現象學的運用，與海德格的存有哲學；（二）分析學派宗教哲學，討論宗教陳述的意義與宗教論證的邏輯結構；（三）人文科學對宗教哲學的影響，此項呂克特別提到伊利亞德（Mircea Eliade）比較宗教學，梵・德・里沃（van der Leeuw）的宗教現象學，以及社會學（如 Peter Berger），馬克斯主義（E. Bloch），與精神分析學等的貢獻；（四）受到晚期維根斯坦與奧斯丁日常語言學派之「語言遊戲」與「語言行動」影響的宗教哲學。（五）最後是呂克自己發展出來的宗教語言詮釋學❹。

呂克的宗教詮釋學建立在前四項宗教哲學研究的基礎上。他從語言分析學派的「語言遊戲」觀點討論宗教象徵系統（故事、寓言、格言、祈禱、聖詩等），也與宗教現象學同樣地通過語言媒介來解明存在意義。此外，呂克也自述其宗教詮釋「不斷與有關信仰和意識形態的社會學，以及象徵的精神分析學交遇。」❺但是，即使如此，作爲一位獨立的哲學工作者，呂克的宗教詮釋學仍然有別於上述諸進路。

---

❹ 保羅・利科主編，李幼蒸、徐奕春譯，《哲學主要趨向》，北京：商務印書館，1988，頁532～552。

❺ 同上揭，頁547。

三、象徵詮釋學與哲學反省

呂克從詮釋學建立宗教哲學，主要的程序是將象徵詮釋學與哲學反省結合起來——先對宗教象徵進行詮釋學考察，再以這些象徵作爲思考的起點。關於這種進路，他引述康德的一句格言來點明其原則：「象徵引發思想」（“the symbol gives rise to thought”）。他進一步闡明這句格言的方法論含義：「象徵給出（意義）：我並不訂出意義，是象徵給予意義；而它所給予的正是思想之資。」❻這句話可以概括整個呂克的宗教詮釋哲學的基本精神。

呂克以基督教傳統中「惡」的象徵爲例，說明他的詮釋程序：首先，在語意學層面（the semantic level）上對某些語意表述進行考察，如不淨（stain），罪（sin），罪感（guilt），便可發現這些象徵具有雙重意向結構，先是第一序的字面意義，再是經由第一序意義所建立的第二序意義——指出人與「神聖」（the Sacred）之間的存在處境。正是此隱覆未發的第二序意義有待於詮釋學的揭露❼。

其次，使這些在文化上已被遺忘的象徵積澱重新面世，重建象徵的生命。第三，考察神話的敍事結構，可以發現（一）人類經驗的普遍性表現在神話的典型人物——如原人、普羅米修士、亞當的故事中；（二）這些神話所開出的時間性結構——有開端，有終結，有創

---

❻ Paul Ricoeur, “The Hermeneutics of Symbols and Philosophical Reflection,” in *The Conflict of Interpretations*, Evanston: Northwestern University Press, 1974, p. 288; also see, Don Ihde, *Hermeneutic Phenomenology*, Evanston: Northwestern University Press, 1971, pp. 99～100.

❼ Paul Ricoeur, “The Hermeneutics of Symbols and Philosophical Reflection,” pp. 289～290, 315.

世，也有末世；（三）說明人類從天眞到罪惡的過程❽。

呂克接著問道：吾人又如何從「象徵」到「思想」？或是，如何從「象徵」引發「思想」？他提到三階段：第一階段是單純的現象學階段，以象徵的全體來理解某一象徵，尋出該象徵的內在意義。此階段的理解是平鋪而客觀的理解。眞實的理解則有待於第二階段——詮釋學的理解。與宗教現象學不同的是，詮釋學要求詮釋者先投入所詮釋的象徵世界，才有眞正的理解可言。這是所謂「詮釋的循環」：「爲了相信必須先求理解，而爲了理解也必須先相信。」然而詮釋的理解尙非進入眞正哲學領域。第三階段便是哲學反省，在這階段呂克警告道，從象徵出發的思想要特別提防理性對象徵的謀殺，以爲象徵只是內裝著思想的空殼而已。在這階段，呂克分別從反省（reflection）與思辨（speculation）來考察。關於前者，呂克指出「解神話」(demythologizing）式的反省，將神話化約爲寓言而予以倫理學化；關於後者，思辨超越倫理學層面，不只保存了解「神話」所解除的事物，還顯示了惡的「必然性」。呂克從奧斯丁與康德看到對「惡」的哲學反省的成就與限制——「清晰性的代價，便是深度的喪失」；他又從普羅丁、斯賓諾莎與黑格爾看到思辨哲學的成就與限制——從存有的歷史（history of being）之整體性向度來理解「惡」的某種「必然性」，此必然性在於成全整體存有歷史的意義。但是如黑格爾在《精神現象學》所論，「惡」在辯證過程後被揚棄，消失於和解之中；哲學性的和解取代了（上帝對）罪的赦免，而眞正的信仰也失落了。反省與思辨的限制，使呂克思考如何重返整全的存有與信仰希望的途徑，而那途徑必定是從上述的詮釋、反省與思辨的過程而來。

---

❽ 同❼ pp. 293~316. 本節底下對呂克象徵詮釋學的概述皆依同篇論文，不另注明出處。

四、比較宗教哲學方法論模型試構

呂克的宗教詮釋哲學充分地反映出他對啟蒙運動以後失落象徵語言與象徵性思維的憂心。象徵所具有豐饒的意義，從現代宗教哲學的討論中逐漸消失。我們若將呂克的宗教思考和時下通行的宗教哲學論著比較，便可發現亟需喚回的不是各類型的論證（如上帝存在論證），而是如何在追求哲學反省的嚴格性，同時又保有實存的激發與實踐的召喚。呂克將詮釋學與哲學反省結合在一起，就是爲了達到此目的。

但是由於呂克在他的詮釋哲學的建構上明白地採取基督教信仰立場，也理所當然地以亞伯拉罕宗教傳統作爲宗教哲學省察的主要對象，而對於其它宗教傳統，如東方的佛教、儒家與道家（道教），便顯得十分陌生。於此，當吾人試圖「借用」他的詮釋學作爲跨文化宗教哲學的比較模型時，便會出現可能失諸比附的疑慮。換言之，如此「借用」是否可能對東方宗教傳統產生詮釋暴力？吾人是否應該先建立本土的方法論？

這種顧慮當然有其充足的理由，特別是涉及不同信仰傳統的詮釋，更是事屬敏感。但是，本文強調「借用」的策略，已經明指其純爲權宜的功能。可預期的，將呂克的宗教詮釋哲學應用於佛教，既可以豐富傳統佛教教義的討論，照明其「未見」，亦可對照出此方法論本身在應用上的限制。既然策略上只是方法論的借用，則必然有所取捨抉擇，而非一成不變，依樣比附。就跨文化宗教哲學而言，方法論的借用目的在於不同傳統間「差異」的揭露，更甚於「同一」的確認。如何使「差異」成爲有意義，可被理解，才是問題所在。

接下來，本文擬從三步驟以佛教中觀學派爲資料來探討佛教宗教哲學的義涵。第一，象徵與敍事分析，此以《龍樹傳》的資料爲主。第二，哲學反省，以《中論》資料爲主，將中觀哲學教義分析和《龍樹傳》的象徵敍事分析銜接起來。第三，彰明中觀哲學之爲實踐的解構學。

五、慾望的象徵——《龍樹傳》分析

佛教興起於神話色彩十分濃厚的印度文化傳統，其保有本土的神話系統與宗教概念（如輪迴、業），乃極其自然。然而佛教與主流的婆羅門教（以及後來發展的印度教）的分歧特別表現在於揚棄以他力信仰爲中心的本體神學（onto-theology），而採取心理學的、知識論的、治療學的分析進路以及自力的解脫論進路。這種佛教進路不只見於尼柯耶與阿含經典素樸的經驗論性格，也見於大乘佛教所揭櫫的空義，雖然大乘經的敍事已經再度帶入大量的神話想像與象徵。從佛教史來看，哲學的分析與論證使得佛教論述中的象徵與敍事逐漸喪失其原本豐富的義蘊。「正理」、「如理」乃逐漸成爲佛教的主要哲學態度[9]。問題是，如何在強調哲學論證傳統中閱讀仍然載有大量神話成素、象徵、寓言、神通的佛教文獻？大乘中觀哲學建立者——龍樹菩薩的傳記便是此類文獻中最佳的例子之一。

關於龍樹傳記，僅存於漢、藏資料。漢傳資料有鳩摩羅什譯《龍樹菩薩傳》，元魏吉迦夜與曇曜共譯《付法藏因緣傳》、與玄奘《大

[9] 毘婆沙師稱世尊爲如法論者，如理論者（yathārtha-śāstr）而自稱爲應理論者（yukta-vādin）。見長澤實導，《瑜伽行思想と密教の研究》大東出版社，1976，頁365。

唐西域記》，而藏傳資料則有布敦《佛教史大寶藏論》與達喇那他《印度佛教史》等[10]。有些情節的敍述，漢傳與藏傳相差頗大，甚至於因而有些學者主張有顯教龍樹（古龍樹）與密教龍樹（新龍樹）二人[11]。關於考證部分，本文不予過問。就本文的主題而言，什譯《龍樹傳》與布敦《佛教史》的資料已經十分足够[12]。

鳩摩羅什《龍樹傳》的敍述結構大致可分爲四段，首段敍家世與出家因緣，次段敍由小（乘）歸大（乘），悟入大乘的經過，第三段敍龍樹神通成就，末段敍其辭世。整篇敍事有開端與結束，危機與皈依，也有懷疑與悟道，可以說是一篇結構完整的宗教性傳記。

據羅什所傳，龍樹出身南天竺婆羅門家，天才奇悟，聰明絕世。有契友三人，學得隱身術。「四人得術，縱意自在。常入王宮，宮中美人皆被侵淩。」百餘日後，因宮女懷孕事發，王大不悅。某日，四人又以術入宮，「王將力士數百人入宮，悉閉諸門，令諸力士揮刀空斬。三人卽死，唯有龍樹斂身屛氣，依王頭側」，始得脫。「是時始悟：欲爲苦本，衆禍之根；敗德亡身，皆由此起。」龍樹經此關鍵性事件，遂出家，皈依佛門。

龍樹出家受戒，九十日中，盡誦三藏，自以爲得一切智，遂起邪慢心，輕詆佛教，欲「立師教戒，更造衣服，令附佛法而有小異」。一日，「獨在靜處水精房中，大龍菩薩見其如是，惜而愍之，卽接之入海，於宮殿中開七寶藏，發七寶華函，以諸方等深奧經典、無量妙

---

[10] 有關資料可參考楊惠南，《龍樹與中觀哲學》臺北：東大，1988，頁1～21。

[11] 寺本婉雅卽持此說。見王沂暖譯，達喇那他著《印度佛教史》之譯註，《大藏經補編》（華宇）第11册，頁862。

[12] 鳩摩羅什譯，《龍樹菩薩傳》，《大正藏》卷五〇，頁 184～185；布頓著、郭和卿譯，《佛教史大寶藏論》北京：民族出版社，1986，頁127～131。

法授之。龍樹受讀九十日……深入無生，二忍具足。龍還送出於南天竺，大弘佛法，摧伏外道，廣明摩訶衍。」

《龍樹傳》後段則敍龍樹顯神通，降婆羅門，化南天竺王。最後則以龍樹因小乘法師之忿疾自殺而身死爲結束⑬。

從以上龍樹傳略述，我們注意到在從「世俗」到「出世」、從「煩惱」到「解脫」的典型佛教傳記敍事中，屬於核心地位的象徵是慾望——《傳》中諸多意象，諸如隱身術、龍（或龍王）、大海，都與慾望有關。如果依呂克所說，「惡」是基督教的根本象徵（primary symbol），則吾人可說「慾望」是佛教的根本象徵。整個佛教的哲學體系與實踐體系，都以慾望及慾望之對治爲中心。

龍樹與契友三人以隱身術遁入宮中，侵凌宮女，乃由於他們認爲「世間唯有追求好色，縱情極欲，最是一生上妙快樂」⑭。此慾又稱「渴愛」(tṛṣṇa，taṇhā)，於四聖諦中爲集諦：「苦的根源就是『渴愛』(taṇhā)，它引生來世與後有，與貪欲相結，隨時隨處尋歡取樂。此渴愛有三：（一）欲愛（kāma-taṇhā)，即官能享受的渴求，（二）有愛（bhāva-taṇhā)，即『有』（存在）的渴求，（三）無有愛（vibhāva-taṇhā)，即『無有』（不存在）的渴求。」⑮渴愛的第一義是「欲愛」(kāma)，爲印度最具代表性的文化象徵。在原始經典中，屢屢描述爲愛欲所纏的存在面相：「行欲著欲，爲欲所食，爲欲所燒。」（《中阿含》，《大正藏》卷一，頁757中）「爲欲之惱熱（pariḷāha）所燒」，可以說是欲望最生動貼切的描寫⑯。龍樹契友

---

⑬ 《龍樹菩薩傳》，同上揭。

⑭ 《付法藏因緣傳》，《大正藏》卷五〇，頁317。

⑮ 南傳律藏《大品》，引自 Walpola Rahula, *What the Buddha Taught* (New York: Grove Press 1974), p. 29。

⑯ 參見雲井昭善，〈原始佛教に現われた愛の觀念〉，佛教思想研究會編，《愛》京都：平樂寺書店，1975，頁40～43。

三人終遭殺身之禍，追根究底乃肇因於愛欲惱熱之燒逼所致。

愛欲除了指感官快感——包括性欲——的追求，也是輪迴、再生的原因。這從「愛」在十二支緣起中的地位可以看出：緣「愛」(tṛṣṇa) 故「取」(upādāna)，緣「取」故「有」(bhāva)，緣「有」故「生」與「老死」。欲求（生命）存在的延續，可以說是生命中最根本的愛欲。據藏傳，龍樹是爲了克服死神威脅而出家⑰。生存之欲，成爲龍樹的人生序章，同時也是隱伏於中觀哲學的主題。

在《龍樹傳》中與慾望有關的神話象徵，值得注意的是「龍」或「龍王」。龍樹因龍王（或大龍菩薩）迎請入海，獲讀諸多深奧的大乘經典而成就大義。《傳》云：「以龍成其道，故以龍配字，號曰龍樹也。」布敦的《佛教史大寶藏論》云：「梵文 Nāgārjuna 的 Nāga 意爲『龍』，龍含義生於法界，不住常斷二邊，擁有經教大寶藏，具足毀邪顯正之見，故名爲『龍』。」⑱表面看來，「龍」或「龍王」不只無「慾望」之義，甚且相反，在此敘事脈絡中還被理解爲「生於法界」或「智慧」的象徵。

然而，正如呂克所指出，象徵具有雙重意義結構，此兩種意義互爲表裏，相反相成。作爲慾望之「龍」的象徵原義在《阿含經》中即有多處的敍述⑲：

> 閻浮提所有龍王，盡有三患……云何為三？一者：舉閻浮提所有諸龍，皆被熱風熱沙著身，燒其皮肉，及燒骨髓，以為苦惱。……二者，舉閻浮提所有龍宮，惡風暴起，吹其宮內，失寶飾

⑰ 布頓，《佛教史大寶藏論》，頁127。
⑱ 見⑫。
⑲ 引自董瑤，〈四阿含中的龍〉，收於張曼濤《現代佛教學術叢刊》第100冊《佛教文史雜考》（臺北：大乘文化出版社，1979），頁200～201。

衣，龍身自現，以為苦惱。……三者，舉閻浮提所有龍王，各在宮中相娛樂時，金翅大鳥入宮搏撮，或始生方便，欲取龍食，諸龍怖懼，常懷熱惱。」（《大正藏》卷一，頁117）

其第二患，在同本異譯的《大樓炭經》略有不同：

龍王起婬欲事，相向時，熱風來吹其身，燋龍身，卽失天顏色，得蛇身，便恐，不喜。（《大正藏》卷一，頁278）

此則故事指出，龍王的本相爲蛇，常因婬欲事爲熱風所燒惱。若將此與《阿含經》中以「惱熱燒逼」來形容慾望關連起來，則可以確定「龍」在原始佛教傳統中是慾望的象徵。十分類似而實異的是，在《舊約》的亞當神話中，蛇象徵著先於人類存在的惡。惡比人類更早卽已存在，人類後來因受到誘惑才墮落⑳。但是，對佛教來說，慾望並非先於人與世界而存在，而是人與世界的本質。在佛陀成道的故事中，卽述及佛陀於菩提樹下沉思，惡魔波旬（māra-pāpman）前來嬈亂㉑。此惡魔波旬曾「化作大龍，遶佛身七匝，舉頭臨佛頂上，身如大船，頭如大帆，眼如銅鑪，舌如曳電，出息入息，如雷雹聲」。當時佛陀念及：「猶如空舍宅，牟尼心虛寂；於中而遊轉，佛身亦如是。」㉒心身原旣是空，惡龍亦不外爲幻化㉓。而幻化如有，乃由於

⑳ 同⑦，頁295。
㉑ 《雜阿含經》，《大正藏》卷二，頁286下。
㉒ 同上揭，《大正藏》卷二，頁285。
㉓ 《雜阿含》言及魔境界：「色、受、想、行、識，非我及我所，若知眞實義，於彼無所著。心無所著法，超出色結縛，了達一切處，不住魔境界。」（《大正藏》卷二，頁 290 上）南傳相應部經典之惡魔相應（Marasamyutta），亦述及「色爲魔、受爲魔、想爲魔、行爲魔、識爲魔」。以上參考《佛光大辭典》，「惡魔」條下，頁4952。

慾望與執著所致。

在十二因緣中，造成生死流轉的主要原因有二，一是無明，二是渴愛㉔。無明爲所知障，渴愛爲煩惱障。唯有破此二障，才能出離生死流轉而證菩提。無明與渴愛實不可分——渴愛造成無明，無明也會造成渴愛。這可從《龍樹傳》中所述的隱身術看出。據云，隱身術方法是將青藥「以水磨之，用塗眼瞼」，形軀便隱，無人可見。此「隱身術」在表面上是「使人不見己」，實際上正是「使己不見人」的「無明」。這裏所涉及意義的轉換過程，即是象徵的特性。象徵的用法或讀法之不同於字面的（literal）用法或讀法，正在於前者經過意義的轉換，而後者則無。若從容格（C. G. Jung）式的心理分析觀點來說，象徵所隱含的密義正是來自無意識的層面，特別是無意識的慾望。《龍樹傳》中的隱身術，正是暗示生死輪廻是來自慾望與無明。

六、慾望、戲論與涅槃

龍樹在東亞佛教中被尊稱爲「八宗之祖」或「佛陀第二」，主要在於他闡揚初期大乘經典，特別是《般若經》之「空」的思想。《傳》中述及，龍樹雖曾在雪山一老比丘處獲讀大乘經典，但是眞正令他悟入無生法忍的甚深空義，則要等到龍王接他入海，究讀《般若經》之後㉕。此獲得智慧寶藏的歷程——從陸地到海底，從表層到深層——即是佛教證悟與解脫過程的象徵。

首先，《傳》中的「海」，顯然如傳統所指，乃象徵「智慧

㉔ 雲井昭善，同上揭，頁54。

㉕ 羅什《龍樹傳》只說是獲得「諸方等深奧經典」，未言何經。藏傳則明言是《十萬頌般若經》。見⑫。

海」。七世紀的月稱（Candrakirti）在《淨明句論》（*Prasannapadā*）的歸敬偈開端卽言：「彼（龍樹）捨二邊依住，得生等覺智慧海；覺解法藏深妙性，復以慈悲言說之。」㉖此偈的意思是說，龍樹因慈悲心而深入智慧海，在海底證悟諸法實相，再將此含藏空義的大乘經典携回岸上世界。

月稱將「海」詮釋爲「智慧海」，因爲於海底龍宮未現的寶藏是富於智慧的大乘經典。但是，「海」既是龍王的住處（龍宮所在），則亦當是慾望的住處。龍樹深入龍宮，獲得開悟與智慧的歷程，實卽是深入不可知之慾望領域的歷程。此亦何以在佛教的用法裏「海」也象徵「生死海」㉗。對龍樹或佛教之一般而言，證悟的意義卽在於慾望結構的揭露。慾望的揭露卽是證悟。證悟與慾望的關係，用佛教語言來說，是「不一不異」。這也是龍樹在《中論・涅槃品》所闡發之「生死卽涅槃」的義蘊㉘。

龍樹所揭露出的慾望世界底結構被指稱爲「戲論」(prapañca)。在《中論》開宗明義的「八不」偈頌裏，龍樹卽云：「能說是因緣，善滅諸戲論。」（「如是緣起實相卽戲論之止息」）。月稱疏云：「於諸聖者，當具所詮能詮等相之戲論止息，見緣起實相時，戲論止息於此。……又於彼（緣起）心心所不再生起，能知（jñāna）所知（jñeya）之言說（vyavahāra）止滅，盡捨生、老死之災厄故曰吉

㉖ 參見 Mervyn Sprung, *Lucid Exposition of the Middle Way* (Boulder: Prajñā Press, 1979), p. 31; 山口益譯註，《月稱造中論釋》東京：淸水弘文堂，1968，頁2。

㉗ 《俱舍論》卷一「諸惑能令世間漂轉生死大海。」（《大正藏》卷二九，頁1中）

㉘ 羅什譯《中論・涅槃品》第十九、二十頌：「涅槃（nirvāna）與世間(Samsāra)，無有少分別；世間與涅槃，亦無少分別。涅槃之實際，及與世間際，如是二際者，無毫釐差別。」《大正藏》卷三〇，頁36上。

祥。」㉙月稱與龍樹均認爲，生死流轉的世界卽是「戲論」的世界，而「戲論」的構造卽是以能詮所詮，能知所知構造的言說世界。

如果問什麼是慾望的結構，答案卽在於此二元構造的言說世界。吉藏《中觀論疏》卷二就青目釋進一步疏解「戲論」二義：「戲論有二，一者愛論，謂於一切法有取著心；二者見論，於一切法作決定解。」㉚吉藏《疏》指出「戲論」的基本性格：日常世界乃是由愛欲與命題構成。世界圖像由各種「主謂判斷」的命題所組成，故能「於一切法作決定解」；然此判斷本身卽已有愛欲的涉入。愛欲是構成判斷的非形式條件。

月稱在疏解《中論・觀法品》第五頌時，則說明生死流轉乃因業與煩惱而起，而業與煩惱因「分別」(vikalpa) 而起，「分別」則來自「戲論」。戲論由能知／所知，能詮／所詮，行動者／行動，作具／作，瓶／布，王者／車，色／受，女／男，得／不得，樂／苦，美／醜，非難／稱揚等相所成㉛。顯然，此「戲論」卽是日常語言所構成的世界。在此「日常語言世界中」，語言的指涉被存有論化或實有化。用佛教名相來說，卽是「虛妄分別」或「非如理分別」(ayonisa-vikalpayata)。此「分別」活動必然伴隨著貪愛。月稱舉了一例：將日常語言的指涉實有化，就如同貪愛者自認爲知覺到年輕貌美之石女底女兒的存在一般地虛妄㉜。如何從虛妄回歸實相，從生死悟入涅槃的途徑則反是：「戲論」止息，故「分別」不起；「分別」不起，故

㉙ 月稱，《淨明句論》，參見 Mervyn Sprung，頁 35; 奧義住，《中論註釋書の研究》東京：大藏，1988，頁57～60。

㉚ 吉藏，《中觀論疏》，金陵刻經處本，卷二，頁 20。臺北：佛教出版社，1977年影本。

㉛ 同㉙：Mervyn Sprung，頁172; 奧義住，頁545。

㉜ 同上揭。

「業與煩惱」不生；「業煩惱」不生，故不再落入生死輪廻。此亦卽爲青目所說：「戲論滅故通達諸法實相，得安穩道。」（《大正藏》卷三〇，頁36中）

七、作為實踐解構學之中觀哲學

龍樹深入海底，揭露那不可知的慾望結構後，重返岸上世界，就一切世間法——特別是形上學與神學——進行解構批判。龍樹的主要用心在於揭露形上學、神學、宗教體制與慾望之間的關係。

海德格曾經簡潔地界定「形上學」爲討論存有物之本質（beings as such）與存有物之全體（beings as a whole）的學問[33]。若就佛學而言，凡是對「一切法」與「法之自性」有所說明，卽是形上學。佛教自初期至部派，以四諦、五蘊、十二處、十八界等理論說明一切法，部派阿毘達磨並進而一一界定「法」的「自性」(svabhāva)；其中有部主張諸法「自性」爲恒常不變[34]。龍樹則針對此說，論證「諸法無自性」（《中論》一・一〇），其理由如青目所釋：「諸法從衆緣生故，自無定性。」[35]所謂「無自性」，就是「空」的同義詞。「無自性」卽是「空」，「空」卽是「無自性」。

龍樹評破「自性」在於指出形上學與慾望的關係：人類相信上帝（自在天）、靈魂等形上實體以及由之而生的各種救贖神學與宗教體制，乃源於尋求恒存之「自性」或「本質」的形上慾望。對龍樹來

---

[33] Martin Heidegger, *Nietzsche,* III, ed. David Farrell Krell, Harper & Row, 1987, p. 187.

[34] 參考 David J. Kalupahana, *Nagarjuna* (Albany: State University of New York Press, 1986), p. 22.

[35] 《大正藏》卷三〇，頁3中。

說，形上學與宗教是慾求恒常與保障的產物。龍樹認為，若耽於此形上神學的慾望而求解脫或救贖，乃不啻緣木而求魚。

龍樹「一切法空」的思想在當時被視為否定一切存在的虛無主義。除了其它學派，連佛教本身也都對龍樹提出強烈的質疑：如果一切法空，則所有教義（四諦）、聖者（四果）、僧伽制度、佛、因果法則、倫理（罪福），乃至於「一切世俗法」，全都不能成立。（《中論・觀四諦品》）質疑者認為，一切法（出世法與世俗法）若要成立，必須以肯定諸法「自性」為前提。龍樹的答覆則是，一切世俗法與出世法皆是「言說」(vyavahāra)，皆是「世俗」(saṃvrti)，亦皆是「戲論」㊱。所謂「自性」，乃至各種形上學與神學，都不外是「世俗」諦。龍樹區分世俗諦與第一義諦，認為世俗諦的揭露即是第一義諦，並非在世俗諦之外另有第一義諦的存在。龍樹所要揭露的是「世俗」（日常世界）的內在結構，並非否定「世俗」的成立。當「世俗」的內在結構一旦揭露，空義（第一義諦）卽得以開顯

依月稱釋，「世俗」(saṃvrti) 具有三義：一、「所覆」義，此指覆蔽眞實的「無明」；二、「依他緣起」義；三、具能詮／所詮，知／所知等相假名安立 (saṃketa) 或世間言說 (lokavyavahāra)㊲。依月稱釋義，日常世界（「世俗」）卽是日常語言的世界。月稱再次強調日常語言之「能詮」(adhidhāna) 與「所詮」(abhidheya) 結構。此「能詮」(signifier) 與「所詮」(the signified) 只是「假名安立」。換言之，整個日常語言系統只是約定系統 (conventional system)，吾人無法在此約定系統之外另立「超越的所詮」(the

---

㊱ 大乘瑜伽行派則說，皆是遍計所執相。《解深密經・勝義諦相品》云：「本師假施設句，卽是遍所執，言辭所說。」（《大正藏》卷一六，頁688下～689上）

㊲ 同㉙，Mervyn Sprung, pp. 230-231；奧義住，頁755。

transcendental signified)。對中觀佛教來說，更值得探討的是能詮與所詮之「間」(interval) 的關係:「塡補」此「間」的卽是愛欲[38]。因此，對中觀學者來說，日常世界不是單純的約定系統，而是涉有愛欲的日常語言世界。揭露一切世間法（包括所有形上學與神學）所隱藏的慾望結構，便是龍樹的主要關懷。

八、結　語

呂克的宗教詮釋學，在歷經層層的辯證階梯之後，從「宗教」上趨「信仰」，從「象徵」重見「希望」，從尼采與佛洛依德的否定詮釋學 (negative hermeneutics) 到回歸基督的積極詮釋學 (positive hermeneutics)。他在最後的階段所採取的進路是對啟示語言的傾聽 (listening): 人撤退其主體性，讓上帝（存有）在寂寞 (silence) 中開顯臨現[39]。

在象徵詮釋學的借用策略下，本文則發現龍樹的中觀學所揭露的「他者」(the other) 並非神學或形上學的絕對存在（上帝，絕對精神，邏各斯），而是結構於日常語言中的慾望。此慾望的語言（戲論）是世俗世界構成的全部，而慾望語言的止息卽是涅槃；除此之

---

[38] 此處借用德希達 (Jacques Derrida)「衍異」(différance) 概念。簡單來說，符號 (sign) 指涉某物時，某物「不在」(not present)。從「在」(presence) 到「不在」(absence)，或從「不在」到「在」，其中必有「間隔」。隱藏於此「間隔」者爲「慾望」。德希達強調，就在此處始產生存有神學 (ontotheology) 與哲學。參見 J. Derrida, "Différance", *Margins of Philosophy,* trans., Alan Bass, Chicago: The University of Chicago Press, 1982), pp. 8~13.

[39] Paul Ricoeur, "Religion, Atheism and Faith," in *The Conflict of Interpretations.*

外，別無所謂「涅槃」可尋。這種強調「生死即涅槃」、「煩惱即菩提」的大乘立場，清楚地可從上所分析之佛教象徵之「同語反義」現象獲得佐證。

《佛性論》的研究

釋　恒　清

印度佛教闡揚眞常系如來藏思想的經論，除了主流的三經一論❶之外，《佛性論》是很重要的典籍。有關《佛性論》的著者和譯者，宋、元、明版大藏經，都是說「天親菩薩說，陳三藏法師眞諦譯」。《佛性論》旣無梵本，亦無藏譯本存在。關於此論譯出的地點和年代，諸經錄記載不多。武邑尚邦的《佛性論研究》中，推斷譯出的年代大約在西元五五八年左右❷。而宇井伯壽則推測在五五七年至五六九年之間❸。

傳統上中國佛教一直認爲《佛性論》的作者是天親菩薩（又名世親，Vasubandhu），但是有些現代佛教學則對此說存疑❹。高崎直

❶ 眞常思想的三經一論是：(1)《如來藏經》，(2)《不增不減經》，(3)《勝鬘夫人經》，(4)《寶性論》。另外，《大般涅槃經》、《大乘起信論》等也是有關佛性論的重要經典。

❷ 武邑尚邦的推測，乃依據《開元釋教錄》卷七，記載《佛性論》是陳氏譯出，陳氏始於西元五五七年。再者，與如來藏思想關係密切，而且也是眞諦譯出的《無上依經》，據《歷代三寶紀》卷九，乃譯於「永定二年南康淨土寺」。永定二年卽五五八年。因此，武邑尚邦認爲《佛性論》卽在五五八年前後完成的。（參閱武邑尚邦，《佛性論研究》，百華苑，1977，頁6）。

❸ 宇井伯壽，《寶性論研究》，岩波書局，1959。

❹ 這些學者包括高崎直道、印順等。印順在《如來藏之研究》中說：「《佛性論》……傳爲世親造，恐未必是。」（《如來藏思想之研究》頁8。）

道和 Hattori 均認爲《佛性論》的眞正作者是眞諦 (Paramārtha)。其理由是《佛性論》的內容，與《寶性論》有很多雷同的地方。以眞諦熟知《寶性論》的程度而言，很有可能《佛性論》是他參照《寶性論》而寫成。再者，《佛性論》曾多處引用含如來藏思想的《無上依經》。此經唯有中譯本，譯者又是眞諦，而且內容也與《寶性論》關係密切。以上高崎直道等所舉的理由，只能說是眞諦造《佛性論》的旁證。要確定其推斷，恐怕還須要更有力的證據方可成立。

眞諦之所以被認爲可能是《佛性論》的作者，其來有自。眞諦學的特色在於融合如來藏說和瑜伽學 (Yogācāra) 的阿賴耶說。他常在其翻譯的瑜伽典籍中，加入如來藏思想的字句。例如，在他翻譯世親造的《攝大乘論釋》，如與玄奘譯本，或藏本相比較，就可發現眞諦確實隨自己意思引入如來藏說❺。而《佛性論》中「顯體分」，也可以清楚地看出其作者是以「三自性」、「三無性」等瑜伽學理論來解說、比對如來藏學。再者，《大乘起信論》也是一個無梵文原典、眞諦譯的含有會通如來藏和瑜伽思想的重要論著。以上種種難免令人覺得眞諦爲了闡揚如來藏和瑜伽的融合思想，可能是這些典籍的作者。不過，《佛性論》之中有十七處「釋曰」、「記曰」，以註解本文❻。如果眞諦是《佛性論》的作者的話，不會有「釋曰」、「記曰」的情況出現。較有可能的是眞諦在翻譯的過程中，加入自己對論文的註解，故有「釋曰」等的字樣出現。

《歷代三寶紀》中除了記載眞諦的譯作之外，亦記有眞諦自己的

---

❺ 例如，眞諦在《攝大乘論釋》對阿賴耶識的說明，加入自己的解說:「此卽此阿黎耶識；界，以解爲性。此界有五義。」眞諦試圖將阿賴耶識解釋成除了染法的果報種子性之外，亦含有淸淨的「解性」，而且無始的「界」是以此「解」爲性。

❻ 參閱武邑尚邦，《佛性論硏究》，頁7～38。

著述二部:《無上依經疏》四卷,《佛性義》三卷,可惜的是二者均已佚失。《佛性義》可能是《佛性論》的注疏,而現存《佛性論》中的「釋曰」、「記曰」,很有可能是出自眞諦的《佛性義》。總之,到目前爲止,有關《佛性論》的作者是否爲眞諦,尙無定論。但是,可以肯定的是眞諦與《佛性論》關係密切。

佛性思想是中國佛教的中心思想。佛性的意義、普遍性(是否一切衆生皆有佛性)、成佛的實踐過程等,都是中國佛教自古以來所探討的問題。《佛性論》因此有相當的重要性。歷代祖師在辯證佛性問題時,也常常引用此論。例如,唐朝靈潤與神泰論辯「衆生皆有佛性」時,就曾引用《佛性論》中的「三因佛性」說❼。歷代祖師亦有《佛性論》的注疏,但是現在僅存日僧賢洲的《佛性論節義》❽。

《佛性論》內容最大的特點,在於它是融入了瑜伽學的如來藏說,這跟它的作者無論是世親或眞諦的學派背景有關。不過,它的中心思想還是循正統如來藏學。綜觀全論,《佛性論》有下列的思想重點❾:

(1)超越空性,從肯定的進路強調正覺的積極內涵。

(2)引入瑜伽系三自性、三無性、轉依等概念,以會通佛性的意義和實現。

(3)佛性論建立在不二眞如的形上架構,有別於神我的一元論。

(4)佛性非𩿨然的本體存在。佛性的體證是佛法實踐過程的圓成。

---

❼ 釋恒清,「初唐佛性論諍——靈潤與神泰爲主」,《佛教的思想與文化》,法光出版社,1991,頁17~34。

❽ 賢洲的《佛性論節義》全文登於武邑尚邦《佛性論研究》一書後面的附錄中。另外,唐辯空、惠證、誓空、神泰亦曾有註疏,但均已佚失。

❾ Sallie King, *Buddha Nature*, State University of New York Press, 1991, p. 27.

(5) 基於佛性普遍性存在的理論，對人性，甚至於其他一切眾生，持肯定樂觀的看法。

以下將依上述《佛性論》的理論特點詳加討論。

一、佛性說的意趣和辯正

「佛性」一詞現已被視為「如來藏」的同義詞。如來藏（Tathāgatagarbha）是如來（tathāgata）和藏（garbha）的複合字。如來又含有「如去」（tathā-gata），和「如來」（tathā-āgata）兩個意義。前者意指修「如」實法而「去」（由生死去涅槃），後者指乘「如」實法而「來」（由涅槃來生死）。「藏」（garbha）亦有二義：①胎（兒）藏（embryo），②母胎（womb）。因此，如來藏可以意謂①如來的母胎（womb of the Tathāgata），或②胎兒如來（embryonic Tathāgata）。前者象徵如來的「因性」，後者象徵如來的「果性」。佛性與如來藏意義相通，但佛性並不是譯自如來藏（Tathāgatagarbha），buddhatā，或者 buddhatva。根據學者對照有佛性一詞的梵文原典，發現「佛性」是譯自 buddhadhātu（佛界）。⑩Buddhadhātu 含有二義：(1) 佛之體性—— the nature (dhātu＝dhamatā，界＝法性) of the Buddha，(2) 佛之因性——the cause（dhātu＝hetu，界＝因）of the Buddha。以前者而言，佛性是眾生之能成佛的先天性依據，而後

⑩ buddhatā，buddhatva 的中文意思是佛性，但是當做專有名詞的「佛性」卻不一定譯自 buddhatā 或 buddhatva。參閱 Takasaki Jikido, "Dharmatā, Dharmadhātu, Dharmakāya and Buddhadhātu—Structure of the Ultimate Value in Mahāyana Buddhism", *Indogaku Bukkyogakukenkyo*, Vol. 14, March, 1966, pp. 78～94. 篠田正成，「佛性」とその原語，《印度學佛教學研究》，卷一一，1963，頁 223～226。

者是眾生解眞正成佛的動力。這也就是《佛性論》中所說的三因佛性。其意義留待下節討論。

《佛性論》內容分成四分：「緣起分」，「破執分」，「顯體分」，「辯相分」。以佛性爲中心議題的《佛性論》作者，並沒有直接了當地以「何謂佛性」作爲論文的開始，而是首先探討「佛陀爲什麼要說佛性」（佛何因緣說於佛性），接著在「破執分」中就外道、小乘、大乘執空見者對佛性的偏執加以評破。論主之所以採取如此的進路有二個原因。第一：由於佛性思想含有非常強烈的肯定義涵，佛性常被誤解成有神我色彩的實體性存在。《佛性論》作者因此不先論述佛性「是」什麼，而先澄清佛性「不是」什麼，然後再在這個基礎上建立正確的佛性意義。第二：《佛性論》作者認爲佛性不是靜態的形而上本體。他強調佛性是動態的修行歷程和圓成，因此，他先說明佛陀教示佛性的意趣，以突顯佛性在宗教實踐和解脫論（soteriology）上的重要性。

佛陀爲何說佛性呢？《佛性論》說佛陀爲使眾生去除五種過失、生五種功德而說眾生皆有佛性⓫。除五過失是：

（1）爲令衆生離下劣心

有眾生不知自身本具佛性，必當成佛，而對自己生下劣想，不肯發菩提心。佛陀說眾生皆有佛性，能使這些眾生遠離下劣心和自卑感，生起自信心。

（2）爲離慢下品人

⓫ 《佛性論》卷一（《大正藏》卷三一，頁 787上）。《寶性論》的「爲何義說」品亦舉同樣的五過失。《無上依經》中亦言「自性清淨客塵煩惱」的道理可生五德：（1）尊眾生心，（2）恭敬大師心，（3）般若，（4）闍那，（5）大悲心。

有些人曾聽聞佛說眾生有佛性後，能發菩提心，卻自認自己能發心，而他人不能，因而生起輕慢心。爲對治高慢心重的人，佛說一切眾生皆有佛性。

(3) 爲離虛妄執

眾生有二種「虛妄執」過失：(1) 本無，(2) 客⓬。「本無」者謂在如如理中，本無人我，而作人我執，此執本無。若執人我則起無明，無明起業，業則起果報。其實此三者本無，故謂虛妄執。所謂「客」者，指有爲法，皆念念滅，初刹那爲舊，次刹那爲客，即起即謝。若於其中起實有想，即是虛妄執。爲去除此執，佛陀說佛性。但是，爲何說佛性能去除性屬本無和客塵的虛妄執呢？因爲「佛性者，即是人法二空所顯眞如。」⓭

此句話是《佛性論》詮釋佛性最重要的宣示。作者很明確地指出佛性不是具自性的本體存有，而是徹證人（我）空和法空之後所顯的眞如。在二空所顯的眞如中無能所，自然亦無佛性的自性可得。若通達此理，即可離虛妄執。

(4) 爲除誹謗眞實法

「眞實法」指體解人法二空所生的法身清淨智慧功德。佛性思想一再強調一切眾生本具自性清淨功德，但是若執清淨智慧功德爲實有，即是「誹謗眞如」。因此，《佛性論》作者強調「若不說佛性，則不了空」，相反過來亦可說：「若不說空，則不了佛性（眞如）。」

(5) 爲離我執

由於眾生固執虛妄法，不識眞實如來功德，於他人又不能起大悲心，佛陀於是說佛性，使眾生知虛妄過失，法身眞實功德，於他人起

⓬《佛性論》卷一（《大正藏》卷三一，頁787上）。
⓭ 同上，頁787中。

大悲，無有彼此的分別心，而離我執。

佛說佛性以除五過失的同時，可生五種功德：（1）正勤心，（2）恭敬事，（3）般若（prajñā），（4）闍那（jñāna）⑭，（5）大悲。五功德可對治五過失。由於正勤心努力修持，可對治自卑下劣的心態。視一切眾生如佛的恭敬心，可對治輕慢意。由般若可翻妄想執。闍那俗智所顯實智及諸功德，可對治違謗眞實法，而從大悲流露出的意念平等心，可滅除我執。總之，佛陀教示眾生皆有佛性的目的是激發其自信而發心修行，恭敬愛念他人，從般若和大悲的實踐證得佛果。由此可見《佛性論》的作者把佛性視爲佛法實踐的歷程。因此他在「緣起分」對「佛何因緣說於佛性」的這個問題做如下的總結：

> 由佛性故，觀一切眾生，二無所有，息自愛念……由般若故，滅自愛念，由大悲故，生他愛念。由般若故，捨凡夫執，由大悲故，執二乘執。由般若故，不捨涅槃，由大悲故，不捨生死。由般若故，成就佛法，由大悲故，成熟眾生。由二方便，住無住處，無有退轉，速證菩提，滅五過失，生五功德，是故佛說一切眾生皆有佛性。」⑮

二、破除對佛性義的執見

（一）破小乘執見

《佛性論》作者於「緣起分」中把「眾生皆有佛性」在宗教解脫

⑭ 闍那（jñāna）意謂「權智」。賢洲的《佛性論節義》解釋說：「若唯般若治妄想執，不生闍那，則墮二乘地。不能得如來一切種智及百四十不共法等過恒沙數功德故。」（《佛性論節義》卷一，頁 8。）

⑮ 《佛性論》卷一（《大正藏》卷三一，頁 787 中）。

論上的意義和目的說明清楚之後，接著在「破執分」展開對小乘、外道、和部分大乘對佛性觀念誤解的評破，因爲他認爲先把這些謬見去除之後，才能建立正確的佛性實義。

小乘部派對佛性有無的看法，主要有下列二種依據：

(1)（佛說）：衆生不住於性，永不涅槃故。

(2)（阿含經說）：佛十力中，性力所照，衆生境界，有種種性，乃至麁妙等界不同，故稱性力。所以者何？一切衆生有性無性異故。有佛性則修種種妙行，無佛性者，則起種種麁惡⑯。

小乘諸部派根據上述的兩種經文，對佛性有無有不同結論。例如分別說部（Vibhajyavādin），不信有無性衆生，因爲「一切凡聖衆生，並以空爲其本，所以凡聖衆生，皆從空出。空是佛性，佛性即大涅槃。」但是若依薩婆多部（Sarvastivādin），則衆生沒有性得佛性，只有修得佛性，因而分別衆生成三種：(1)定無佛性，(2)不定有無，(3)定有佛性。

對小乘有情無性的執見，《佛性論》以「五難六答」的論難加以評破。這些問答與《瑜伽師地論》「攝決擇分聲聞地」、《顯揚聖教論》卷二十中所提問題相同。有趣的是《瑜伽論》和《顯揚論》的「五難六答」⑰是爲了建立「無性有情論」而設。而《佛性論》則是巧妙地應用此二論的問答來建立與它們相反的「悉有佛性論」。由於《佛性論》傳統上被認爲是世親所造，而世親又是屬於瑜伽學系，因

⑯ 《佛性論》卷一（《大正藏》卷三一，頁 787 下）。

⑰ 《瑜伽論》和《顯揚論》的「五難六答」分別是五難：1.說無疑起難，2.有情無根難，3.諸界互轉難，4.應具諸界難，5.無應轉有難。六答：1.教理並違答，2.假設非例答，3.非喻無理答，4.互喻無別答，5.背法不齊答，6.縱轉不成答。（詳見《瑜伽師地論》卷六七，《大正藏》卷三〇，頁669中。）

此有人對世親《佛性論》中的佛性觀存疑。《一乘佛性權實論》會通說:

> 或信世親菩薩，破無性說，謂瑜伽為邪執。或信慈氏菩薩破有性之論，謂佛性非眞譯。不知佛性論破有部等無，瑜伽破分別部有。非是世親菩薩指瑜伽為邪執，慈氏菩薩斥涅槃之佛性。⑱

引文中試圖淡化世親和彌勒彼此間對佛性的歧見，其辯解世親僅破有部的無性說，而彌勒僅是破分別說部的有性論。此說恐難令人信服，因爲其將佛性有無論爭過於簡單化。況且，《佛性論》不僅破有部等的無性論，同時也強調去除對佛性的執有。

《佛性論》對小乘無性有情說的「五難六答」是:

第一難: 無性有情說之疑難

有佛性論者首先問難: 「云何有無情眾生，永不涅槃? 」無性論者的問答是: 因爲眾生有種種麁妙善惡不同，故知理有有性、無性。

第二難: 有情無根難

有佛性論者問難: 如果汝認爲眾生因有麁妙不同，所以有無性眾生，則汝也應信有無根眾生⑲，因爲由眾生之有根無根，才有種種麁妙境界。若汝說不會有無根眾生，我亦可說無有無性眾生。

無性論者答辯說: 不可以有根、無根來例比有性、無性，因爲無根者若是眾生，則有「泰過」和「不及」二過失。「泰過」過失是謂

---

⑱ 引文出自賢洲之《佛性論節義》卷一，頁12。

⑲ 根 (indriya) 共有二十二: 眼、耳、鼻、舌、身、意、男根、女根、命根、樂、苦、撫、喜、憂（五受根）、信、勤、定、慧（五根），未知當知根、已知根、具知根、三無漏根等，可見不會有無根眾生。

若無六根而還是眾生，則一切無情草木石等皆是眾生。「不及」過失是說：眾生本來就應具六根，既無六根，何能稱眾生，故「無根眾生」這個名詞根本不能成立。因此不能以有根、無根，而是以有性、無性說眾生之龥妙。

對以上的論辯，有性論者的答辯是：若立無根眾生有二過失，則立無性有情亦有二過失。「泰過」過失是：眾生因違人空故起無明，進而造業受報。若不違人空，則無無明業報等，亦即可超凡入聖。但是若說眾生無佛性，則「但聖爲凡，無凡得聖」，就成「泰過」過失。「不及」過失在於：「若謂有眾生無佛性者，既無空性，則無無明。若無無明，則無業報。既無業報，眾生豈有，故成不及。既不信有無根眾生，那忽信有無性眾生，以二失同故。」[20]引文的意思是說因爲佛性即空性，如無佛性即無空性。若無空性，就不會對空性有所執著或誤解。既然無空執，則不會起無明等等，乃至無有眾生，如此則有「不及」過失。因此，既然不信有無根眾生，亦不可信有無性眾生。

第三難：諸界互轉難

有性論者論曰：人有刹帝利、婆羅門、六道等性，故在輪迴中，或先爲刹帝利，後作婆羅門，或人或天或畜生，可見無決定相，諸界可互轉，如此的話，則應可有無性佛眾生而得涅槃。

第四難：應具諸界難

有性論者又難云：如刹帝利等眾生具一切界，即可或生爲刹帝利，或吠舍，或天等等，則無般涅槃法的眾生（一闡提者），何故不有般涅槃法（究竟或佛）呢？無性論者答道：有般涅槃和無般涅槃二

---

[20] 《佛性論》卷一（《大正藏》卷三一，頁788上）。

界，彼此是相違或不相違耶？若相違，則難「無般涅槃法，何故不有般涅槃法者」，不應道理（因爲此二命題本來就是相違）。若不相違，則「補特伽羅是無般涅槃法，亦是有般涅槃法者」，不應道理（因無別體故）。有性論者反辯云：若言有無二性相違，則「應一有一無。是義不可。若無涅槃性眾生，則不應有涅槃性。汝言具二性，義亦不然。何以故？如刹帝利無婆羅門性，二性相違，決定無故。後則不得爲婆羅門，乖世道故。又若俱有性義者，得時決得，若不具性義者，後決不得。若一人具此二義，定何所屬？」㉑引文中的意思是若無性論者言「有」「無」二性相違，則有「乖世道」，因爲若刹帝利無婆羅門性（二性相違故），則後決不得爲婆羅門，但這有違事實。又者，若言二性不相違而具二性，則具有佛性，後時必得涅槃，反之，則不得。而若一人具此二性，到底是「何所屬」呢？

第五難：無應轉有難

有性論者難曰：眾生無有佛性是定無或不定無？譬如大地，初無金性，後時或有，有已更無。立無佛性亦如是否？若如此者，則「得二乘性竟，後更不得（大乘），得大乘性竟後應更失。」亦即雖修得解脫等功德後更失，則修道無用。「決定立性並成無用」，如此則有違佛法。有性論者再難說：若立無定性眾生住於下性，是人性不定故，若能轉爲涅槃，是今生轉或未來轉呢？若謂今生轉，云何得轉呢？是否得值三寶故轉，或不值也能轉？若說修功德故現在轉，則「無佛性眾生永住下性（不得成佛）」不能成立。相反的，若說今世雖修善根終不能轉，未來才轉故名住下性。則吾人可問此性於未來中，是因修善才轉，或不修也能轉？若修故轉，爲何今世修不能轉呢？若

㉑ 《佛性論》卷一（《大正藏》卷三一，頁788中）。

說未來不修善自然能轉，則現在若未修，爲何也不能轉呢？因此無性論不能成立。

又者，若立佛性爲「定無」，則此「定」是由因故定，或不由因故定？若由因故定，此定不成定，因爲本來不是定，由其他因緣方定，再者，若說定等共無因，則「非理之事並應得成」。總之，由於「有本定有，無本定無，有不可滅，無不可失」等三種過失的邪執，而有無性論。

以上是《佛性論》作者世親對小乘無性論的評破，基本上，他是根據《瑜伽師地論》無性論的五難六答論辯架構上，更立六難論破。本來《瑜伽師地論》的五難六答是用以建立無性論的，《佛性論》卻巧妙地引用以成立有性論。最澄在《守護國界章》中，將五難六答列舉如下：[22]

一、說無起疑難　教理並違答。世親破云：執不平等難
二、有情無根難　假設非例答。世親破云：二失同故難
三、諸界互轉難　非喻乖理答。世親破云：無決定相難
四、應具諸界難　互喻無別答。世親破云：定何所屬難
五、無應轉有難　背法不齊答。世親破云：並成無用難
　　　　　　　　縱轉不成答。世親破云：三種過失難。

如此多番的問難之後，無性論者反問如果一切眾生皆有佛性，爲何經典中還有佛說眾生不住於性，永無般涅槃？《佛性論》解釋說：憎背大乘法是一闡提因，爲令眾生捨此因，以免輪迴不斷，故經作是方便說，而佛性說的眞正意義是：

---

[22] 《守護國界章》卷下之中（《大正藏》卷七四，頁229下～231上）。

若依道理，一切眾生，皆悉本有清淨佛性。若永不得般涅槃者，無有是處，是故佛性決定本有，離有離無故。㉓

有性論自始至終最基本的堅持，都是一切眾生皆有佛性。《佛性論》不但如此，而且主張佛性本有。不過，《佛性論》的最大特點還是在於其強調佛性的「離有離無」。使佛性不落於實有和虛無的二邊。因之，「佛性本有」的「本有」超越本體性「有」或「無」的觀念，其眞正的旨趣是爲肯定眾生皆有成佛的屬性。

（二）對外道的評破

《佛性論》論主對外道的評破，主要是針對韓世師（勝論 Vaiseṣika）和僧佉耶（數論 Sāṃkhya）二外道不知二空所顯的佛性義而主張諸法有自性說的論難。有自性論的外道認爲：諸法各有自性不空，且其自性定而各異，如水性定濕，火性定熱，涅槃生死，亦復如是，不可互相轉作，因其各有自性。他們認爲若互可轉，則修道無用。《佛性論》論主反駁道：自性決定不可得，因爲如自性眞實存在的話，除了八不可見因㉔之外的諸法，當決定可見。但是，如兔角及蛇耳等，決不可得，定永無故，諸法自性亦如是。再者，若「有自性」者是自性有，則不離空有二處。若「有中有」者，則二有相並，無能、所用。法既已有，何必復須自性有。若「無中有」者，何以不能令兔角等有，故知自性空。

㉓ 《佛性論》卷一（《大正藏》卷三一，頁788下）。

㉔ 《金七十論》舉八不可見因如下：最遠（atidūrat），最近（sāmīpyād）根壞（indriyaghātān），心不定（manas anavasthānāt），細微（saukṣmya），覆障（vyovadhāna），伏逼（abhidhava），相似聚（samāna-abhihāra）。（《大正藏》卷五四，頁1246中。）

其次，《佛性論》作者再舉語言自性不可得，以證成諸法皆空，語言須八緣方成：（1）覺，（2）觀，（3）功用，（4）風氣，（5）八處（臍，胸，喉，舌，等），（6）音聲，（7）名字，（8）開閉。具此八緣，言聲得生，而且語言之間不同的組合，又可產生不同意義，因此，可說語言性空不可得。《佛性論》更引《中論》的「諸法不自生，亦不從他生，不共不無因，是故知無生」一偈解釋諸法之無生自性空。諸法雖無自性，並不會陷入虛無，因它們隨眾因緣和合而有。《佛性論》舉例曰：

> 譬如前種能生後穀，此前後穀，不一不異，不有不無。若一者，則無前後。若異者，則前穀後豆，故無一異。自性不有不無者，因滅果生故。因滅故不有，果生故不無。因時未有果故，不可說有，果生時必由因故，不可說無，以是義故，因果憶知並得成就，故說無自性。㉕

引之中強調諸法自性不有不無。因為「一切法如實無自性，唯眞實空，是其體性」㉖。因為在「眞實空」中，諸法不是靜止消極的存在，而是動態積極的過程（process）。世親遵循佛教傳統無我的教義評破外道的自性見，其目的乃在明示其佛性思想並不踰越佛教無自性見的基本教示。

（三）對大乘見的評破

《佛性論》對大乘見的評破，主要是針對偏執的有無觀和二諦觀

㉕《佛性論》卷一（《大正藏》卷三一，頁 793 上）。
㉖ 同上，頁793下。

加以破斥。傳統上，中觀學派認爲諸法含攝於二諦中，一切諸法無有自性是眞諦，於無自性中，說假有是名俗諦。因此說：「一切有皆由俗諦。一切無皆由眞諦，以於無中假說有故。」世親對如此二諦觀破斥說：

> 二諦不可說有，不可說無，非有非無故。眞諦不可說有，不可說無者，無人法故。不可說有，顯二空故，不可說無。俗諦亦爾。分別性故，不可說有，依他性故，不可說無。復次，眞諦不定有無人法，無一無二，空有不有，俗諦亦爾，分別性故，非決定無，依他性故，非決定有。㉗

引文中最重要的觀點是否定了「眞諦中無，俗諦中有」的傳統二諦觀，而強調二觀的非有非無。世親質疑對眞諦無自性的執見，因爲對「眞諦無有自性」的認識，還是建立在俗諦上才能成立，而世俗語言非實，由此建立的認識自然不可說是眞實。因此世親認爲正確的二諦觀應重超越「有」「無」。

世親認爲眞諦的非有非無，是因爲在眞諦中無有人法，故不可說有，但是眞諦顯人法二空，不可說無。這是《佛性論》非常重要的觀點，此顯示世親完全排除將「眞諦」或（人法二）「空」視爲純粹否定或虛無，而是在眞諦和「空」中建立無限的可能性，尤其在解脫論上。換言之，亦即在諸法空無自性的當下，發揮其動態積極的性格。

對俗諦非有非無的解釋，世親引進了瑜伽系的三性說。在世俗諦中，由於諸法的分別性（遍計所執）假有的存在，不可說有。然而，諸法雖不能說眞實的「有」，但是約其依他性（因緣性），不可說

㉗ 《佛性論》卷一（《大正藏》卷三一，頁793下～794上）。

無。總之，眞諦於人我二法，不定有無，因其非有非無，不一不異，空有不有。但俗諦因分別性故，雖不可說有，卻也非決定無，因依他性故，雖不可說無，卻也非決定有。

總結而言，世親在破小乘、外道、大乘執見的同時，建立了他的佛性觀，其觀點可歸納如下:

(1) 一切衆生皆有佛性，但是佛性不可執有，亦不可執無。佛性雖可說是「本有」，但並非與「無」相對的「有」，而是一種本具的成佛潛能。

(2) 諸法皆無有不變的自性，眞實空才是其體性。佛性更是如此，它不是靜止定性的本體，而是人法二空所顯的眞如。

(3) 眞諦不否定俗諦，空亦不礙有。空與二諦均非有非無，故與佛性相契合。

三、佛性的體性

《佛性論》先在「緣起分」和「破執分」破除對佛性可能的誤解之後，接著在「顯體分」和「辯相分」詳論佛性義。換言之，前二分「破邪」，後二分「顯正」。「顯體分」以「三因」、「三性」和「如來藏」解釋佛性的意義。如圖示:

- 佛性體
  - 三因
    - 應得因—三種佛性
      - 住自性性⟶道前凡夫位
      - 引出性⟶初發心至最終有學位
      - 至得性⟶無學位
    - 加行因
    - 圓滿因
  - 三性所攝
    - 三無性⟶無相性、無生性、無眞實性
    - 三自性⟶分別性、依他性、眞實性

三因佛性乃體證佛果的因素，而它包括三個層次，即所謂的應得因，加行因，和圓滿因。《佛性論》解釋說：

> 應得因者，二空所現眞如。由此空故，應得菩提心，及加行等，乃至道後法身。故稱應得。加行因者，謂菩提心。由此心故，得三十七道品、十地、十波羅蜜助道之法，乃至道後法身，是名加行因。圓滿因者，卽是加行。由加行故，得因圓滿及果圓滿。[28]

三因佛性的體性，「應得因」是以「無爲如理爲體」，加行因和圓滿因是以「有爲願行爲體」。雖然說佛性有三因，其實三因皆源自第一應得因，因其體性乃人法二空所顯的無爲如理的眞如。由此應得因潛在的激勵作用，才能引生菩提心、加行乃至圓滿果。「加行因」即菩提心，由此欣求成佛的願心導引出一切成佛之道所須的修行法門，如最基本的三十七道品，乃至六度萬行，如此層層增「加」的修「行」，一直到證得圓滿法身。「圓滿因」可分因圓滿和果圓滿。因圓滿即福慧行，果圓滿包括智德、斷德、恩德。智德者四智成就，照了一切法。斷德者斷一切煩惱業無餘。恩德者乘大願力救護一切眾生。眞諦譯《攝大乘論釋》卷十四說：「三身即是三德：法身是斷德，應身是智德，化身是恩德。由三身故至具三德相果。」[29]

應得因雖是「無爲如理」爲體，但是本身又具有三種佛性，與成佛修行歷程的三階段相應。三性是「住自性性」、「引出性」、「至得性」，住自性的佛性隱含在道前凡夫身中，也就是說道前凡夫，雖

---

[28] 《佛性論》卷一（《大正藏》卷三一，頁 794 上）。
[29] 《攝大乘論釋》卷一四（《大正藏》卷三一，頁 257 下）

還未眞正踏上修行成佛之道，他們還是本具住自性佛性，只是此時隱而不現。所有佛教的實踐者，從初發心一直到最後的有學聖位[30]，他們的佛性即叫做引出性佛性。至得性佛性指無學聖位，即佛果位。三種佛性雖因修證歷程而有不同，皆源自應得因，而以無爲眞如爲體。雖因證悟程度而區分爲三，其本質無有差別。

賢洲的《佛性論節義》解釋「應得因」爲「正因佛性空如來藏」，因「無有離二空所顯眞如而能厭苦求涅槃」[31]。由於此二空的積極作用，引出福慧行，即緣了二因，能令正因佛性出障，顯現至果，成就三德三身。此解釋頗能符合《佛性論》將佛性視爲積極動態的潛能，而非不變的本體。

其次，《佛性論》以瑜伽系的三性解釋佛性。三性包括三無性及三自性。三無性是無相性、無生性、無眞性。《佛性論》說：「此三性攝如來性盡。何以故？以此三性通爲體。」[32]如來性是二空所顯眞如，離有離無。一切諸法無有相可得，也無有性可得，故以三無性爲通體。如離三無性，則墮斷常等邪執，不能證入佛性非有非無。故言佛性爲三無性所攝盡，如此解釋可使佛性義符合佛教傳統無我思想，免於被誤認佛性爲神我論。

「無相性」即《瑜伽師地論》所說的「相無自性性」，意謂諸法僅名言所顯，即遍計所執隨言而有，本來無相。一切法由因緣生，不由自生、他生、或自他生，亦即依他性藉眾緣生，無自然生，故名「無生性」或「生無自性性」。「無眞性」即「勝義無自性性」，意謂「一切諸法離眞相故，無更別有實性可得」。《解深密經》解釋勝義

---

[30] 有學聖位包括初發心、十信、十住、十行、十回向、十地等階位。
[31] 《佛性論節義》，頁31上。
[32] 《佛性論》卷二（《大正藏》卷三一，頁 794 上）。

無性有二義:(1)就依他性以解勝義無性。也就是說此勝義無性亦是依他，由於因緣無常法體非眞實勝義，故言眞實義相所離法，由此之依他無勝義。(2)就圓成實體以明勝義無自性性。此又分二義:(a)圓成實性之特性在於離名言，沒有勝義之義或相可執，故言勝義無性，(b)此圓成體是勝義，如此勝義由無相、無生二門所顯，故名勝義無性[33]。總之，三無自性性是從負面的層次來說明諸法皆無自性，而三自性則是從正面而言。其實，二者的觀點並無二致，只是角度不同而已。

根據《佛性論》論主的詮釋，佛性不但爲三無性，而且也爲三自性所攝。三自性是傳統瑜伽系統所說的分別性、依他性和眞實性。《佛性論》以十種義廣解三自性義:(1)分別名，(2)緣成，(3)攝持，(4)體相，(5)應知，(6)因事說，(7)依境，(8)通達，(9)若無等，(10)依止。首先解釋三自性的意義:

> 分別名者，為隨名言假說故，立分別性。若無此名言，則分別性不成，故知此性但是名言所顯，實無體相。是名分別性。依他性者是十二因緣所顯道理，為分別性，作依止故，故立依他性。眞實性者，一切諸法眞如，聖人無分別智境，為清淨二性，為解脫三，或為引出一切諸德故，立眞實性。[34]

引文中三性之定義，基本上與《瑜伽師地論》卷七三「嗢拕南」的「分別」相似。引文說眞實性「爲清淨二性，爲解脫三」的意思是由

---

[33] 《瑜伽師地論》卷七三（《大正藏》卷三〇，頁 702 中）。《佛性論節義》，頁33上。

[34] 《佛性論》卷二（《大正藏》卷三一，頁 794 中）。

證入眞如眞實性，就能「清淨」分別和依他「二性」，圓滿「解脫」的第「三」眞實性。《瑜伽論》說眞實性「能令解脫一切相縛及麁重縛」[35]。而根據《三無性論》說：「若分別性起能爲二惑繫縛眾生。一者相惑，二者麁重惑。相惑即分別性，麁重惑即依他性。」[36]可見《佛性論》對三自性定義還是依據《瑜伽論》的。

再者，從「攝持」義解釋三性與五法的關係，《佛性論》和《瑜伽論》之說法亦一致。五法是：(1) 相，(2) 名，(3) 分別思惟，(4) 聖智，(5) 如如。前三是世間智。聖智屬於出世智，如如則是無爲境。五法與三性的關係如下：

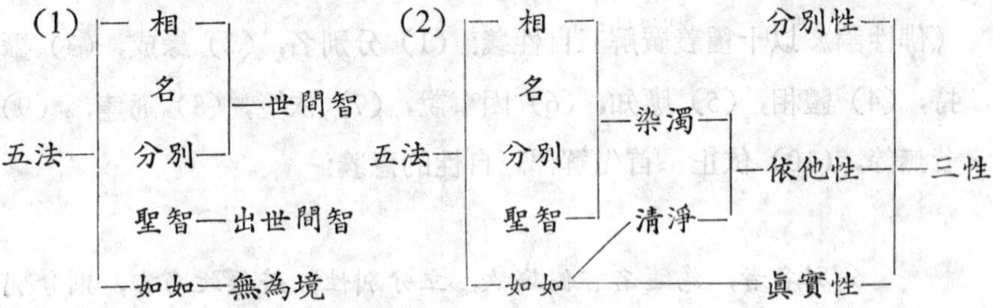

由上述的關係可看出依他性有二種特性，即所謂的「染濁依他」和「清淨依他」。前者緣分別得成，後者緣如如得成，可見依他性在轉染成淨的修行過程中，扮演關鍵性的角色。

三自性的十義中，「若無等」很值得注意。以下討論諸法若沒有三自性的存在，會有什麼問題。《佛性論》先問後答：

問曰：「若分別性無，有何過失？」

答曰：「若無分別性，則名言不立。名言不立故，則依他性不得

---

[35] 《瑜伽師地論》卷七三（《大正藏》卷三〇，頁 703 中）。
[36] 《三無性論》卷下（《大正藏》卷三一，頁 870 下）。

成就，乃至淨不淨品，並皆不立。」

問：「若無依他性，有何過失？」

答：「若無依他性，一切煩惱不由功用，應自能滅。若爾淨品亦不得成。」㊲

若從眞諦的層次而言，當清淨依他轉分別遍計執性成圓成實性時，分別和依他性即不復存在，可見上面引文中「若無」三自性的假設性問題，是從世俗諦而言。《佛性論》作者試圖從反面來說明三自性的作用。分別性的體性，雖「恆無所有」，然在世法中，分別性卻依止依他性的名言而成之，而依他性則執分別性所緣而顯現，攝盡一切生死染法。因之，若無分別、依他性，則有「不可知雜染清淨」過。

問：「若眞實性無，有何過失？」

答：「若無眞實性，則一切一切種清淨境不得成故。一切者，別攝眞俗盡。一切種者，通攝眞俗故。」㊳

眞實性乃一切清淨之所依，這是顯而易見的。《佛性論節義》作者賢洲對上面引文所說，若無眞實性「一切一切種清淨境不得成」，認爲不但「清淨境」，「染汚境」亦不成，因爲眞實性是染淨諸法之共依㊴。可見賢洲言之有理。值得注意的是，在肯定眞實性爲一切一切種染淨所依之後，《佛性論》隨即強調眞如眞實性超越染淨。如《論》說：

問曰：「是眞實性，爲可立淨、爲立不淨？」

㊲ 《佛性論》卷二（《大正藏》卷三一，頁795中）。
㊳ 同上。
㊴ 《佛性論》亦有言：「淨不淨品，皆以如爲本」（《大正藏》卷三一，頁795中～下）。

答曰:「不可得說定淨不淨。若定淨者,則一切衆生不勞修行,自得解放故。若定不淨者,一切衆生修道卽無果報。若定淨者,則無凡夫法,若定不淨者,則無聖人法。」㊵

眞實性雖爲染淨共依,然其非定淨或定不淨。若定淨的話,則無凡夫,衆生皆可不經修行而解脫,可是事實不然。反之,若定不淨,則無聖人法,因爲衆生修行將徒勞無功㊶。此即《論》所說「若其定淨,不即無明。若其不淨,不即般若」。換言之,染淨法皆不成立。然由於淨與不淨性空不異,故眞如實性雖爲染淨共依,約其本性淨而言,它是「非染非不染」,約其客塵染而言,則「非淨非不淨」。

以上所說瑜伽所立的三自性與三無性,是《佛性論》引爲會通如來藏的理論根據。不過《論》中的「三性品」僅解釋三無性和三自性的意義,至於其與佛性的關係,《論》也只說佛性爲「三性所攝」,並未詳細說明。不過,吾人可從其說明眞如染淨略知一二。眞如是佛性之同義詞。《佛性論》染淨緣起皆以眞如爲本。若眞如隨無明,則一切不淨緣起;若與般若相應,則一切淨性起。雖說眞如爲不淨緣起,其於「佛地本性清淨」,其不淨,與不淨緣起的有漏諸根本質上有所不同。換言之,眞如(佛性),雖在「無明㲉中,終不爲彼所染。」㊷此眞如緣起說法,與眞常如來藏系相同,但與瑜伽之眞如觀有所不同。

《佛性論》在「顯體分」中第三分「如來藏品」,從三方面說明

㊵ 《佛性論》卷二(《大正藏》卷三一,頁 795 中)。

㊶ 眞如之非淨非不淨,《辯中邊論》卷上亦說:「此若無雜染,一切應自脫;此若無清淨,功用應無果。」(《大正藏》卷三一,頁 466 中)。《佛性論》與此說法一致。

㊷ 《佛性論》卷二(《大正藏》卷三一,頁 795 下)。

佛性（如來藏）的意義:

（1）**所攝藏**

《佛性論》說:「所攝名藏者，佛說約住自性如如，一切眾生如來藏」㊸。這是就眾生爲如來所攝藏的意義下，說一切眾生皆有如來藏（佛性）。如來藏的「如」有二義: 一者如如智，二者如如境。前者指主觀世界的「能」，後者是客觀世界的「所」，能所相卽相入並立「不倒」，故說是「如如」。如來的「來」有二方面意義:「來至」（如如）和「至得」（解脫）。卽所謂「約從自性來，來至至得是名如來」。換言之，如來佛性同時俱「來至」的因性，和「至得」的果性。不過，因位和果位雖有染淨不同，其體不二。在因位時違二空而起無明煩惱，雖未卽顯，必當可現，故此時名爲「應得佛性」。在果位時與二空合，煩惱不染，淸淨果顯現，故名「至得佛性」，此二佛性，同一眞如。

《佛性論》解釋「藏」義說:「所言藏者，一切眾生悉在如來智內，故名爲藏。」由於「如如智」與「如如境」相應，處於如如境中的一切眾生，自然爲如如智所攝持。再者，「藏」又可從三個層面瞭解:（1）顯正境無比，（2）顯正行無比，（3）現正果無比㊹。如來藏具含如如境、智慧的正行修持、和佛果。三者都說是「無比」，乃爲顯如來藏的究竟義。在「正境」和「正果」之間，加入一個「正行」，充分表現出《佛性論》將如來藏（佛性）動態化的一貫立場。總之，由於一切眾生悉在如來智內，佛果能攝藏一切眾生，故說眾生爲如來藏。

（2）**隱覆藏**

㊸ 《佛性論》卷二（《大正藏》卷三一，頁 795 下）。
㊹ 《佛性論》卷二（《大正藏》卷三一，頁 796 上）。

「隱覆爲藏者，如來自隱不現，故名爲藏……如來性住道前時，爲煩惱隱覆，眾生不見故名爲藏」㊺。如來藏在因位住道前，其自性清淨爲煩惱所覆蓋故不顯現，但是此如來性從「住自性性來至至得」，其體不曾有變異。

(3) **能攝藏**

「能攝爲藏者，謂果地一切過恆沙數功德，住如來應得性時，攝之已盡故」㊻。「如來應得性」，指未發心前之眾生而言，此時已經攝盡「果地一切過恆沙數功德」，亦即眾生位時已本有果地功德，只是隱而不顯而已。

總結而言，《佛性論》「顯體分」將佛性解釋爲眞如。眞如乃是主觀世界（如如智）和客觀世界（如如境）融合而成的境界，它包含了「境」、「行」、「果」，也就是所謂的「應得因」、「加行因」、「圓滿因」。在境、行、果三境地中，最重要的基礎是「境」（應得因），因爲由於它的本有存在，使得修行和證果成爲可能。同時，要強調的是「因境」和「果地」體性皆本淨，無有差別。如來藏（佛性），如同依他起性，若不達空理，則成染境（染汚依他），若證入空理，則成淨境（清淨依他）。不過，不管在染在淨，本淨並無改變。當然，若人對「本淨」，又起執著，就會再次落入違逆空理的困境，所以再次強調眞如「非淨非不淨」。

四、佛性十相

《佛性論》的「辯相分」中說明了佛性的十相：(1) 自體相，

㊺ 同上。
㊻ 同㊹。

(2) 因相,(3) 果相,(4) 事能相,(5) 總攝相,(6) 分別相,(7) 階位相,(8) 遍滿相,(9) 無變異相,(10)無差別相。前「顯體分」闡明佛性的體性,「辯相分」則著重在佛性的特相,如佛性的性質、作用、功德等問題㊼。

(一) 佛性的自體相

佛性的自體相可分成通相和別相去瞭解。通相是自性清淨。如來性在煩惱中不被染污。雖說佛性的「自性」清淨,它的自性並不意味一個不變實體的自我 (ātaman), 因爲《佛性論》作者一再強調佛性是與空性相應所顯眞如,故與外道的神我自性義不同。從下面對佛性「別相」的說明,可更清楚看出佛性非我論。

佛性自體的別相有三:(1) 如意功德性,(2) 無異性,(3) 潤滑性。

《佛性論》比喻佛性爲如意寶珠,隨所樂事,自然得成。眾生由於佛性的策勵,修諸福德,也可隨各自意願證果。佛性之所以能產生「如意功德性」的作用, 乃是佛性有五藏義。五藏指如來藏、正法藏、法身藏、出世間藏、自性清淨藏。五藏出自《勝鬘經》,廣爲論典所引用,如《寶性論》、眞諦譯《攝大乘論釋》等。《寶性論》引以說明如來性的「因義」㊽。《攝論釋》則引來闡釋「一切法依止」的「界」義,和「法身含法界五義」㊾,其說法大同小異。

《佛性論》中的五藏大意如下:(1) 如來藏:藏是自性義。一切

㊼ 佛性十相與《寶性論》的如來藏十義內容相同。
㊽ 《寶性論》卷四(《大正藏》卷三一,頁 839 上)。
㊾ 《攝大乘論釋》卷一五(《大正藏》卷三一,頁 264 中)。

諸法不出如來自性，故說一切法爲如來藏[50]，但是此性以無我爲性，完全沒有我本體的意味。(2) 正法藏：「因是其藏義，以一切聖人四念處等諸法，皆取此性作境」[51]。(3) 法身藏：「至得是其藏義」，由於一切聖人「信樂正性」，「至得」法身常樂我淨四德[52]。(4) 出世藏：「眞實」是藏義。世間有爲法可滅盡，虛妄不住，妄見顚倒，但是出世法無此過失，故名眞實。(5) 自性淸淨藏：「秘密」是其藏義。這是說衆生若隨順此性，則爲淸淨，若違逆則自性成爲染濁。如《勝鬘經》所說，自性淸淨是甚深祕密難可了知的。

佛性的第二個別相是「無異性」。凡夫，有學聖人，諸佛，此三雖異，其性皆是空。佛性於三位中平等遍滿，無有差別。猶如《不增不減經》所說：「衆生界不異法身，法身不異衆生界」。而由於淨不淨於三位中無變異，故說佛性如虛空性。

佛性的第三別相是滑潤性。《論》解釋其義說：

> 潤滑性者，辯如來性，於衆生中，現因果義，由大悲於衆生軟滑爲相故。……潤以顯其能攝義，滑者顯其背失向德義。[53]

佛性的潤滑性表現在大悲上，大悲是如來性的大用，所謂「如來性於衆生中，現因果義」者，是說：「在果如來性」與大悲於「在因如來

---

[50] 《攝論釋》的解說是：「一性義，以無二我爲性，一切衆生不過此性故。」（《大正藏》卷三一，頁 264 中）。

[51] 《攝論釋》亦說：「二因義，一切聖人四念處等法緣，此生長故。」（《大正藏》卷三一，頁 264 中）。

[52] 《攝論釋》解說「法身藏」，與《佛性論》顯有不同。前者說由於凡夫、二乘人爲虛妄法隱覆，不得見法身，因此法身藏的「藏」是隱「藏」義，而不是「聖得」義。（《大正藏》卷三一，頁 264 中。）

[53] 《佛性論》卷二（《大正藏》卷三一，頁796下～797上）。

性」，而「在因如來性」也無不滋潤於「在果如來性」中，此乃因大悲與如來性不相捨離。

總之，佛性的基本體相是自性清淨相，它像如意寶珠一樣，具有隨修行者意樂所證得的不可思議功德，尤其大悲，猶如水界，具潤滑相，能潤、能攝、能長一切功德。而此如意功德無論在因位或果位，其本質如虛空性平等無有差別相。

（二）佛性的四相

佛性的因相中，《佛性論》舉四種因，能在去除四障後，證得法身四德。四因是:

（1）信樂大乘，（2）無分別般若，（3）破虛空三昧，（4）菩薩大悲。

四障是:

（1）憎背大乘，（2）身見計執，（3）佈畏生死，（4）不樂觀利益他事。

四類衆生、四障、四因和四果之關係可表列如下:

衆生類別	四障	四因（對治）	四果（波羅蜜）
1. 獨覺	不樂觀利益他事	菩薩大悲	常
2. 聲聞	佈畏生死	破虛空三昧	樂
3. 外道	身見計執	無分別般若	我
4. 一闡提	憎背大乘	信樂大乘	淨

此四障能障四種人：初障闡提，二障外道，三障聲聞，四障緣覺。由此四障能令他們不能得見佛性，亦即不見自性清淨法身。而對治四障的方法，就在於實踐上述的佛性四因，最後卽可證得常樂我淨四波羅蜜果。

修習四因得無上法身波羅蜜者得名佛子，佛子有四義。(1) 因：因者可分無爲信樂和有爲信樂。前者約能顯了性得之正因佛性，可稱爲了因佛性，後者約加行能生衆行，可稱爲生因佛性。(2) 緣者，卽般若波羅蜜，能生菩薩身，是無爲功德緣因。(3) 依止：指破空空三昧，除佈畏生死執。(4) 成就：指大悲利益衆生。總結譬喻如下：「一因如父母身，二緣如母，三依止如胞胎，四成就如乳母故，諸菩薩由此四義名爲佛子。」[54]此相當於《寶性論》所說：

「大乘信爲子，般若以爲母，禪胎大乳悲，諸佛如實子。」[55]

從佛性的因相信──→般若──→禪定──→大悲，可見佛性代表著佛子起信、修行（智慧與禪定）、證果的整個修行過程。如此的瞭解，就不會對佛性視爲在個人修行歷程後面一個不變的主體性存在。

（三）佛性的果相──四德

佛性思想中最具特色和爭議性的教義，除了自性清淨心之外，就是佛性的四德相──常、樂、我、淨四波羅蜜。傳統佛教認爲衆生有四倒見：於色等五陰實是無常，起於常見，實苦起樂見，無我起我見，不淨起淨見。此四顚倒見使衆生不得見諸法眞相，而不得解脫，其對治方法卽是起四無倒見：無常，苦，無我，不淨。然而，就佛性

---

[54] 《佛性論》卷二（《大正藏》卷三一，頁 798 上）。
[55] 《寶性論》卷三（《大正藏》卷三一，頁 829 中）。

而言，常等四德並非顛倒，而是正見。如《佛性論》引《勝鬘經》說:

> 一切聲聞獨覺由空解未曾見一切智智境。如來法身應修不修故。若大乘人，由信世尊故，於如來法身，作常樂我淨等解，是人則不名倒，名得正見。[56]

如來四德波羅蜜是由佛性四因修得，即 (1) 由於一闡提憎背大乘，爲改變樂住生死不淨，修習信樂大乘法，而得淨波羅蜜。(2) 諸外道於五取陰中，執見爲我，爲翻其虛妄見，修習般若，得最勝無我，即我波羅蜜，(3) 聲聞佈畏生死，修破虛空三昧，得樂波羅蜜。(4) 獨覺者只樂獨處靜住，不作眾生利益事。爲對治而修大悲利眾生行，常所護持，即可成就常波羅蜜[57]。

四德中的常波羅蜜和我波羅蜜，因爲與傳統佛教所強調的無常和無我的教義有不同的說法，故爭議性較大。《佛性論》也特別加以辯解四德說不違佛法。如《論》解釋「大常波羅蜜」如下:

> 有二種因緣，說如來法身有大常波羅蜜。一無常生死不損減者，遠離斷邊。二常住涅槃無增益者，遠離常邊。由離此斷常二執故，名大常波羅蜜。[58]

由引文可知，所謂的常波羅蜜並非指諸法有任何一法是常住不

---

[56] 《佛性論》卷二（《大正藏》卷三一，頁 798 中）。
[57] 《佛性論》卷二（《大正藏》卷三一，頁 798 中～下）。
[58] 《佛性論》卷二（《大正藏》卷三一，頁 799 下）。

變，而是超越斷見、常見之後，方謂常波羅蜜，也就是《勝鬘經》所說：「若見諸行無常是斷見，不名正見。若見涅槃常住，是名常見，非是正見。」[59]故如來法身離於二見，名爲大常波羅蜜。

我波羅蜜的解釋又是如何呢？《佛性論》說：

> 由一切外道，色等五陰無我性類計執為我，而是色等法，與汝執我相相違故，恆常無我。諸佛菩薩由眞如智，至得一切法無我波羅蜜。是無我波羅蜜，與汝所見無我相，不相違故，如來說是相恆常無我，是一切法眞體性故，故說無我波羅蜜是我。[60]

引文的重點是說諸佛菩薩由「眞如智」，能證入一切法的無我性，得無我波羅蜜，而此無我波羅蜜正是「我」。換言之，「我」即是「無我波羅蜜」。但問題是旣然是無我，爲何又叫「我」呢？《佛性論》引經偈解釋說：

「二空已淸淨，得無我勝我，佛得淨性故，無我轉爲我。」[61]偈頌的意思是當菩薩證入人法二空時，得最勝無我。此「最勝無我」之所以勝於二乘的無我，乃在於其不但證得人空，也證入法空。更重要的是當證得淸淨佛性時，「無我」轉爲「我波羅蜜」，因爲此時

[59] 《勝鬘經》「顚倒眞實章」第十二（《大正藏》卷一二，頁 222 上）。
[60] 《佛性論》卷二（《大正藏》卷三一，頁 798 下）。
[61] 《佛性論》卷二（《大正藏》卷三一，頁 798 下）。《寶性論》卷三也引用同樣的偈頌：
「知淸淨眞空，得第一無我。諸佛得淨體，是名得大身。」（《大正藏》卷三一，頁 829 下）。
此偈二論皆引自《大乘莊嚴經論》：
「淸淨空無我，佛說第一我；諸佛我淨故，故佛名大我。」（《大正藏》卷三一，頁 603 下）。

「我」是二空之後顯現的眞如，含有無限的積極性佛功德。這種從執我──→無我──→我三個層次的轉折，很像禪宗所說的未見道時的「見山是山，見水是水」（凡夫外道執我的層次），開始修道的「見山不是山，見水不是水」（菩薩二空無我的境界），證悟時的「見山又是山，見水又是水」（法身眞如我波羅蜜）。雖然第一和第三層次皆言「我」可是其本質已大大不同。如《論》說：

> 有二種因緣，說如來法身有大我波羅蜜。一由遠離外道邊見執故，無有我執。二由遠離二乘所執無我邊故，則無無我妄執。兩執滅息故說大我波羅蜜。[62]

引文的意思也就是說「我」波羅蜜（第三層次）是在所有凡夫外道「我」（第一層次），聲聞「無我」（第二層次）虛妄執滅息之後的眞如境界，這是無我的我，它旣已超越「我」、「無我」，自然不含神我意義，而它的被認爲有神我色彩，乃是它用的是肯定語言的表達，然而這也正是如來藏（佛性）思想的特點，目的是在解脫道上發揮積極鼓勵的作用。

（四）佛性的總攝相

1. 轉依

佛性的總攝相有二種：（1）由因攝，（2）由果攝。因攝中的（1）「法身清淨因」即修習信樂大乘法，（2）「佛智德生因」即修習般若，（3）「佛恩德因」，乃大悲之實踐。「果攝」是從如來法身的三

[62] 《佛性論》卷二（《大正藏》卷三一，頁799中）。

種法而言，即（1）神通，（2）流滅，（3）顯淨。「神通」指法身德相的事用，「流滅」指法身眞智滅惑。「顯淨」即指因「轉依」而顯淸淨（解脫障滅）、無垢（一切智障滅）、澄淸（本性淸淨顯）。

轉依（Āśrayaparāvṛti）即是轉凡爲聖，轉染成淨，轉煩惱爲菩提，轉生死爲涅槃。《佛性論》說轉依是聲聞緣覺菩薩三人所依止法。換言之，轉依代表著從有漏生死到無漏涅槃的歷程，是三乘所共的。如《瑜伽師地論》說：「阿羅漢實有轉依，而此轉依與其六處，異不異性俱不可說。何以故？由此轉依，眞如淸淨所顯」[63]。雖說轉依指阿羅漢和如來的解脫悟證，但是依其究竟程度而言，《攝大乘論》將它分成六個層次：（1）增力益能轉，（2）通達轉，（3）修習轉，（4）果圓滿轉，（5）下劣轉，（6）廣大轉。前四者是趣入圓滿佛果的次第轉依，後二者是小乘與大乘轉依的差別。可見隨著大乘教義的發展，對轉依的意義和詮釋也跟著豐富起來，最後發展成瑜伽學派很重要的教義之一。

大乘佛教中的瑜伽學派和如來藏學（尤其是在與瑜伽學會通之後）都重視轉依的安立，但是二學派對轉依的詮釋，卻有極大的差別。爲了說明轉依的依止（āśraya），瑜伽學立阿賴耶（ālāya）識爲一切法的所依，如來藏學則立如來藏爲所依止[64]。前者阿賴耶異熟種子屬於雜染性，後者如來藏乃淸淨本有。兩者各有理論困難，也有其特點。簡言之，二學派轉依的最大不同，在於瑜伽學派講「轉捨」

---

[63] 《瑜伽師地論》卷八〇（《大正藏》卷三〇，頁 747 下）。

[64] 《勝鬘經》解釋如來藏爲生死與涅槃的依止如下：「生死者，依如來藏。以如來藏故，說前際不可了知。世尊！有如來藏故得有生死，是名善說。……如來藏者，常恒不壞。是故世尊！如來藏者，與不離解脫智藏，是依、是持、是爲建立；亦與外離不解脫智諸有爲法，依、持、建立。」（《大正藏》卷一二，頁 677 下）。

（或轉滅）阿賴耶識依止後，「轉得」離垢眞如，而如來藏學則因主張雜染屬客性，而清淨本具，故其轉依的重點不在於「轉捨」或「轉得」，而在於轉「顯」自性清淨。

《佛性論》解釋轉依有四種相:（1）生依,（2）滅依,（3）善熟思量果,（4）法界清淨相。《論》說:

> 生依者，佛無分別道相續依止。若不緣此法，無分別道即不生。以依緣此故，名此法為道生依。
>
> 滅依者一切諸惑及習氣究竟滅不生，無所依止故。若不依此轉依法究竟滅惑者，則聲聞獨覺與佛滅惑不異。由不同故，故知此法為究竟滅惑依止。[65]

諸佛的「無分別道」，若無轉依中的本性清淨本然存在，即不得生，故稱它爲「道生依」。諸惑及雜染亦須依轉依法，才能滅盡，故亦稱「滅依」。以上轉依的「生依」，「滅依」，正是《勝鬘經》所說的若無如來藏，不得厭生死、欣涅槃。《寶性論》亦說:「若無佛性者，不得厭諸苦，不求涅槃樂，亦不欲不願。」「見苦果樂果，依此（佛）性而有，若無佛性者，不起如是心」[66]。總之，佛性的不可思議業用，在於它是「滅」染法之所「依」、「生」淨法之所「依」，亦即轉凡成佛的根本因素。

佛性轉依的第三相是「善熟思量果」:

> 善熟思量果者，善正通達，長時恭敬，無間無餘等修習所知眞

---

[65] 《佛性論》卷三（《大正藏》卷三一，頁801中）。
[66] 《寶性論》卷三（《大正藏》卷三一，頁831上）。

知，是轉依果。若在道中，轉依為因，若在道後，即名為果。若轉依非是善熟思量果者，則諸佛自性應更熟思量，更滅更淨。而不然者，故知轉依為善熟思量之果。[67]

引文中將佛性視爲修行的全部過程，包括在道中「長時、恭敬、無間、無餘」四修行的轉依因，以及修習善熟思量後「所知眞如」的轉依果。若不如此，則佛性在證入眞如之後，豈不更有斷滅或還淨。事實不然，故說轉依是「善熟思量果」。

轉依的第四相是「法界清淨相」：

法界清淨相者，一切妄想於中滅盡故，此法界過思量過言說所顯現故，故以法界清淨為相。[68]

由於轉依之後，一切妄想皆伏滅，故爲極善清淨法界所顯。「若不爾者則諸佛自性應是無常、可思議法。然此轉依是常住相不可思議」[69]，故以清淨爲相。總之，轉依四相代表著佛教上修行實踐的歷程，一切修持的基礎在於轉依是清淨法的「生依」，同時又是染污法的「滅依」。換言之，轉凡成聖之所以可能是因爲轉依有此「生」、「滅」二作用。而此「生」「滅」的交替是在無間、無餘、長時的恭敬善熟思量修習中進行的，當修習圓滿完成，就是清淨無所得眞如顯現的時候。從佛性轉依四相，可見佛性代表著動態積極的成佛過程和成果。

---

[67] 《佛性論》卷三，（《大正藏》卷三一，頁 801 中）。
[68] 同上。
[69] 《佛性論》所舉轉依四相，與眞諦譯《攝大乘論釋》（大正藏卷三一，頁248下），和無著造《顯揚聖教論》（《大正藏》卷三一，頁517上）所說相吻合。

除了以上四相之外，《佛性論》再以「八法」解釋轉依。八法是:（1）不可思量，（2）無二，（3）無分別，（4）清淨，（5）照了因，（6）對治，（7）離欲，（8）離欲因。而此八法又由離欲和離欲因所攝。離欲是滅諦，離欲因是道諦。其相攝關係如下:

1. 不可思量
2. 無二
3. 無分別

（以上）滅諦攝（離欲）

4. 清淨
5. 照了因
6. 對治

（以上）道諦攝（離欲因）

7. 離欲（果）——滅諦
8. 離欲因——道諦

轉依之所以「不可思量」，乃因能覺觀思量，通達有無，亦有亦無，非有非無等四句，詮辯一切眾生言語名句，證知無分別智，故名不可思量。轉依如來法身的「無二」，是指無煩惱及無業障。世間的有爲法，皆從惑業生，故眾生依止「有差別」，但法身不從惑業生，故如來依止「無差別」。轉依的「無分別」，是說世間法由人我二執分別，故有種種差別，煩惱與業相繼而起，而法身本來離二執分別，故說如來法身苦滅究竟永無生起。但是此處所言的苦滅，並「非爲除滅一法故名爲滅，以本來不生故名爲滅」[70]。這是如來藏思想一向強調的煩惱爲客塵，所以並非滅惑然後方爲苦滅，因爲本來就無眞實的煩惱可滅，能體證此義，才是眞正的苦滅。這也就是《勝鬘經》

[70] 《佛性論》卷三（《大正藏》卷三一，頁 801 下）。

所說的苦滅者「非滅壞法，名爲苦滅。所言苦滅者，名無始、無作、無起、無盡、離盡，常住自性清淨離一切煩惱藏」[71]。如來法身不但本性上離一切煩惱，而且「不離、不脫、不異一切不可思議的如來功德」，故說如來法身的「不可思量」、「無二」、「無分別」是滅諦所攝的「離欲」境界。

轉依八法中的「清淨」、「照了因」、「對治」屬見道諦修道所攝，是離欲因。離欲因有二種修:（1）如理修，（2）如量修。《佛性論》解釋說:

> 世間所知，唯有二種。一人二法。若能通達此二空者，則為永得應如實際，是故名為如理。如量際者，窮源達性，究法界源故名為際。如理修者，不壞人法。何以故？如此人法本來妙極寂靜為性故，無增無減，離有離無，寂靜相者，自性清淨，諸惑本來無生見此二空名寂靜相。自性清淨心名為道諦，惑本無生，淨心不執名為滅諦。[72]

以上引文是約「空如來藏」以明如理智。諸惑之所以本來不生，乃因惑體虛妄從眾緣，緣生故無自性，無自性故本來空，本來空故，自性清淨。如果能通達空如來藏，本來無惑無相，人法性本妙極寂靜，即能以此如理智，不壞人法地如理而修。

> 如量智者，究竟窮知一切境，名如量智，若見一切眾生乖如境智，則成生死，若扶從境智，則得涅槃。一切如來法，以是義

[71] 《勝鬘經》「法身章」第八（《大正藏》卷一二，頁 221 下）。
[72] 《佛性論》卷三（《大正藏》卷三一，頁 802 上）。

故，名為如量。(73)

此乃約「不空如來藏」以明如量智。本來不空如來藏即性具過恆沙數無量如來功德，但是衆生「乖如境智」，故轉爲過恆沙數無量生死過失。反之，則一切如來功德顯現，故名如量。

如理智和如量智是自證知見，由自得不從他得，故屬自證知見。又如理智爲因，以其能作生死和涅槃因。乖違如理則成生死，順如理則成涅槃，而生死涅槃平等一性，能如此知，即是如理智。由於如理智能滅盡「解脫障」、「禪定障」、「一切智障」等三惑(74)，亦可說是清淨因。如量智爲果，以其能於平等理中照知差別法，從而圓滿智、斷、恩三德，亦可說是圓滿因(75)。

以上是《佛性論》總攝如來藏系和瑜伽學思想，從四相，八法解釋轉依。其次，它又以「七種名」說明轉依法身的果德。七種名是：(1) 沈沒取陰，(2) 寂靜諸行，(3) 棄捨諸餘，(4) 過度二苦，(5) 拔除本識，(6) 濟度怖畏，(7) 斷六道果報。

(1) 沈沒取陰

「取」是執取，「陰」者構成身心世界的五蘊。因爲有所執取，故有五陰世界的存在。取是因，陰是果。「沈沒」是謂法身中因果俱無，畢竟永無取陰。取有四種：1. 欲取，2. 見取，3. 戒取 4. 我語取 (ātmavāda-upādāna)。欲取者貪執欲界六塵。見取又分身見、偏見、邪見和見取見四種。戒取乃執著世間邪正等戒，包括內道五戒等，和外道諸苦行雞狗等戒。我語取者「緣內身故，一切內法爲我

(73) 《佛性論》卷三（《大正藏》卷三一，頁 802 上～中）。

(74) 梁譯《攝大乘論》中以皮、肉、心爲三種惑。

(75) 《佛性論》卷三（《大正藏》卷三一，頁 802 中）。《佛性論節義》卷三，頁90上。

語，貪著此內法名我語取」[76]。換言之，我語取亦即是我見。轉依後之法身旣無各種取著，亦無五陰的輪轉，故名「沈沒取陰」。

(2) 寂靜諸行

一切有爲法皆名行（saṃskāra），與生、異、住、滅四相相應，生生不息。如來法身則不如是，約前無生，離意生身，約後無滅，過無明住地，湛然常住。

(3) 棄捨諸餘

二乘人有三種餘：1. 煩惱餘（無明住地），2. 業餘（無漏業），3. 果報餘（意生身），而轉依法身已滅盡一切業、煩惱、生死等諸餘，安住四德圓滿。

(4) 過度二苦

二苦有多種類別，如 (1) 凡夫苦樂的三受苦，(2) 聖人的行苦。又如(1)身苦，(2) 心苦。再如 (1) 二乘界內苦，(2) 菩薩界外苦。轉依法身無凡夫二乘之麁苦，亦無菩薩四種生死細苦，故說過度二苦。

(5) 拔除阿梨耶

阿梨耶的含義隨著佛教思想的發展而有所不同。《大乘義章》卷三末云：「阿梨耶者，此方正翻名爲無沒。雖在生死不失沒，故隨義傍翻，名列有八。一名藏識，二名聖識，三名第一義識，四名淨識，五名眞識，六名眞如識，七名家識，亦名宅識，八名本識。」[77]這是地論師所判，若依攝論師則以藏爲阿梨耶義。新譯云阿賴耶，翻爲藏識，因其有能藏、所藏、執藏三義。依始教而言，阿賴耶爲妄識，僅就生滅緣起中建立阿賴耶，爲異熟識諸法依，與眞如未有融通。若依終教，則阿賴耶與染淨融通而有二分義。如《大乘起信論》說:「不生

---

[76] 《佛性論》卷三（《大正藏》卷三一，頁 802 下）。
[77] 《大乘義章》卷三末（《大正藏》卷四四，頁 524 下）。

不滅與生滅和合，非一非異名阿賴耶識。」[78]，即與眞如隨薰和合。

《佛性論》釋阿梨耶爲生死本，能生四種末：即二種煩惱、業和果報。二種煩惱之一是指以無明爲本的一切煩惱，無相解脫門爲其對治法。另一種煩惱是指以貪愛爲本的一切煩惱，無願解脫爲對治道。「業」者，以凡夫性的身見爲本。「果報」者，依阿梨耶識爲本，因未離此識，故果報不斷。

至於在何果位「拔除阿梨耶」，有二說。若以始教而言，有三拔除分位：（1）我愛執藏現行位：七地菩薩、二乘有學及一分異生，從無始以來執此我愛執藏，故名「我愛執藏現行位」。但是到了八地菩薩和二乘無學位即捨此執藏阿賴耶。（2）善惡業果位：此位包括從無始至菩薩金剛心，或解脫道時，乃至二乘無餘依位，都屬善惡業果位，其阿梨耶名異熟識，唯如來果位時才能捨。（3）相續執持位：此位爲從無始乃至如來盡未來際利樂有情位，謂阿陀那，即無垢識，唯在如來地才有。若約終教，如《地論》所說，阿賴耶相在初地卽滅，因初地即已斷二種我見[79]。

值得注意的是《佛性論》所說「拔除阿梨耶」，其意義與上述有所不同。論主認爲「拔除阿梨耶」後的法身，具有「無分別智」和「無分別後智」。前者拔除現在虛妄，使法身清淨，後者令未來虛妄不起，能圓滿法身。換言之，「拔者清淨，滅現在惑。除者圓滿，斷未來惑」。可見《佛性論》的「拔除」只是去除煩惱，而非其依止的本識。這種解釋與眞常系觀點是相合的。

（6）濟五怖畏：

五怖畏是（1）自責畏，（2）畏他責，（3）畏治罰，（4）畏惡道，

---

[78] 《大乘起信論》（《大正藏》卷三二，頁576中）。
[79] 參閱《佛性論節義》卷三，頁94～96。

(5) 畏眾集。此五畏皆是從自身作惡，無德或知解不深所引起之於己、於人或於眾之怖畏。法身眾德圓滿，自然無有這些怖畏。

(7) 斷六道果報:

如來法身不再陷於「眾生所輪轉處」和「業所行處」，因無餘依涅槃，二處俱盡，故謂斷六道果報。

2. 法身與涅槃

由上述《佛性論》對轉依的說明，可知法身一方面代表自性清淨，和佛性的本有，另一方面也是代表轉依的圓滿完成，含有「不退墮」、「安樂」、「無相」、「無戲論」的特性，故《佛性論》說:「若修正行人，求見此法（身）。得見之時，即得不退安樂故，以安樂爲味。法身……以無相爲事，五陰相於中盡無餘故。又以無戲論爲事。」(80) 法身既是無相的，《佛性論》作者外道可能對法身的存在提出質疑:

> 如汝所立，法身應決定是無，不可執故。若物非六識所得，決定是無，如兎角。兎角者，非六識所得，定是無故。法身亦爾。(81)

這是執有的外道對法身存在與否的錯誤認知，其不知法身是二空所顯眞如，具空不空如來藏，故法身有其「空」與「不空」二屬性，且無論是空或不空的層面，均非外道所說的斷滅。

對上面引文的問難，《佛性論》有二個法身存在的論證。其一是:

> 汝言非六識所見故法身無者，是義不然。何以故？以由方便能

---

(80) 《佛性論》卷三（《大正藏》卷三一，頁 803 中）。
(81) 《佛性論》卷三（《大正藏》卷三一，頁 803 下）。

證涅槃故，想、稱、正行是名方便。是故法身可知可見。[82]

引文說法身即涅槃，而涅槃的體證是由方便，包括觀想禪定、稱名唸佛、及其他正行等。換言之，法身涅槃是屬於自身體證的層次，而非六識等感官的認知。《涅槃經》說：「佛性雖無，不同兎角。兎角，雖以無量方便，不可得生，佛性可生。」又曰：「道與菩提及涅槃悉名爲常。一切眾生常爲無量煩惱所覆無慧眼，故不能得見。而諸眾生爲欲見故，修戒定慧，以修行故見道菩提及以涅槃。」[83]《涅槃經》所說，與《佛性論》有同樣的旨趣。

《佛性論》法身存在的第二個論證是：

若法身無者，則諸正行皆應空失。以正見為先行，攝戒定慧等善法故，所修正行不空無果。由此正行能得果故，故知法身非無。[84]

此論證再次強調法身既不是虛無斷滅，也不是神我性的存在，而是修持，自我轉化和證悟最圓滿的成果。《佛性論》「辯（佛性）相分」中的「總攝品」，將法身和涅槃等同視之。其中對涅槃的描述，根據如來藏一貫的思想，採用肯定的語句。如《論》說：

（涅槃）常住，過色等相故，故說非色。不離清涼等色相故，故說非非色。大功用無分別智所得故，故說眞有。因出世大精

[82] 《佛性論》卷三（《大正藏》卷三一，頁 803 下）。
[83] 《佛性論節義》，頁 100。
[84] 《佛性論》卷三（《大正藏》卷三一，頁 804 上）。

進所成就道，佛所得故，故知實有。[85]

涅槃不同於一般世間的色相，故說「非色」，但是涅槃又不離清淨相，所以說它是「非非色」。同時，由於它由無分別智所得的「大功用」，說它是「眞有」，又是出世法所成就的道，故是「實有」。總之，「是（涅槃）法實有，不生不起，不作無爲，故知涅槃實常住，此法是如來轉依」[86]。

（五）佛性的分別相和階位相

佛性的通相是指一切法、一切眾生的「如如」和「清淨」。如如者，眞如即俗如，俗如即眞如，眞俗二如，無有差異。清淨者，指因中如如，雖未得無垢果地，但其清淨本質與果地如如，毫無不同。故知佛性以如如、清淨爲通相，本無分別可言，而此處所說的佛性分別相是指因地佛性中，可分別出三種眾生相：(1) 不證見佛性，名爲凡夫[87]。(2) 能證見佛性，名爲聖人。(3) 已證究竟清淨，名爲如來。

三種眾生的佛性本性上既然沒有區別，則何者使他們在「相」上有所分別呢？這是因爲他們在「事用」上有不同。第一，凡夫以「顚倒爲事」。一切凡夫有想、見、心三種顚倒，即皮、肉、心三煩惱。皮煩惱是禪定障，肉煩惱爲解脫障，心煩惱是所知障。第二，有學聖者以「無顚倒爲事」。無顚倒者包括「無惑倒」和「無行倒」。「惑倒」起自違逆眞如，因而煩惱叢生。「行倒」則是指二乘人但修無常苦等爲解脫因，而不修常等四德，不行菩提道。能證見佛性的聖人，

---

[85] 《佛性論》卷三（《大正藏》卷三一，頁 805 下）。
[86] 同上。
[87] 如《寶性論》所說：「見實者說言，凡夫聖人佛，眾生如來藏，眞如無差別。」（《大正藏》卷三一，頁 831 下）。

沒有這二種顚倒。第三，如來以「無顚倒無散亂有別法爲正事」，即謂如來已滅除障碍禪定、解脫、一切智的三煩惱，能不捨大悲本願恆化衆生的正事。

以佛性的階位相而言，亦可分成三種：(1)衆生界的不淨位，(2)菩薩聖人的淨位，(3)如來的最清淨位。如約以上所說佛性的三分別相，比對三階位相的話，可表解如下：

佛性分別相
- 凡夫—顚倒（想、見、心煩惱）—不淨位
- 聖人—無（惑、行）顚倒—淨位
- 如來
  - 無顚倒散亂—法身—最淨位
  - 有別法度生—應身和化身—最淨位

—佛性階位相

（六）佛性的無變異相

佛性不但在各類衆生中無有分別，在各個證悟階位中無有差別，而且在任何時空之下，其體性亦無有變異。《佛性論》舉六種無變異：(1)無前後際變異，(2)無染淨異，(3)無生異，(4)無轉異，(5)無依住異，(6)無滅異。此六種無變異相，又可區分爲第一「前後無變異」的「三時無變異」，第二的「染淨無變異」，和第三、第四、第五、第六的「生住異滅四相無變異」。第一「無前後際變異」，《佛性論》引用《解節經》中之一偈以說明：

「客塵相應故，有自性德故，如前後亦爾，是無變異相」。[88]

[88] 《佛性論》卷四（《大正藏》卷三一，頁806下）。《解節經》乃《解深密經》的舊譯，然兩譯本中均不見有此偈頌。《佛性論節義》作者賢洲猜測可能是「有梵文未渡者」。

《佛性論》對此偈的解釋是「不淨位中有九種客塵，非所染汚故不淨。淨位中常樂我淨四德，及如來恆沙功德恆相應故，故說如來性前後無變異」[89]。意思是說不淨位中的凡夫、羅漢、有學、菩薩等，雖處九種客塵煩惱中，但本性不爲所染。即佛性（法身）雖隨緣，卻有不變義，此乃因其性常清淨本來不染，故雖舉體即染，而性恆清淨。淨位中的佛性法身四德，爲出纏顯相。其實，無論在纏或出障，性恆無二，只是不淨位約淨性隱而不顯說，淨位約自性德說，二者實不相離，故說「無前後變異」。

《佛性論》所舉的九種客塵煩惱，及其與《如來藏經》如來藏九譬的相配對，均與《寶性論》所說相似[90]，可見二論關係之密切。九種煩惱、四種眾生和如來藏九喻對照如下:

凡夫	隨眠貪欲煩惱	蓮華化佛喻
	隨眠瞋煩惱	羣蜂繞蜜喻
	隨眠癡煩惱	穀中粳糧喻
	貪瞋癡等極重上心煩惱	金墮不淨喻
羅漢	無明住地惑	貧女懷寶喻
有學	見諦所滅惑	菴羅樹子喻
	修習所滅惑	幣帛裹金喻
菩薩	不淨地惑	賤女懷聖王喻
	淨地惑	模中金像喻

隨眠貪瞋癡三毒，爲眾生相續中增長諸業的「家因」，能潤生色界無色界果報，唯有證空無分別智能斷。三毒極重上心煩惱（Tibra-

[89] 《佛性論》卷四（《大正藏》卷三一，頁806下）。
[90] 《寶性論》卷四（《大正藏》卷三一，頁837～38）。

rāga-dveṣa-mohaparyavaṣṭhāna-lakṣana-kleśa)是欲行眾生相續中，罪福的增長因。對治的方法是修不淨觀等。第四無明住地煩惱是阿羅漢「無流業生家因」，能生意生身。流者有三：(1) 流入三界生死，(2) 退失：如失欲界而「流」入色界，或失色界而流入欲界。(3) 流脫功德善根，如流失戒定慧等。阿羅漢無此三流業，故言無流業。然其無流業能生意生身。阿羅漢雖能安立四諦差別觀，滅諸煩惱，但其無明住地煩惱非安住諦觀所能破。

第六見諦所滅惑是指學道凡夫，由於無始已來未曾見諦理所引起的煩惱，到了出世見聖道才能除滅。第七修道所滅惑者，指在學聖人相續中，由於曾見出世聖道，進而修道後所滅的惑。第八不淨地惑者，指初地至七地菩薩的煩惱障，至第八地「無相無功用道」才能破除。第九淨地惑，是最微細的所知障，八地以上三地菩薩有此惑，唯有金剛定慧能破。

《佛性論》與《寶性論》均引用《如來藏經》中的九譬，與上述九種煩惱相比照。九譬的一貫模式是譬中的粗染事物用以比喻染汚煩惱，而譬中的美好事物象徵清淨法身。例如，為顯貪欲煩惱故，立蓮花化佛喻。蓮花初開時，甚為可愛，後時萎悴，人厭惡之。貪欲亦如是，初樂後不樂，故以萎華譬貪著，而化佛自萎華中出，象徵法身出煩惱纏。其他八譬可對比而知。

其次，《佛性論》又以如來藏九譬與如來三自性相比對，以說明其無變異性。如來三自性是法身、如如、佛性。初三譬法身，次一譬如如，後五譬佛性。法身有二種：「正得」，「正說」。「正得法身」即最清淨法界，屬無分別智的境界，乃諸佛當體自所得，以萎華中化佛為譬。「正說法身」是從「清淨法界正流從如所化眾生識生」[91]。

---

[91] 《佛性論》卷四（《大正藏》卷三一，頁 808 上）。

這就是眞諦譯《攝大乘論釋》中所說的:

> 眞身卽眞如及正說法，正說法從眞如法流出，名正說身。此二名法身，此法最甚難可通達，非下位人境界。[92]

正說法身又分深妙和麁淺。所謂深妙者，乃是爲大乘諸菩薩而說的甚深微妙法藏，而麁淺者是應二乘人之根機演說的種種三藏十二部法門。深妙正說法身，以眞如一味故，取蜂蜜爲譬，麁淺正說法身顯眞俗種種意味，故以糠中米爲喩。此三法身遍滿攝藏一切眾生，故說一切眾生即法身。

如如（眞如）有三特性，以金墮不淨爲喩:

如如
- 1. 性無變異——自性如（無變異）——金自性不變
- 2. 功德無窮——功德如（無增減）——金功德無窮
- 3 清淨無二——清淨如（無染汚）——金自性清淨

由於眞如的自性如、功德如、清淨如三種特性，於「前後際無變異」，故如來法身自性清淨與眾生清淨無二等差別。

法身和如如之外，第三種如來自性是佛性，佛性有「住自性性」和「引出性」二種，諸佛三身由此二性得以成就。佛性的住自性性因爲有「最難得」、「清淨無垢」、「威神無窮」、「莊嚴世間功德」、「最勝」、「八世法中無變異」[93]等六種特點，而且有隱藏性本有意味，故以地中寶爲喩。

引出性佛性指「從初發意至金剛心，此中佛性名爲引出」，能引

---

[92] 《攝大乘論釋》卷一五（《大正藏》卷三一，頁 268 下）。

[93] 八種世法是利、衰、稱、譏、毀、譽、樂、苦。

出闡提位、外道位、聲聞位、獨覺位、菩薩無明住地位等五位眾生趣向佛果。因爲此性能破煩惱顯淨體，故以菴羅樹芽能生大樹爲譬。從住自性佛性可得法身，而引出性佛性則得應身和化身[94]。值得注意的是在《佛性論》「顯體分」三因品第一中，提到佛性三因中「應得因」有三性，即住自性性、引出性、至得性。住自性性謂道前凡夫，引出性謂從初發心至有學聖位，至得性者指無學聖位。但是此處解釋佛性時，卻只提到住自性性，和引出性，而未提及至得性，而且，三因品將住自性性比屬爲凡夫位，此處則比對法身，兩者說法顯有出入，不過前者約因位的作用而言，而後者則側重在果位的顯現。由於如來藏思想強調因果位中本質上無變異，故二種說法只有重點的不同，而無實質的差別。

《佛性論》作者在「辯相分」的「無變異品」中廣說法身的意義。作者的目的無非是要再三強調法身並非代表如神我之類的形而上主體，而是傳統佛教行證的圓滿顯現。《論》中以五相、五功德、五義等以詮釋法身在解脫論上的特性，同時排除其在形而上主體性的含義。五相的第一相是「無爲相」，「離生老病死等四相過失」。法身是無爲的，沒有生老病死等的有爲相，但這並非說法身是永恆不變的神我。如《寶性論》解釋說「法身離意生身，故不生，恆不退轉，故不死，無煩惱習故不病，無有漏行故不老」[95]。總之，無爲相是指法身永滅煩惱、功德圓滿的境界。

第二相爲「無一異相」是指眞諦與俗諦的不一不異。《論》曰：

---

[94] 此說與《寶性論》「無量煩惱所纏品」所說相同。偈曰：「佛性有二種，一者如地藏，二者如樹果，無始世界來，自性清淨心，修行無上道，依二種佛性，得出三種身。」（《大正藏》卷三一，頁839上）。

[95] 《寶性論》卷四（《大正藏》卷三一，頁 842 上）。

> 若眞與俗一，凡人見俗，則應通眞。若通眞者應是聖人。以不見眞故，故知不一。若言異者，聖人見俗不應通眞，若不通眞卽是凡夫。以聖人見故，不得為異，是故不一不異。[96]

「無一異相」表顯在法身境界中，眞如與凡俗世界的融合。眞俗不一，否則凡人即聖人，同時眞俗不異，因爲眞能通俗，俗能達眞。二諦不二的理論有極重要的解脫論含義。眞俗不一，因此修證和解脫乃爲必需。眞俗不異，則修證和解脫乃屬可能。

第三相是「離二邊相」，法身能超越六種二邊，故能隨順六種中道。第一種邊見是「執可滅滅」：若謂「一切諸法畢竟可滅，是名一邊，畢竟滅盡是名爲空，復是一邊」[97]。前者是指誤認諸法有眞實的存在，故畢竟可滅。後者認爲涅槃是畢竟空無「滅」盡的世界。爲離此二邊偏執，佛說諸法不有，非可滅，諸法不無，非不滅。非滅非不滅，是名中道，這亦是說生滅門中一切染淨法無自性不異眞如，故不待滅，而在眞如門中，眞如空不礙緣有，非畢竟滅盡。

第二種邊見是執可畏畏。「可畏」者，對分別性所起之身心世界，執爲實苦，而生怖畏。「畏」者，對依他起的諸法，執有實苦而有怖畏。第三「可執」「執」二邊者，指分別可執與所執爲實有，離此二邊，即是中道。第四邊見是「邪正二邊」。「正者通達位中眞實觀行分別爲正，未通達前分別爲邪」[98]。當無分別智生時，則邪正分別泯滅，才能契入中道。

第五種邊見是「有作無作」。此二邊見與修證解脫關係尤爲密

---

[96] 《佛性論》卷四（《大正藏》卷三一，頁 809 上）。
[97] 同上。
[98] 《佛性論》卷四（《大正藏》卷三一，頁 809 下）。

切。所謂「有作」是執言欲修智慧，必先作意，然後事成，「無作」是執言「智慧無事無能。由解惑相對，由解生故，惑自然滅，非解能除故，說智慧無事無能」[99]。其實，不僅修智慧，任何種修持均不可執有作或無作的邊見，《佛性論》作者舉《寶積經》的油燈喻智慧離有作無作二邊。譬如燃燈，光明一現，黑暗即滅，但燈光雖不作意言能滅暗，暗確由燈光而滅。因此，燈光雖不作意，並非無事能。智慧亦爾，雖不作意其能滅惑，惑確由智生而滅。故知智慧非「無事無能」，但是若「作意」智慧能滅惑是名增益，落入有作一邊，若說無明自滅不由智慧是名損減，落入無作一邊，必須離此二邊，才能契入中道。總之，一個佛教徒在修行的過程中，既不可「作意」自己在修行而落入有作（修）的邊見，也不可「作意」一切修行法門皆緣起無我性，因此無行可修，而落入無作（修）的一邊。當超越二邊見時，即是中道，也是佛性法身實踐面的顯現。

第六個邊見是「不生同生」二邊。「不生」指執解脫道永不生。因為煩惱恆起碍道，未來亦爾。「同生」謂諸煩惱無始來即存在著，若對治道與煩惱同時生起者，才可滅惑。若對治道比惑後生，則此道力弱不能滅惑，永不解脫。這兩者邊見都是障碍修道解脫的錯誤執著。《寶積經》又有一燈喻破此二邊見，譬如千年暗室，若燃燈，千年黑暗自滅。同樣的，煩惱與業雖從無始來存在於眾生相續中，若能一念正思惟，久劫煩惱皆自滅。因此，解脫道不會永「不生」也不必與煩惱「同生」才能滅惑。以上六種邊見，若能遠離，則顯六種中道。「離邊見」入中道是法身的第三個特性。

法身五相的第四相是「離障相」，障有三種：(1) 煩惱障，離此障可得慧解脫 (prajñā-vimukta) 羅漢果。(2) 禪定障，離此障可得

---

[99] 《佛性論》卷四（《大正藏》卷三一，頁809下）。

俱解脫 (ubhayato-vimukta) 羅漢果或獨覺果。(3) 一切智障，離此障，得成如來正覺。法身第五相是法界清淨相。《佛性論》以金、水、空、覺四譬比喻法界的清淨，如說：「因本清淨如金，淨體清潔如水，常德無壞如空，我義無著如覺。」[100] 前二約空如來藏，後二約不空如來藏而言，以顯法身自性清淨和果德業用圓滿。總結而言，法身的「無爲相」顯法身常住，「無別異相」顯眞實義，「離二邊相」顯法身的聖智境界，「離一切障相」顯法身功德無諸染汚，「法界清淨相」顯究竟圓成。

如來應身有大般若、大禪定、大慈悲三德。無分別是大般若的體相，無作意是大禪定體相，而大慈悲以能拔苦與樂爲其體相。化身是以大悲爲本，禪定爲變現，般若則能令衆生厭怖衆苦，欣樂聖道，捨諸執著，信樂大乘等等。總之，三身以十種因緣，「恆能生起世間利益等事，故說常住。」[101]

《佛性論》作者最後再次強調法身佛性前後際無變異的常性，《論》曰：

> 法身非本無今有，本有今無，雖行三世，非三世法。何以故？此是本有，非始今有，過三世法，名是常。[102]

由於一再強調法身的常住義，論主惟恐讀者誤解法身佛性爲有我論，故再自問：佛說一切法空，何以又說一切衆生皆有佛性、法身常

[100] 《佛性論》卷四（《大正藏》卷三一，頁 810 上～中）。

[101] 三身常住義的十種因緣是：(1) 因緣無邊故常，(2) 衆生無邊故常，(3) 大悲無邊，(4) 如意無邊，(5) 無分別慧無邊，(6) 恒在禪定，(7) 安樂清涼，(8) 世八法不染，(9) 甘露寂靜，(10)無生滅故常。（《大正藏》卷三一，頁 811 上～中）。

[102] 《佛性論》卷四（《大正藏》卷三一，頁 811 中）。

住呢？答案是佛說有佛性的理由是爲顯佛性五種功德和去除五過失。這在《佛性論》的最開頭已解說。此是如來藏思想中最重要的問題。《佛性論》作者在論文前後重覆提出此問題，可見此問題的爭議性，和論主對此問題澄清的意願。除了上述理由之外，他認爲佛性說目的不在建立永恆不變的主體，而是在顯示五種意義[103]：

第一，「眞實有」佛法中法門無邊，最大原則在於應機而說。由於一般凡夫我見深，故佛陀由人無我說四阿含等，令斷除見思惑，證人無我法。又依諸法皆空說，般若破相空理，證法無我。對能確實證入人法二空者，佛陀才說二空所顯眞實有的佛性義。換言之，佛陀「不爲二空未清淨者說」佛性，因爲怕他們「妄執爲我」[104]。可見，佛性的「眞實有」，非實體的神我，而是成佛原動力。

第二，「依方便則可得見」：如要將積極性成佛動力化成佛果，須依各種「方便」修行法門，加以實踐完成。也就是說，佛性有實踐的必要性，和可證性。

第三，「得見已功德無窮」，衆生先對佛性眞實有的意義有正確的認知後，經過實踐修證的歷程，最後終究必定證得法身，而法身的「功德無窮」，總括而言，《佛性論》言法身有五德：(1) 不可量，(2) 不可數，(3) 不可思，(4) 無與等，(5) 究竟清淨[105]。

第四，「無初不應相應殼」。《論》中釋曰：

> 無初者，謂煩惱、業、報並皆無始，故言無初。不應者，由此三故違逆法身，故言不應。相應者，由依法身得起此三，故說

---

[103] 《佛性論》卷四（《大正藏》卷三一，頁 811 中）。
[104] 《佛性論節義》卷四，頁 138。
[105] 《佛性論》卷四（《大正藏》卷三一，頁 801 中）。

相應。殼者，此三能藏法身，故名為殼。(106)

引文說明法身（佛性）與煩惱業報之間的關係。煩惱造業受報雖起自無始，但其本質上是違逆清淨法身的，故說不相應。但是煩惱卻又是「憑依」法身（如來藏）而生的，故引文說「由依法身得起此三」。這也就是《勝鬘經》所說「依如來藏故有生死」，亦同《不增不減經》所說:「如來藏本際不相應，體及煩惱纏不清淨法」(107)。染法雖依眞起而違眞，性無實有，即所謂的「空如來藏」。

第四「無初相應善性爲法」。《論》中釋曰:

無初者，以性得般若大悲禪定，法身並本有故，故言無初。體用未曾相離，故言相應。法身自性無改，由般若故性有威德，由禪定故性能潤滑，由大悲故，故稱善性為法。(108)

此與上面第三義「空如來藏」相對，是約「不空如來藏」而言，即法身佛性與一切善法無始以來即相應不離。亦即《不增不減經》所說的「如來藏本際相應體及清淨法。」(109)引文「體用未曾相離」中「體」是法身，智定悲是「用」，法身「本有」這些善法，故說本性淨，也就是無前後際變異。

《佛性論》「辨相分」的「無變異品」中舉佛性的六種無變異特性。以上是《論》中廣說的「無前後變異」。另有五種無變異，分別如下。第二無染淨變異者，「法身不爲生死陰界入等所汚，故言無

(106) 《佛性論》卷四（《大正藏》卷三一，頁 811 中）。
(107) 《不增不減經》（《大正藏》卷一六，頁 467 中）。
(108) 《佛性論》卷四（《大正藏》卷三一，頁 811 下）。
(109) 《不增不減經》（《大正藏》卷一六，頁 467 中）。

染。非智數所作故言無淨。」[110] 法身「非智數所作」意思是說，智乃屬了因，法身自性本淨正因佛性，非由智所作，故言「無淨」。第三無生變異者，「法身無生故非起成。非起成故，非是始有」，故言無生。第四無老變異者，「法身無動轉故，無所改異，故言無老」。第五無依住變異者，「法身不由他故，無依無所的在故言無住。」第六無滅變異者，「法身常住不可破壞，故言無滅變異。」總之，六無變異中，第一指無時間上變異，第二指無本質上變異，第三至第六指無空間上的變異。

（七）佛性的無差別相

佛性的無差別相，主要是針對佛性的「四義」與「四名」、「四人」、「四德」之間的無差別而言。如《論》說，「如來性有四義，因此四義故立四名。約於四人顯以四德。」[111] 四義是（1）一切佛法前後不相離（即空如來藏煩惱，不離不空如來藏如來功德），（2）一切處皆如，（3）非妄想倒法，（4）本性寂靜（清淨）。此四義依次可名之爲①法身②如來③眞實諦④涅槃。「四人」指（1）身見眾生，（2）顚倒人（二乘人），（3）散動心人，（4）十地菩薩。一者身見眾生執人法，因此爲說法身。若能通達如來法界，即可滅身見執。二者二乘「顚倒人」修無常等以爲眞如，而不知修常樂我淨等，故爲說如來義。三者對散動心人說眞實諦。所謂散動心人是指「迷如來藏」者，或《寶性論》所說的「失空眾生」。失空眾生即初發心菩薩未通達空不空如來藏，故心散動理外。「迷如來藏」有二種人。第一種人誤以爲諸法先時是有，後則斷滅即是空，第二種人謂離色等法之外，有實

---

[110] 《佛性論》卷四（《大正藏》卷三一，頁 811 下）。
[111] 同上。

法名之爲空，前者執斷滅爲空故迷，後者執「有空」故迷。如何才是眞正解空和如來藏意義呢？《論》說：

> 無一法可損，無一法可增，應見實如實，見實得解脫。由客塵故空，與法界相離。無上法不空，與法界相隨。(112)

換言之，如來性眞如不增不減，無一法可損故不減，無一法可增故不增。能作是觀名眞實觀，離增減二邊。「四人」的最後者是十地菩薩，對十地菩薩則說涅槃法。

「四德」是(1)一切功德，(2)無量功德，(3)不可思惟功德，(4)究竟淸淨功德。四德分別屬第八不動地、第九善慧地、第十法雲地、佛地的功德。以上所說的四名、四人、四德，雖在體相上有名言可別，然因都建立在平等一如的佛性上，故在體性上則無有差別。換言之，在一切衆生皆有佛性的前題下，完全沒有差別相。

五、結　論

眞常如來藏系思想無疑地是佛教非常重要的思想。它根源於印度佛教，而在中國和日本佛教發展，影響至巨。然而由於其特殊的教義，自古引起不少爭議，常被指責與梵我合流，違背佛教無我的基本教示。有些近代學者認爲如來藏思想爲一元論，有些學者甚至強烈批評眞常思想，宣稱它根本不是佛教思想(113)。事實上，如來藏（佛性）

---

(112) 《佛性論》卷四（《大正藏》卷三一，頁 812 中）。

(113) 最近批判佛性思想最激烈的著作，當屬(1)袴谷憲昭，《本覺思想批判》，大藏出版社，1989。(2)松本史朗，《緣起と空——如來藏思想批判》，大藏出版社，1989。再者，Paul Swanson 曾爲文評論最近日本學者對佛性思想的批評。參閱：Paul L. Swanson, "Zen is not Buddhism", *Recent Japanese Critiques of Buddha Nature*, Numen, vol. 40, 1993, pp. 115~149.

最重要的一些教義教說，的確容易引起這些誤解。例如：

(1)「一切眾生皆有如來藏（佛性）」。

(2) 佛性（如來藏）「本有」、「實有」。

(3) 法身有常樂我淨四德。

(4)「我者，即是如來藏義」，「一切眾生悉有佛性，即是我義。」[114]

(5) 心性本淨，客塵所染。

像《楞伽經》、《大般涅槃經》、《寶性論》等許多經論一樣，《佛性論》作者試圖消除對以上教說的誤解，並極力闡釋佛性的眞義。從他在《論》中對佛性誤解的「破邪」（破執分），和其眞義的「顯正」（顯體分和辯相分），可以看出全論突顯出幾個很重要的主題。

第一，樂觀的人性論。在一切眾生皆有佛性的前題下，任何人，無論在行爲如何作惡多端，在本性上都具有相同的成佛潛能。

第二，強調證悟境界的肯定特性。對《佛性論》論主而言，解脫是「人法二空所顯眞如」。人法二空是解脫必備的條件，在傳統佛教，人法二空導至「涅槃寂靜」，而印度佛教的中觀學派更以空義破一切執。雖然龍樹等中觀學者，均強調中道以避免落入二邊，然而不可否認的，他們還是慣用否定的語言來描述和論證。如來藏學系與傳統佛教和中觀學系很大的不同，在於它強調解脫境界的肯定特性，用的是肯定語氣的語言和概念，所以它說佛性證悟是人法二空之後所顯的眞如，而眞如不再是以寂靜、空、無我、我常等描述，而是常、樂、我、淨、「眞實有」、「功德無窮」等。中國佛教有如是說：「一

---

[114] 《大般涅槃經》卷七（《大正藏》卷一二，頁407中）。

花一世界，一樹一菩薩」。解脫境界不但是充滿肯定的精神內涵，甚至是可捉摸得到的美好現實世界呢！這樣用肯定語氣表達的佛性思想更符合人性和宗教解脫的需求。

第三，不二的眞如。《佛性論》提出了一個以不二（nondualism）爲基礎的眞如爲其本體論。佛性並非如印度婆羅門教梵我的一元論，這是因爲佛性是透過人法二空的眞如，而眞如的體性是眞實空，而不是神我。再者，眞如的如如智，如實地照見世間（如如境），而如如境也如實地顯現給世人（如如智），在眞如境界中兩者不再有主客、能所的二元存在。

第四，佛性即是修證（practice）。在理論上，佛性說雖一再強調空如來藏的染污煩惱乃客塵虛妄無實、不空如來藏如來功德本性具足、一切眾生皆有佛性，但這並不意味現實世界裏眾生已是佛，因爲要徹入自己本具佛性的這個事實，還須透過修證的體驗。因此，佛性說的根本旨趣，就如《佛性論》最後所說的三義[115]：

(1) 顯佛性本有不可思議境界，

(2) 顯依道理修行可得，

(3) 顯得已能令無量功德圓滿究竟。

佛性說告示吾人本有佛性存在的事實，和保證悟入佛性之後是個「無量功德圓滿究竟」的境界，但是其中的關鍵在於「依道理修行」，因此，吾人可總結說，佛性不是如有些學者所批評的類似梵我的消極性主體存在，而是肯定性、積極性的佛法修證。

---

[115] 《佛性論》卷四（《大正藏》卷三一，頁812下～813上）。

心　性　論

——佛教哲學與中國固有哲學的主要契合點

方　立　天

中國佛教心性論是佛教哲學與中國固有哲學思想旨趣最為契合之點，也是中國佛教理論的核心內容，在中國佛教哲學思想中占有最重要的地位。本文著重就形成這種契合的文化根據和歷史根據作一縱向橫向結合的論述，以求教於方家。

佛教哲學思想主要是倡導內在超越的一種宗教文化，是重視人的主體性思維的宗教哲學。他與同樣高揚內在超越和主體思維的中國固有的儒道思想，在文化旨趣上有著共同之處。內在超越和主體思維離不開心性修養，佛教與儒道兩家都具有鮮明的心性旨趣，因而心性論逐漸成了佛教哲學與中國固有哲學的主要契合點。這種契合對於佛教及其哲學在中國的命運具有舉足輕重的作用，這種契合具有深厚的文化根據。

中國固有哲學的中心關懷和根本宗旨是什麼呢？簡而言之，就是教人如何做人。儒家歷來津津樂道如何成為君子、賢人、聖人，道家熱衷於追求成為神人、至人、眞人。儒家強調成就社會關懷與道德義務的境界，道家則注重內心寧靜和平與超越自我的境界，二者所追求的理想人格和精神境界具體內容雖有不同，但都是為了獲得人和人生的意義，也就是要在宇宙中求得「安身立命之地」。可以說，儒道兩家都主張人的本眞生命的存全不應受外界的牽引、控制，都追求一種自覺地突破世俗利益的束縛而以冷靜的理性眼光去正視人生、社會和宇宙的超越精神。那麼，世俗性的人生世界與超越性的精神世界之間的鴻溝如何逾越呢？值得我們特別注意的是，中國固有的哲學思維強調在現實生命中去實現人生理想，追求人生歸宿，認爲人生的「安身立命之地」既不在死後，也不在彼岸，而是就在自己的生命之中。如此，心性修養就至關重要，成爲了人能否達到理想境界的起點和關鍵，理想人格的成就是人性即人的存在的完美顯現與提升，也就是認知的飛躍，情感的昇華，意志的實現，道德的完善。

佛教教義的中心關懷和根本宗旨是教人成佛。所謂佛就是覺悟者。覺悟就是對人生和宇宙有了深切的覺醒，體悟。而獲得這種覺悟的根本途徑不是以外界的客觀事物爲對象進行考察、分析，從而求得對外界事物的具體看法，成就理想人格。即使分析、認識外界事物，也是從內在的主體意識出發，按照主體意識的評價和取向來賦於世界以某種價值意義（如「空」）。隨著印度佛教的發展，雖然也出現了阿彌陀佛信仰，在中國也形成了以信奉西方極樂世界阿彌陀佛爲特徵的淨土宗，宣揚人可以在死後到彼岸世界求得永恒與幸福。但是印度原始佛教並不提倡彼岸超越的觀念，中國的幾個富有理論色彩的民族化的大宗派——天台、華嚴和禪諸宗也都是側重於心性修養，講求內在超越的。而且與中國固有思想的旨趣相協調，晚唐以來中國佛教的主流派禪宗尤爲重視內在超越。從思想文化的旨趣來看，可以說儒道佛三家的學說都是生命哲學，都是強調人要在生命中進行向內磨勵、完善心性修養的學問。這便是佛教與儒道能夠共存、契合的前提和基礎。

關於佛教與儒道思想在文化旨歸上的共似性，古代有些學者尤其是佛教學者早已發現了，而且後來在思想的溝通上也越來越深入。在佛教傳入初期，儒教著作《理惑論》就從追求理想人格的角度，強調佛與儒道的一致，後來東晉時的慧遠等人則從佛教與儒家的倫理綱常和社會作用著眼，肯定兩者的共同之處。宋代以來的佛教學者更直接從理想人格和倫理道德的理論基礎即心性論入手，鼓吹三教同心說。明代著名佛教學者眞可說：

> 學儒而能得孔氏之心，學佛而能得釋氏之心，學老而能得老氏之心，……且儒也，釋也，老也，皆名焉而也，非實也。實也者，心也。心也者，所以能儒能佛能老者也。……知此乃可與言三家一道也。而有不同者，名也，非心也。

認爲儒、道、佛三家所不同的是名稱，相同的是心，是本心，極其明確地點明了「心」即思想意識是三教成就理想人格的共同根據，強調三教都以「不昧本心」爲共同宗旨，都以「直指本心」爲心性修養的共同途徑。

儒家學者多數持反對佛教立場，但也有少數人主張儒佛可以會通的，如史載：「范泰、謝靈運每云，六經典文，本在濟俗爲治耳，必求性靈眞奥，豈得不以佛經爲指南耶？」認爲佛教的心性論超過了儒家經典的論述。又如柳宗元、劉禹錫也認爲佛教的內美勝過外形，其心性修養是值得肯定的。尤其值得注意的是，唐代儒家反佛名流韓愈和李翺，他們一面強烈的排斥佛教，一面又羞羞答答轉彎抹角地承認甚至吸取佛教的心性學說。韓愈在高揚儒家道統的宣言書《原道》中，就十分明確地強調個人的正心誠意是修、治、齊、平的起點和基礎，而批評「今也欲治其心而外天下國家」，即指責佛老的「外天下國家」，批評他們的超俗避世的生活方式，然而對於佛老的「治心」則持肯定態度，這是從儒家的立場透露出這樣的信息：心性論爲儒道佛三家文化的基本契合點。李翺也說過時人對於佛教「排之者不知其心」，又鑒於當時儒者「不足以窮性命之道」，而在批判佛教的同時，又吸取佛教的心性思想，建立「復性」說。直至現代，著名史學家陳寅恪還說：佛教於性理之學 Metaphysies 獨有深造。足救中國之缺失，而爲常人所歡迎。佛教實有功於中國甚大，……自得佛教之裨助，而中國之學問，立時增長元氣，別開生面。」

《莊子》發展《老子》的「見素抱樸」思想，認爲人性是自然的、純眞的、樸實的，情欲和仁義都不是性，主張性不爲外物所動，「任其性命之情」，保全本性。崇奉《老子》、《莊子》的道教講究養生成仙，但在南宋以後，道教的新起派別則力圖革新教義，主張道儒佛三教結合，並以道德性命之學爲立教之本。如新起的最大道派「全眞道」就是如此。史載：

> 金大定初，重陽祖師出焉，以道德性命之學，唱為全眞，洗百家之流弊，紹千載之絕學，天下靡然從之。

王重陽不尙符籙，不事黃白，不信羽化登仙之說，而力主道德性命之學，表明道教學者把教義宗旨定位於內在超越上面，以進一步取得與儒佛文化旨歸的一致。以上情況表明，心性論實是佛教與儒道兩家共同關注的文化課題，也是佛教哲學與中國固有哲學相契合的文化根據。

佛教心性論與中國固有的哲學思想相契合也是歷史的必然。這可以從三方面加以說明。首先我們從主導思想儒家學說的演變來看。古代中國是盛行宗法制的農業社會，人們提倡的是人與自然的和諧，人與社會等級的協調。因此強調的不是如何征服自然、改造社會，而是十分重視主體內心修養。克服主體自身局限的儒家學說，成爲了社會的正宗思想。如孟子講「盡心知性」、《周易大傳》強調「窮理盡性」、《大學》和《中庸》重視個人道德修養，提倡「愼獨」，主張誠心恪守道德規範等，成爲了人們生活、行爲的準則。但自漢代以後，儒風發生了變化，偏離了心性之學。儒家名教又受到魏晉玄學的批判，更加削弱了它的正宗主導的地位。正如韓愈所說:

周道衰，孔子沒，火於秦，黃老於漢，佛於晉魏、梁、隋之間，其言道德仁義者，不入於楊，則入於墨，不入於老，則入於佛。

這是對秦至漢間思想史的總結，表明了儒家仁義道德學說的失落，心性旨趣的缺失。西晉玄學家郭象就曾綜合儒道兩家思想，強調遊外（逍遙）與弘內（從事世俗事務）、內聖（到達內心最高精神境界的聖人）與外王（從事外部事務的帝王）的統一，以糾正儒家的偏頗。韓愈、李翺則站在儒家本位立場，高舉仁義道德的大旗，重興心性之學。迄至宋代，二程還說:

古亦有釋氏，盛時尚只是崇設像教，其害至小。今日之風，便先立性命道德，先驅了知者，才愈高明，則陷溺愈深。

二程敏銳地意識到佛教「言性命道德」奪取了儒家的地盤，對儒家構成了極大的威脅。因此宋儒都自覺地以重建心性之學爲己任，並建立了理學體系。這從一個歷史側面表明，佛教心性學說大行中土是合乎中國固有文化旨趣的，是一種歷史的必然。

其次，從中國哲學主題思想的變化來看。先秦時代思想活躍，百家爭鳴，各種哲學問題，如本體論、宇宙論、人生理想論和心性論等都有了發軔和展開，呈現出百花齊放的鼎盛局面。到了漢代，宇宙論成爲熱點，一些哲人熱心於探討宇宙萬物的生成、結構和變化等問題。魏晉時，玄學盛行，其重心是本體論，著重從宏觀方面深究宇宙萬物的有無、本末、體用關係。在魏晉玄學思潮的推動和本體論思維方式的影響下，中國哲學的興奮點從宇宙（天）轉到人，著重透過人的生理、心理現象進而深入探究人的本質、本性，從而由宇宙本體論轉入心性論，即人本體論。而著了先鞭，首先完成這一轉變的便是佛教學者。南北朝時佛教的佛性論思潮就是心性論成爲了當時時代哲學主題的標誌。後來，在佛教心性論的刺激下，儒家也更爲系統地闡發了奠基在道德本體上的心性論，把社會倫理本體化，超越化，說成既是人的形上本體，又是宇宙的形上本體，從而又與佛教心性本體論進一步相溝通。

再次，從中國佛教哲學發展邏輯來看，最早引起中國佛教學者興趣和注意的佛教思想是般若空論和因果報應論。開始，般若空論在教外知識界中並未引起強烈的反響，因果報應論還遭到了儒家學者的激烈反對，並由教內外的因果報應之辯發展到神滅神不滅之爭。這種具有重大哲學意義的爭論最終以雙方堅持各自立場而告終。但經過這場爭論，中國佛教學者把理論建設的重點從形神關係轉移到身心關係，從論證靈魂不滅轉向成佛主體性的開發，著重於對佛性、眞心的闡揚，此後中國佛教哲學也就轉到心性論軌道上來。並且由於與重視心性修養的中國固有文化旨趣相吻合而日益發展，以致在南北朝隋唐時代形成了派別眾多的豐富多彩的心性論體系。

佛教和儒道的內在超越的共同文化旨歸，佛教和儒道在心性論哲學上的互相契合，是佛教得以在中國流行的根本原因，也是佛教哲學與中國固有哲學相融合，進而成爲中國傳統哲學重要內容的原因。故此，研究中國佛教哲學不能不把心性論作爲重點。

佛教與中國傳統哲學

賴　永　海

偉勳兄六十大壽，海峽兩岸學者擬出紀念文集，謹撰此文以誌慶。

我的第一次拜會偉勳兄，是在八九年春天，當時他隨「國際佛教促進會」弘法探親團來寧，對於一位國際著名學者，我的那次造訪純屬禮節性的，不料，傅先生之豪放、豁達和灑脫不拘，竟使我們一見如故，是晚藉酒暢敍，夜半方休。此後，我與他書信頻繁，聯繫密切。通過他的引薦，我結識了許多海外學者，而他對於西方哲學和中國佛學的精深造詣，更使我在後來的佛學研究中獲益良多，藉此謹向偉勳兄致以最眞摯的謝意。

〈佛教與中國傳統哲學〉是一個大題目，這是不想面面俱到地去談論二者的相互關係，而擬擇取一二個最帶根本性的問題進行較深入的探討，並藉此就正於方家。

一、佛教影響中國傳統哲學最大者是其本體論的思維模式

關於佛教對中國傳統哲學的影響問題，以往學界談得不少，應該說，這些研究對於幫助人們認識佛教與中國傳統哲學的相互關係是很

有助益的。但是,筆者近幾年來在接觸這一問題時，始終有一個感覺,即以往學界之談論佛教對於傳統哲學的影響，經常著眼於某些具體的問題，如中國古代某個思想家的哪一個說法是受到佛教的影響，哪一個術語來源於佛教， 或者說某某儒者「出入於佛老」凡數十年，等等。不能否認，這種研究有其合理性，因為任何研究總是從具體問題開始的。但是，正如任何研究又都有一個不斷深入、不斷發展的過程一樣，對於佛教與傳統哲學相互關係的探討，似不宜老是停留於某些表面的現象，而應該在搞清楚這些現象的基礎上，進一步去探討其更深層、更根本的東西……筆者認為， 這個更深層 、更根本的東西之一，就是思維模式問題。

佛教，特別是大乘佛教的思維模式，是一種本體論，是一種以眞如、實相為本體的本體論，這一點，諒學術界已無異議。誠然，佛教在剛建立時， 釋迦牟尼曾經對諸如有始無始 、有邊無邊及本體等虛玄、抽象的問題不感興趣，採取避而不答的態度，但是，佛教在其往後的發展過程中，由於受到印度傳統文化、傳統思維模式的影響，被原始佛教從前門趕出去的「大梵本體」，到後來又悄悄地從後門跑了進來。例如，到了小乘佛教後期，為了克服業報輪迴與沒有輪迴報應主體的矛盾，就開始出現了「補特伽羅」說。此「補特伽羅」作為輪迴報應、前後相續的主體， 實際上已是一種變相的實體 。此實體雖不是一種嚴格意義上的「本體」， 但已孕育著「本體」的雛形。後來，隨著大乘佛教的出現，般若學在掃一切相的同時，大談諸法「實相」，把「實相」作為一切諸法的本源，此時之「實相」，實際上已是一個穿上佛教服裝的「本體」。大乘佛教的進一步發展，出現了佛性理論。 佛性理論又在般若實相的基礎上大談「如來藏」、「佛性我」。此「佛性我」、「如來藏」在印度佛教中具有「佛之體性」與

「諸法本體」的意義，例如，大乘佛教對「如來」的解釋，即是「乘如實道，來成正覺，來化羣生。」此「如」顯然是指諸佛、眾生的本體；實際上，大乘經論對「眞如」是諸法本體有許多十分明確的論述。例如，《唯識論》曰：「眞謂眞實，顯非虛妄；如謂如常，表無變易。謂此眞實於一切法，常如其性，故曰眞如。」（《唯識論》卷二）此謂諸法之體性離虛妄而眞實故謂之眞，常住而不變不改故謂之如，說得明白點，乃是本體眞實不變之謂；《往生論注》也說：「眞如是諸法正體」（《往生論注》下）；另外，大乘佛教中所說的「法性」、「法界」、「如來藏自性清淨心」等，其實都是本體之異名。例如，《唯識述記》曰：「性者體義，一切法體故名法性。」（《唯識述記》卷二）《大乘義章》也說：「法之體性，故名法性。」（《大乘義章》卷一）總之，在大乘佛教中，那個作爲一切諸法乃至諸佛眾生本源的所謂「眞如」、「實相」、「佛性」、「法界」、「法性」、「如來藏自性清淨心」等等，儘管佛經裏用了許多諸如「即有即無」、「非有非無」、「超相絕言」、「忘言絕慮」等字眼來形容、表述之，但絲毫不能排除它是一個本體。而且整個大乘佛教都是建立在這個既抽象而又無所不在的本體基礎之上。

那麼，中國傳統哲學的思維模式又有些什麼特點呢？

首先必須指出，這裡所說的中國傳統哲學，主要是指儒家學說，即儒學中的哲學……這裏絲毫沒有摒道家、道教及其它學術流派的學說於中國傳統學術思想之外的意思，只是因爲儒學向來被視爲中國傳統學術思想的主流，故取其爲代表而已。

儒家學說的重心在人，是一種關於人的學說，或曰「倫理哲學」。作爲一種「倫理哲學」，它所探討的主要對象，是人與人之間的相互關係，人的道德修養，人的道德修養的境界問題。對於這些問題，傳統儒學一直是在「天人合一」的基本思想框架下進行的，亦即認為人們通過修養心性、完善人格，最後達到與天道合一的境界。正因為如此，我國學術界有許多學者已屢屢指出儒學的基本思維模式是「天人合一」，筆者對於這一看法持半是肯定、半是否定的態度，理由如次：

首先，「天人合一」確實是傳統儒學的基本思維模式。所謂傳統儒學，主要指自孔孟到宋明理學家之前的儒家學說。

孔子思想的最大特點，或者說，孔子學說的最大貢獻，是發現了「人」，在中國思想史上實現了從「天」向「人」的轉變。但是，由於中國的遠古文化在相當程度上是一種宗教文化。作為夏、商、周三代統治思想的「天神」觀念，就是遠古遊牧民族原始宗教的繼續和發展。這種「天神」觀念雖經春秋時期「怨天」、「罵天」等思想的衝擊而逐漸有所動搖，但人類歷史上幾千年乃至幾萬年的思想積澱，並非一朝一夕或個別思想家就能輕易沖刷得掉，因此，孔子雖然提倡並把當時思想的視野從「天」引向「人」，但孔子沒有也不可能完全拋棄或打倒「天」。不但孔子如此，孔子之後的許多思想家，也沒有完全拋棄「天」這個外殼，在相當程度上都是在這個既「無聲無臭」又至高無上的「天」之下去談論和探討各種問題，特別是人事問題……儘管因時代的不同，或稱之為「天命」，或名之曰「天道」，但核心都是在「究天人之際」，探討如何「順乎天而應乎人」。換句話說，傳統儒學在相當程度上都是在探討「天」、「人」關係問題，都是在「天人合一」這個基本框架內談道德、做文章，正因為這樣，筆者贊同有些學者所說的，傳統儒學的基本思維模式是「天人合一」論。

但是，這僅僅是事情的一個方面。事情的另一方面是，儒家學說在思維模式上，自宋明新儒家後，就發生了較大的變化。宋明新儒學雖然從總體上說仍是一種政治、倫理哲學，但此種政治、倫理哲學所依托的思維模式，已不是傳統的「天人合一」，而在相當程度上是以本體論的思維模式爲依據，這一點，我們可以從宋明新儒學自身得到說明。

在中國哲學史上，對哲學理論之建樹，張載可以說是一個值得大書特書的重要思想家。所以這麼說，並非因爲張載是一個唯物主義思想家，更重要的還在於，張載所建立的「元氣本體論」在中國古代哲學史上是一個重要的里程碑。誠然，早在魏晉時期，王弼、何宴就已不同程度地接觸到本體論問題，但是，客觀地說，魏晉玄學之本體論在相當程度還只是一個雛形（而且就魏晉玄學說，本身也受到佛教的影響）。中國古代的本體論，如果就表述之明確，思想之一貫，理論之系統說，當首推張載。張載之本體論，絕不像王弼那樣，只停留在一句「以無爲本」上，其「太虛無形，氣之本體。」（《正蒙·太和》）的思想貫徹到他的整個學說之中，特別是他的「天地之性」、「氣質之性」理論，他的「乾坤父母」、「民胞物與」說，更是具體而系統地體現了他的本體理論。

張載之外，宋儒之中，二程、朱子、陸九淵等大家，思維方法也都帶有明顯的本體論特點。例如，二程的「體用一源，顯微無間」（〈易傳序〉）說，朱子的「聖人與天地同體」（《中庸章句》）說，陸九淵的「宇宙便是吾心，吾心便是宇宙」（《雜說》）說，都是一種本體論的思維模式或以本體論爲依托的政治、倫理哲學。儘管這些理學家們在闡發他們的政治、倫理思想時運用了許多傳統的範疇，如「天道」、「人道」，「天理」、「心性」等等，但此時之「天道」、「天理」，已不同於傳統儒學之作爲社會政治、道德立法者的「天」，而在相當程度上是一個帶有本體色彩的哲學、倫理範疇。

如果說，傳統儒學在「天」、「天道」與「人性」、「心性」的關係上，主要是在「天人合一」的大框架中談「天」如何爲「人」立法，「人性」如何根源於「天道」，人們應該如何「修心養性」以合於「天道」，那麼，「新儒學」的思維方式則更傾向於「天人本無二，更不必言合」，亦即「天道」、「心性」本是一體，都是「理」（或「心」）的體現，在「天」曰「天理」，在「人」爲「心性」。二者在思維方式上的區別，一是「天人合一」論，一是「本體論」。「天人合一」論的立足點，是「道之大原出於天」，「人道」是由「天道」派生的；本體論的基本思想，是「天」、「人」本是一體，不論是「天道」還是「心性」，都是作爲本體的「理」（程朱一系）或「心」（陸王一系）的體現，不存在誰產生誰，誰派生誰的問題。雖然從總體上說，宋明理學還沒有完全拋棄「天」，但其時之「天理」，已與傳統儒學作爲世間萬物之主宰和人倫道德之立法者的「天道」不盡相同，它同「理」、「心性」名異而實同，都是世間萬物乃至人倫道德的本體。如果從人類理論思維發展史的角度說，前者較接近於「本源論」或「宇宙生成論」，後者則屬現代哲學所說的「本體論」範疇。

儒學發展到明代之王陽明，又進入了一個新的階段，或者說進入一種新的境界。王學的一個最突出的特點，就是把「心」、「性」、「理」乃至天地萬物融爲一體，而此「體」，用王陽明的話說，即是「良知」。

「良知」即本體之異名，這是王陽明在其著述中他屢屢語及的，諸如「良知者，心之本體」（〈答陸靜原書〉）、「這心之本體，原只是個理。」（《傳習錄》上）、「良知即未發之中，即是廓然大公，寂然不動之本體。」（《傳習錄》中）等等。王陽明在這裏所說的「本體」，與現代哲學所說的「本體」含義是很接近的，區別僅在於，王學中的「本體」不但是宇宙萬物之本源，而且是人倫道德之本根。王學之深刻、細密，在相當程度上即是植根於他的本體理論。

如果說宋明新儒家的政治、倫理學說的哲學基礎主要是一種「本體論」的思維模式，或者至少可以說是帶有濃厚的「本體論」的傾向，那麼，現在的問題是，這種「本體論」的思維模式是如何形成的？……如果一言以蔽之，此種本體論思維模式在相當程度上是受隋唐佛教理論影響的結果。

正如前面所說，佛教注重抽象本體。這種抽象的本體理論在佛教初傳時，由於與中國傳統的思維方法及所用術語等方面的差異，較難爲中國古代的文人學者直接接受。到了隋唐，受中國傳統思想文化的影響，東傳之佛教在思想內容及所用術語上都有了較大的變化，其中以中國傳統的「人性」、「心性」去談佛性最爲突出。但是，佛教談論「人性」、「心性」時，並沒有放棄其原有的思維模式，即其固有的本體論方法，而是用本體論的方法來談「人性」、「心性」，這就出現了一種現象，即隋唐佛教的佛性理論變成了一種「人性」理論，或者「心性」理論，但這種「人性」、「心性」又與中國傳統的「人性」、「心性」不同，而是一種本體化了的「人性」和「心性」；加之，隋唐時期，特別是李唐一代，在思想文化上採取一種開放的政策，對儒、釋、道三教採取兼收並蓄的態度，這爲各種思想文化系統之間的相互交融、相互吸收創造了十分有利的條件。此時之佛教並不以吸收儒家或道教的思想爲恥，而儒家雖然沒有放鬆對於佛道二教的攻擊，但暗地裏甚至公開地吸取了佛教的許多思想，而儒家之援佛入儒之最根本、最主要但又爲常人最不易察覺者，則是自覺不自覺地吸收佛教的本體論思維模式，這種不斷溶攝佛教本體思維模式的結果，終於使作爲三教合一產物的宋明新儒學一改傳統儒家「天人合一」論，而易之以本體論的思維模式。

二、傳統哲學影響中國佛教最大者是心性、人性論的思想內容

如果說中國傳統哲學曾在思維模式方面得益於佛教，從而使自己的思辨水平大大向前推進了一步，那麼，作爲「回報」，中國傳統哲學在思想內容方面也給佛教以很大的影響。

傳統佛教的思想理論在相當程度上是以佛爲本的，它所諄諄教導於人的，不外是要人明白世間乃至出世間的一切諸法（包括人）都是佛、佛性的體現，人們所應該做的就是按照佛陀的教誨，精進修行，進而洞見佛性，成菩薩作佛，這一點在大乘佛教表現得尤爲明顯。

大乘佛教以成菩薩作佛爲最終目標，因而，佛性理論始終是大乘佛教最核心的內容。所謂佛性理論，簡單地說，就是關於佛性問題的思想、學說或理論，它主要研究諸如何謂佛？佛的本性是什麼？衆生有沒有佛性？能否成佛？若能成佛，其根據是什麼？又應該如何修行才能成佛？等等。……如我們前面所指出的，由於大乘佛教把佛性本體化，視之爲一切衆生乃至諸法之本體，這就使得傳統的佛教學說往往更注重那個抽象的本體，把它作爲整個佛學的出發點和歸趣，而對於作爲這個抽象本體暫時的、虛幻體現的衆生，則相對地淡漠了。傳統大乘佛教這一思想傾向，在中國這塊自古以來就十分注重現實人生的土地上，開始遇到了麻煩。此種麻煩首先表現在傳統的佛教學說與中國古代倫理哲學的矛盾和衝突。

傳統佛教既然把人生看成是一種轉眼即逝的假象、幻影，自然不太重視現實人生的價值，不會介意於現實的人倫關係，與此相反，中

國古代的儒家學說，一直以人爲著眼點，把人作爲整個學說的核心。儒學之重視現實人生、注重現世人事、孜孜不倦於對人之本性及人與人相互關係的探求，使得傳統儒學在相當程度上被視爲「人學」，被看成是一種注重人的現實價値、探討人的本性及人與人相互關係的一種倫理哲學。這種倫理哲學對於中國古代社會的廣泛、巨大和根深蒂固的影響，使得中國歷史上的各種意識形態都不得不自覺不自覺地向「人」靠攏，向現實靠攏。不管哪一種意識形態，如果企圖無視人倫、遠離現實，那它的生存和發展就要受到不同程度的影響。正因爲如此，佛教在傳入中國的相當長的一個歷史時期內，走過了一段極其艱苦的路程。

初傳之佛教，特別是那些比較忠實於正統佛教的佛教派別和學說，雖然借助於東來僧人的大力弘揚和某些帝王、貴族的極力護持以及因其具有較強的理論思辨曾經風行一時，但是，在隋唐之前，佛教始終未能成爲一股獨立的社會思潮，它們的傳布，常常作爲某種中土文化的附屬出現，如漢魏時期的依附黃老道和神仙方術、在魏晉時期的依附玄學、在南北朝時期的依附中國傳統宗教的「靈魂不滅說」等等。但是，到了隋唐二代，中國佛教有了長足的發展，此時的佛教已不像以往的佛教那樣必須借助於中國本土文化之「拐杖」了，而是發展成爲與儒道二教鼎足而三的獨立的社會思潮。所以會出現這種局面，不外有兩種可能性：一是中國人適應了佛教；二是佛教適應了中國的國情。從歷史的觀點看，第二種可能性更合乎社會意識形態的發展規律。實際情況也是這樣，此時的佛教，雖然表面上不依附於任何一種中國的本土文化，實際上佛教自身已經在逐步的中國化……隋唐佛教通過溶匯、吸取中國傳統哲學中的有關思想，而使自身更富有中國的特色，更適合於中國的國情，因而也就更能爲當時的中國人所接受。

那麼，隋唐佛教的中國化主要表現在哪些方面呢？若一言以蔽之，則集中體現在佛教的儒學化，或者進一步說，集中體現在佛教學說的心性化、人性化。對此，中國佛教史的大量事實爲我們提供了富有說服力的證明。

如果說，隋唐之前的中國佛教所注重的本體及其所採用的術語，多帶有傳統佛教的色彩，如稱之爲實相、眞如、佛性、法界等，那麼，自隋唐之後，由於受到中國傳統倫理哲學的影響，此本體已經逐漸在向心性、人性方面轉移，逐步地心性化、人性化。

不妨從隋唐第一個統一的佛教宗派……天台宗說起。

雖然從總體上說，天台宗的學說仍具有較濃厚的傳統佛教強調抽象本體的色彩，但深入到具體學說中，人們可以發現，天台宗的許多理論已經出現了一種注重「心性」的傾向。例如，在天台宗人的著述中，雖然他們也常常以中道實相說佛性，但已逐漸出現把諸法實相歸諸一心的傾向。如慧思就曾以「覺心」釋佛性，曰：「佛名爲覺，性名爲心。」（《大乘止觀法門》卷二）智顗更明確地把「心」作爲諸法之歸趣，曰：「心是諸法之本，心即總也。」（《法華玄義》卷一上），並把「反觀心源」、「反觀心性」作爲修行成佛最根本的方法；智顗的弟子灌頂也說：「觀一念心，即是中道如來寶藏，常樂我淨佛之知見。」（《觀心論疏》卷三）可見，天台宗的佛性學說已經出現一種注重唯心的傾向。

與天台宗比，華嚴宗佛性理論的唯心色彩則更濃。本來，華嚴宗是以《華嚴經》爲宗本的。《華嚴經》的基本思想之一，是在「法性本淨」的傳統看法上，進一步闡明一切諸法乃至眾生諸佛是平等互即、圓融無礙的。可是，當華嚴宗人以「十玄無礙」、「六相圓融」、「理事無礙」等理論去解釋法界緣起、生佛關係時，就側重於以「各唯心現故」去解釋萬事萬物乃至眾生與佛的相入相即，指出「一切法皆唯心現，無別自體，是故隨心回轉，即入無礙。」（《華嚴經旨歸》）他們認為，一切萬法乃至諸佛「總在眾生心中，以離眾生無別佛德故。」（《華嚴經探玄記》卷一）「心心作佛，無一心而非佛心（同上），離佛心外無所化眾生，……是故眾生舉體總在佛智之中。」（《答順宗心要法門》。總之，心佛與眾生，是平等一體，相即互融的。從這個思想出發，華嚴宗側重於從心之迷悟去說生佛之異同，指出「特由迷悟不同，遂有眾生及佛。」（《大華嚴經略策》）

這裏有一個問題應該提出來，亦即在印度佛教諸經論中，也有「心佛與眾生，是三無差別」、「三界無別法，唯是一心作」等說法，為什麼我們把天台、華嚴二宗以上的唯心傾向歸結於受中國傳統倫理哲學的影響？此中之關鍵，是如何看待二者所說的「心」的內涵。無庸諱言，由於中國佛教源於印度佛教，其思想內容乃至著述用語，多有沿用印度佛教者在。但是，作為中國佛教，它又多是通過中國僧人的思維方法、心理習慣去理解、去接受的，這就使得同一用語常常具有不同的內涵、意蘊。天台、華嚴二宗的唯心理論，也具有這一特點。他們所說的「心」雖然也含有與傳統佛教相同的作為抽象本體的「眞心」「清淨心」的意思，但是，不容否認亦在一定程度上帶有中國傳統文化的色彩，特別是作為中國傳統文化主流的儒家倫理哲學之「心性」的特點。例如天台宗所說的「覺心」、「眾生心」、「一念心」，雖然也含有作為諸法本體的「實相」、「眞心」的成分，但在相當程度上與儒家所說的「心性」是相通的；至於華嚴宗常常於「理」、「事」、「本」、「末」外另立一「心」，並且屢屢以「各唯心現」、「隨心回轉」說諸法的相入相即、混融無礙，此「心」與「

法性」、「眞心」當是有所區別的。也就是說，華嚴宗所說的「心」既指「眞心」，又含有「具體心」的意思。雖然後來法藏曾把「十玄門」中之「隨心回轉善成門」改爲「主伴圓明具德門」，此中的用心也許是爲了避免由於唯心傾向所造成的理論上的矛盾，但這正好從反面說明在法藏的思想中，唯心傾向已達到相當的程度。澄觀的這種唯心傾向則更進一步，他甚至用「靈知之心」來解釋「本覺」，這就使「心」更具有儒家所說的「心性」的性質。

如果說，天台華嚴二宗把「心」具體化主要表現爲一種傾向，那麼，至禪宗倡「即心即佛」，把一切歸諸自心自性，心的儒學化、具體化就發展到一個新的階段。也就是說，在天台、華嚴宗那裏，「心」的雙重性質主要表現爲「眞心」的基本內涵與具體心的傾向性的糅合，而在禪宗的佛性學說中，「心」雖然有時也被作爲本體「眞心」來使用，但就其基本內涵說，與儒家所說的「心性」已更爲接近，這一點我們可以從禪宗的有關著述中得到說明。

讀過《壇經》的人，大概都會有一個感覺，《壇經》不像傳統佛教的經典那樣艱深晦澀；而從事中國古代哲學研究的人，更會覺得《壇經》中的許多思想和術語「似曾相識」，例如《壇經》中所說「不善之心」、「有差等之心」、「嫉妒心」、「諂曲心」、「狂妄心」、「慢他心」、「邪見心」、「貢高心」等等，很難作爲傳統佛教中那種抽象本體的「眞心」來理解，而在相當程度上與中國傳統哲學中所說的那種具有善惡之現實人心沒有多少差別。

當然，由於在傳統的印度佛教中，對於「心」的問題談得很多，而傳統佛教所說的「心」與中國傳統哲學中所說的「心」並非那麼涇渭分明、一目了然，因此，不論在佛教界，還是在學術界，把二者混爲一談的事是屢屢可見的，這就給從「心性」角度去認識佛教與中國傳統哲學相互關係特別是相互影響問題造成一定的困難。但是，心性問題之於佛教中國化卻是一個至關重要的問題，例如，人們常說「六祖革命」是慧能對傳統佛教的一次帶根本性的改革，把印度佛教變成了完全中國化的佛教，但是，如果人們進一步問:「六祖革命」最根本的「革命」是什麼呢？筆者以爲，「六祖革命」中最帶根本性的「革命」就是把傳統佛教作爲抽象本體的「心」變成更爲具體、現實之「人心」，變成一種儒學化了的「心性」。實際上，正是這一改變，導致了禪宗思想的一系列重大變化，其中之最著者，則是把一個外在的宗教，變成一種內在的宗教，把傳統佛教的對佛的崇拜，變成對「心」的崇拜，一句話，把釋迦牟尼的佛教變成慧能「心的宗教」。在這裏，人們看到了中國傳統哲學心性理論對於佛教思想影響的巨大和深刻。

「心性」之外，中國傳統哲學影響佛教的另一個重要方面，是「人性」學說。由於「人性」問題在傳統佛教中談的不多，故此種影響表現得比較的「一目了然」。這亦可以慧能和《壇經》爲例。《壇經》之談「人性」俯拾皆是，諸如「人性本淨」、「世人性自本淨」、「萬法在諸人性中」等等，這些在傳統佛經並不多見而在中國傳統哲學比比皆是的術語和思想，所以會出現在作爲禪宗經典的《壇經》中，這與慧能其人及其所處的社會歷史文化氛圍不無關係。慧能其人，識字不多，文化程度較低，要他從傳統印度經典中吸取多少深奧理論特別是更深一層的傳統佛教的思維方式，是比較困難的，而他所處的又是儒學爲主流的中國傳統文化氛圍，因此，不管思維方法，還是所用術語，慧能所具備的是中國文化的傳統，而不是也不可能是印度佛教的傳統，這也許就是造成《壇經》大談人性的重要原因之一。從這個意義上說，禪宗思想的人性化，無疑是受中國傳統哲學影響的結果。

在中國佛教發展史上，佛教的心性化、人性化至禪宗而登峰造極，這是一個客觀的歷史事實；另一個客觀的歷史事實是，隋唐之後，其它的佛教宗派相繼式微，而禪宗卻一枝獨秀，大行於天下，幾乎成爲中國佛教的代名詞。這兩個歷史事實加在一起，人們不難看到，中國佛教的心性化、人性化對於佛教在中國的傳布和發展具有何等重要的意義!

正如物理學上的作用力與反作用力乃是一個事情的兩個方面一樣，佛教與中國傳統哲學的相互影響從來是緊密聯繫在一起的。如果說佛教在本體論思維模式方面對於中國傳統哲學的影響曾以心性化了隋唐佛教學說爲中介，那麼，中國傳統哲學之把中國佛教學說的心性化、人性化，又爲後來的宋明新儒學奠定了基礎。宋明新儒學歷史上又稱之爲「心性義理之學」，此中之「心性」，實際上既是佛教本體的心性化，又是中國傳統哲學心性的本體化，是一種溶佛教本體論的思維模式與中國傳統哲學心性論的思想內容於一爐的宗教、倫理哲學，從這一點上說，弄淸楚佛教與中國傳統哲學的相互影響、相互關係，乃是研究、理解和把握宋明理學之關鍵所在。

二諦與五祖傳法的雙重肯定

——敬以此文為傅偉勳教授壽——

游　祥　洲

一、前　　言

「二諦」是中國禪宗五祖弘忍傳法的關鍵。

在記載五祖弘忍傳法的主要文獻《壇經》本身，並未明言「二諦」，當然也沒有提到「二諦」與五祖傳法的關連；但「二諦」是佛教思想的基本架構，禪宗在佛教思想傳承上雖然沒有直接運用「二諦」的思想語言，在本質上卻沒有離開這個架構。

事實上，如果不以「二諦」來檢視五祖傳法的根本立場，則在五祖傳法的歷史事件中，我們只看到是什麼「人」在一場戲劇性的文字競賽中贏得了教團領導的繼承權，或是把焦點落在文學表達的技巧層面上，反而忽略了五祖所傳之「法」的深層意義，以及此一傳法事件在整個佛教思想傳承上的一貫性。

本文擬就二諦的架構略予說明，再進而分析，五祖如何在他的傳法行動中，巧妙地傳達了「二諦」的訊息。

二、二諦略義

「二諦」的思想架構，在經典背景上最早見於《雜阿含經》第三三五經，又稱爲《第一義空經》❶。經中直指「此有故彼有，此起故彼起」的十二支緣起事象爲「俗數法」；而以「有業報而無作者」的根本義理爲甚深倍復難解難知的「第一義」。《雜阿含經》此一思想架構，在龍樹論典中更有充分的詮釋與運用。《中論・觀四諦品》云:

諸佛依二諦，為眾生說法:
一以世俗諦，二第一義諦。
若人不能知，分別於二諦，
則於深佛法，不知眞實義。
若不依俗諦，不得第一義；
不得第一義，則不得涅槃。❷

龍樹在此偈中所表達的理念，略有四層:

第一，「二諦」是佛陀說法的基本架構。

第二，不明白「二諦」，就無法明白佛法的「眞實義」。

第三，二諦是相輔相成而非對立排斥的，因此龍樹強調，「若不依俗諦，（則）不得第一義」，「依」之一字極關重要。「依」者，憑藉也。也就是說，沒有「世俗諦」做憑藉（階梯），根本無法上達

❶ 《大正藏》卷二，頁92。
❷ 《中論・觀四諦品》，《大正藏》卷三〇，頁32。

第一義諦。

第四，上達第一義諦是得到涅槃解脫的憑藉。換句話說，生命的束縛與痛苦，是要靠著上達第一義諦的眞實智慧方能够解脫的，這正呼應了十二支緣起的還滅，最後是以「明」（智慧）來實現的。

引申而論，正因爲二諦是諸佛說法的基本架構，因此，二諦也是檢視整個佛教思想的重要指標。禪宗的傳法，自不例外。

另一方面，正因爲「不依世俗諦，不得第一義」，因此，世俗所建立的善惡價值標準，仍有其一定程度的重要性。這並不是說，一切世俗標準都可以借著「世俗諦」的名義而予以合理化，因爲「世俗」的一切，如果不合乎理性，就不能成其爲「諦」，「諦」者，「審實爲義」，也就是以合乎理性的如實認知爲前提，因此，並非一切世俗法都是「世俗諦」。

深一層說，「世俗諦」之所以爲「世俗諦」，並非只是因爲此一眞理的內涵乃是以世俗法爲對象，而是因爲此一眞理的認知，乃是通過「世俗經驗」或「世俗理性」而實現。所謂世俗經驗或理性，乃是指世俗之人（凡夫）的觀察力與抉擇力，受到諸如六道輪迴、業障、善根等生命條件的限制，因而無法直接照見諸法的「如實相」，因此種種認知都帶有「虛誑」（現象）與「妄取」（妄想）的性質。譬如世俗之人都是以「有」爲「有」，此就世俗而言，的的確確是眞實的，因此，它成爲世俗的眞理，這就成立了「世俗諦」。但就一個成就般若智慧、通達法性的人而言，卻是「有」而「非有」，即「有」而「空」，此一「空」之眞實，就是「第一義諦」。世俗之人因爲缺乏定力、善根與智慧，因而對它有所隔閡，甚而有所誤解，但是，此一「空」之眞實，在佛陀的體驗與開示之中，反而是超越於「世俗諦」的眞實。此一眞實，並非超絕於世俗之人所在的世界，但是世俗之人卻因認知條件的不足而不能契入它。如實而論，「空」之眞實，或是「第一義諦」，只是世俗世界的如實觀照或是深層體驗而已。

扼要地說，「世俗諦」與「第一義諦」的差別，並不是一個人對於兩個不同的世界的差別經驗，而是一個人因爲本身認知條件在程度上的差異而對於同一個世界發生不同的認知結果。此所以二諦是相輔相成而非對立排斥；尤其重要的是，世俗諦是上達第一義諦的階梯，而此一階梯的循序而進，乃在於生命本身認知條件的不斷提昇，具體言之，此一認知條件包括六波羅蜜與三十七道品等各種修行功課。如果不在「世俗諦」的層面上逐一修習這些功課，則「第一義諦」永不可能上達。

再從另一角度說，研習佛法之人，極易犯一錯誤，那就是錯把世俗諦當成第一義諦。佛經中所謂「增上慢」，此是其一。換言之，上述諸多世俗諦中的修行功課，其次第過程中，有諸多不同的經驗現象與修習境界，如果錯將此一過程中的任一現象視爲究極之眞實，或即「第一義諦」，那就與「第一義諦」相背離。借用般若經的思想語言，上達第一義諦是一種「無所得」的人格特質的完成，因此，一切世俗諦的修爲固然可貴，但卻不可錯認其爲第一義諦。

依此二諦的內涵來看五祖傳法，我們便可發現在此傳法事件中，五祖弘忍實際上表達了雙重肯定。一則順於世俗諦，一則順於第一義諦。深一層說，在此雙重肯定中，又分成兩折，前一折是神秀題偈，後一折是慧能得法。前一折俗（世俗諦）顯而眞（第一義諦）隱；後一折則是俗隱而眞顯。整個傳法的過程雖然在文字記載上呈現了相當戲劇性的曲折，但從二諦的眼光看來，卻是十分單純而明白的。

三、神秀題偈與世俗諦

先從神秀題偈那一段看，神秀所題之偈爲:

身是菩提樹，心如明鏡臺;
時時勤拂拭，莫使有塵埃。❸

這一偈，不論是就譬喩或是譬喩所傳達的理念而言，都是道道地地的「世俗諦」。析而言之，略有三義:

第一，神秀所表達的，是一個修行的過程，不是修行到家的境界。

第二，神秀對於修行過程的體驗，尙在「明鏡」與「塵埃」二元對立的狀態，還沒有到「以如入如」❹的境界。

第三，神秀對於修行的本質，仍停留在世俗理性思維的層次，因此在「身」與「心」兩方面都做了十分具象而文字化的譬喩，這與佛教本身所趣求的「言語道斷，心行處滅」的最高境界而言，自是有隔。

此三義，都不出「世俗諦」。世俗諦，對於修行人而言，是用功的基礎，是進步的階梯，是菩提的資糧，因此，五祖弘忍在南廊下見到神秀的題偈之後，便表達了他隨順世俗諦、尊重世俗諦、不捨世俗諦的立場。他立即採取了幾個動作:

第一，取消壁畫計畫，保留此偈;

---

❸ 引自《壇經》，敦煌本，《大正藏》卷四八，頁 337。
❹ 《大智度論》，卷七三，《大正藏》卷二五，頁 571。

第二，召集大眾，親自焚香偈前，「令眾人見，皆生敬心」❺；

第三，宣示大眾，「汝等盡誦此。悟此偈者，方得見性；依此修行，即不墮落。」❻

第四，傳喚神秀，私言於「堂內」，明白地告訴他：「汝作此偈，見即未到；只到門前，尚未得入。凡夫依此偈修行，即不墮落。作此見解，若覓無上菩提，即未可得。須入得門，見自本性。」❼

五祖這四個行動，用意十分深刻而明白。

第一，他肯定了神秀所題偈語在修行態度上所表達的積極性；

第二，對於一般大眾而言，此一修行的積極性應受到尊重；

第三，能够在修行態度上時時對身心下功夫，這是提昇生命價值而不墮惡道的重要憑藉；

第四，五祖提示神秀「須入得門，見自本性」，可惜神秀不能够直下承當，竟然「去數日作不得」。不過，儘管神秀「只到門前，尚未得入」，但至少也還是到了「門前」，不能够因爲「尚未得入」，而忽略了到達「門前」的價值。

綜合神秀題偈的內涵與五祖的回應而論，神秀的見地，可說尚在「世俗諦」的層次，而五祖同樣地也回應了他對於「世俗諦」的尊重。神秀之所以不能得到衣鉢，只因錯把世俗諦當成第一義諦。

四、慧能雙偈與第一義諦

相對於神秀的見地而言，慧能的表達，則是如實地相應於「第一

---

❺ 同❸。部分文字依臺北：慧炬出版社校訂本改正。
❻ 同前註。
❼ 同前註。

義諦」的。

有關慧能的偈語，敦煌本的《壇經》，與元明以來流行的版本，有著極重要的差異。先看敦煌本：

惠能偈曰：

菩提本無樹，明鏡亦無臺；

佛性常清淨，何處有塵埃。

又偈曰：

心是菩提樹，身為明鏡臺；

明鏡本清淨，何處染塵埃。❽

再看元明以後的流行本：

惠能偈曰：

菩提本無樹，明鏡亦非臺；

本來無一物，何處惹塵埃。❾

這兩個版本，主要差異有二：

第一，敦煌本中慧能說偈有二，而元明本只述其一；

第二，敦煌本首偈第三句爲「佛性常清淨」，而元明本則爲「本來無一物」。

筆者以爲，敦煌本的陳述似較元明本明白而豐富。茲就敦煌本略敍慧能說偈的三層重要意含：

---

❽ 引自《壇經》，敦煌本，《大正藏》卷四八，頁 338。

❾ 《壇經》，流行本，《大正藏》卷四八，頁 349。

第一，慧能雙偈，初偈直說第一義諦，因此破除神秀的譬喻，以「遮詮」的方式直指第一義諦的非言說性；次偈是就喻解喻，把神秀的譬喻反轉過來，本來神秀說的是「身是菩提樹，心如明鏡臺」，慧能卻把身心二字互易而說「心是菩提樹，身爲明鏡臺」，顯示了譬喻本身不可拘執的靈活性，然後再就明鏡之喻提出慧能本身另一層次的觀點，這是從初偈的第一義諦再回到世俗諦，以世俗諦爲權巧方便而顯示的另一種智慧。

第二，慧能的根本見地乃是「佛性常清淨」一語。這就是說，他由此契入而把迷與悟、世俗諦與第一義諦、修行過程與修行到家，整個融合爲一了。

第三，慧能從「明鏡本清淨，何處染塵埃」的譬喻上，顯示了世俗諦可以上達第一義諦的契悟方便，這與他在《壇經》中所表達的諸多理念，有著十分微妙的呼應。

在上述這三層意含中，「明鏡本清淨」一喻可以說是契入「佛性常清淨」的方便法門。爲什麼神秀眼中明鏡之上有塵埃，因此要用心用力地去「時時勤拂拭」，而慧能眼中的明鏡卻是「明鏡本清淨，何處染塵埃」呢？筆者以爲，二者的見解並非對立排斥，而是層次與角度不同而已。神秀從修行的過程上著眼，也就是從明鏡的外面去看明鏡的性相，他只看到明鏡上的塵埃，而沒有看到明鏡本身。慧能卻是換了一個角度，從明鏡本身去看明鏡的性相，因此他看到，不管外面有沒有塵埃，明鏡本身一直都在那裏照著；即使是塵埃堆滿了鏡面，但在明鏡本身，豈不也明明白白地照出來那堆滿了鏡面的塵埃嗎？因此，就明鏡本身而言，外面有沒有塵埃，甚至於外面的塵埃厚不厚，根本無礙於明鏡本身那個照明的特性；也就是說，就明鏡本身，它根本只是一個清淨的照明能力而已；塵埃，一點都不相干呀！不但不相干，甚至於就明鏡本身而言，即使塵埃堆滿鏡面而映現於明鏡之中，那豈不也如實地顯示出明鏡本身清淨無染的照明能力嗎？因此，明鏡本身一向清淨，一向明白，一向如實，塵埃又何曾塵埃呢？

慧能以明鏡本身的清淨來譬喻佛性的清淨，正是一語道破禪宗「明心見性」的宗旨。世俗之人往往在煩惱業障中打轉，以煩惱眼看煩惱，愈看愈煩惱。這好比神秀從明鏡外面去看明鏡，只見塵埃附在明鏡之上，而不見明鏡本身。其實，即使你我處在煩惱之中而不得自在，可是，就在煩惱的當下，你我明白煩惱是煩惱的這一顆心，豈不就像那明鏡一般，即使是塵埃附在它的鏡面之上，卻就在它映現塵埃之時，而明鏡本身清淨無染的照明能力，亦因而大顯；如此，則在煩惱當下，又何嘗不就是你我當下照見「佛性常清淨」的契機呢？即使是六道輪轉，三障重重，但在煩惱現前的每一當下，豈不也是「佛性常清淨」的直接體現呢？如此，則煩惱也罷，菩提也罷，只要當下隨順「佛性常清淨」，則又何嘗有煩惱之塵埃呢？即使你我往昔造了惡業，現在正在承受苦報，但只要當下這一顆心保持明白、保持平常、保持直心、保持不顛倒，則只見「佛性常清淨」，煩惱又何能動我心、入我心、亂我心、苦我心呢？如此，煩惱豈非無事？如此，煩惱已非煩惱；如此，只見「佛性常清淨，何處有塵埃」。這正是慧能說偈的宗旨之所在。

因此，慧能雙偈的表達，說明了他已超越神秀的「世俗諦」而契入於「第一義諦」。第一義諦是佛教的究竟眞理之所在，一個負責傳燈重任的人，不能夠「只到門前」，此所以五祖弘忍畢竟是個明眼人，他才看到慧能的雙偈，便知慧能已達見性宗旨，終於把衣鉢傳給慧能。

很顯然地，五祖弘忍是隨順於「第一義諦」而決定了傳法的對象。不過五祖對此立場並不急於顯示。爲了避免引起教團的繼承權之爭，他在神秀題偈之後，採取了「俗顯眞隱」的方式，一方面對神秀的偈語焚香禮拜，勸眾諷誦，另一方面還向大眾宣告慧能的偈語「亦未了得」，並且在秘密傳法給慧能之後，還勸慧能「將法向南，三年勿弘」⑩。但是此一方式只是過渡，因爲顯揚第一義諦，才是佛教的眞正宗旨，因此就禪法的傳承而言，五祖終於傳法給慧能，而不傳給神秀，這是在傳法本身，採取了「眞顯俗隱」的方式。而此一方式也在慧能大興禪法之後，眞正向世人顯示了五祖弘忍的遠見。

五、結　語

對於五祖弘忍的傳法，由於神秀與慧能二人的對偈，不但引起後人在二人的輸贏上錯用心，而且忽略了五祖弘忍對於神秀與慧能的雙重肯定。雖然神秀錯把「世俗諦」當成「第一義諦」而不得衣鉢，但是我們不能不注意到，五祖弘忍親自在神秀偈前焚香禮敬。這不是演戲，而是向大眾宣達一種訊息，也就是修行要以「世俗諦」爲基礎的訊息。

從二諦的架構上看，神秀的偈語所表達的世俗諦見地，實際上是上達第一義諦不可或缺的階梯。世俗之人並非人人生而頓悟，生而善根具足，生而是佛，因此不經歷世俗諦的「時時勤拂拭」，根本無由契入乃至安住於「佛性常清淨」的境界中。所謂「理可頓悟，事須漸修」，即使當下覺性現前而可頓悟第一義諦之理，但是改變習氣、消除業障的功夫，卻有待於「時時勤拂拭」的漸修。所謂「悟後起

---

⑩ 引自《壇經》，敦煌本，《大正藏》卷四八，頁 338。

修」，意正在此。因此，就二諦的完整架構而言，神秀與慧能的偈語，一則闡明世俗諦，一則顯揚第一義諦，二者是互補相順而非對立排斥的。明乎此，則五祖弘忍傳法的關鍵也就不是什麼秘密了。

八十二年八月十六日晨於臺北

早期天台禪法的修持

釋 慧 開

一、前 言

天台教學向稱止觀雙運，定慧雙修，並非只偏於義解。然而後世論及天台，因講述多偏於義理之學，以致天台一宗爲後世禪宗列爲「教門」，以別於禪宗自稱之「宗門」❶。而實際上，在智顗（538～597年）之前，慧文、慧思（515～577年）師徒，都是以禪法著稱於當世。智顗本身雖則義理之學亦勝，但其行持與弘傳，一直都不離禪法。在唐代道宣（？～668 年）所著的《續高僧傳》（以下稱《續傳》）中，慧思與智顗均列在〈習禪篇〉內，智顗的弟子：智鍇、智越、般若、法彥❷、智晞、灌頂、智璪，普明❸等人，也都是列在〈習禪篇〉內。道宣並且在篇後之評論中說道：

---

❶ 據日僧玄智《考信錄》卷四之記載，「宗門」一詞，出自禪林，以《楞伽經》所說：「佛語心爲宗，無門爲法門」，立佛心宗而自稱宗門（以上見《佛光大辭典》頁3150下）。宗門一詞，宋代以後成爲禪宗自讚之稱，意謂本宗。教外直指，乃佛法之正宗；其餘他宗須賴言教，故稱「教門」或「教下」。

❷ 以上四人之傳記，見《續高僧傳》（以下稱《續傳》）卷一七，《大正新脩大藏經》（以下稱《大正藏》）卷五〇，頁570中～571上。

❸ 以上四人之傳記，見《續傳》卷一九，《大正藏》卷五〇，頁 582 上～586 下。

> 向若纔割世網，始預法門，博聽論經，明閑慧戒，然後歸神攝慮，憑准聖言。動則隨戒策修，靜則不忘前智。固當人法兩鏡，眞俗四依。達智未知，寧存妄識。如斯習定，非智不禪。則衡嶺台崖，扇其風也。❹

文中所言，論經、明戒、習定三者兼備，正是南岳、天台禪法的寫照。「非智不禪」，當是指天台止觀法門，「衡嶺、台崖」則是分別指慧思與智顗，可見道宣對於天台一系的禪法非常推崇。

可是到了宋代贊寧（919～1001 年）等編撰《宋高僧傳》時，卻把天台傳人：法華智威（六祖）、慧威、左溪玄朗、荊溪湛然（九祖）、吳門元浩、螺溪義寂等人❺的傳記，全部都轉載到〈義解篇〉內。而在〈習禪篇〉中，以弘忍傳爲首之一百零三人的正傳，全是禪宗一系的子孫，至於天台門人則隻字未提❻。甚至在篇末之評論中，敍述禪法之源流時，還說道：

> 時遠公也密傳坐法，深幹玄機，漸染施行，依違祖述。吳之僧會亦示有緣，俱未分明，肆多隱秘。及乎慧文大士，肇尋龍樹之宗。思大禪翁，繼傳三觀之妙。天台智者，引而伸之，化導陳隋，名題止觀。❼

---

❹ 《續傳》卷二〇，《大正藏》卷五〇，頁 597 上～中。

❺ 法華智威、慧威、荊溪湛然、吳門元浩等人之傳記，見《宋高僧傳》卷六，《大正藏》卷五〇，頁739上～740下。左溪玄朗，僅列名於智威、慧威傳中而無事蹟。螺溪義寂之傳記，見《宋高僧傳》卷七，《大正藏》卷五〇，頁752中～753上。

❻ 《宋高僧傳》卷一三〈習禪篇〉內，雖列有〈宋天台山德韶傳〉，實則傳的是法眼一派的玄沙禪法，與天台宗無涉。

❼ 《宋高僧傳》卷一三，《大正藏》卷五〇，頁 789 中。

似乎是說慧遠與康僧會，均未明宗門正法眼藏；及至天台祖師們，則對於禪法之弘傳，頗有啟蒙化導之功。但是緊接著筆鋒一轉，卻又說道：

> 粵有中天達磨，哀我羣生，知梵夾之雖傳，為名相之所溺。認指忘月，得魚執筌。但矜誦念以為功，不信己躬之是佛。是以倡言曰：吾直指人心，見性成佛，不立文字也。❽

這根本就是拐彎抹角地批評了天台與淨土。很明顯的，這是出於禪宗門人的手筆，但也反應出，自唐、宋以來，天台禪法之日趨式微，無法與禪宗抗衡的事實，以致被禪宗貶為教門。

然而徵諸史傳，在南北朝時，南重義學，北重禪修，形成強烈的對比。而南岳、天台二師都是因定發慧，解行並重，融通大小，非但不曾偏於義解，反而扭轉了南朝只重義學，輕忽禪修的局面，而奠定後來禪宗發展的基礎。所以道宣在《續傳》中，對慧思的行持，評價極高，他說：

> 自江東佛法，弘重義門，至於禪法，蓋蔑如也。而思慨斯南服，定慧雙開。晝談理義，夜便思擇，故所發言，無非致遠。便驗因定發慧，此旨不虛，南北禪宗罕不承緒。❾

至於智顗，則自最初到金陵弘法；而後入天台建道場，退隱潛修，以至再出金陵弘法，也都一直是以禪觀的修持，為弘法的重點，其門下

---

❽ 《宋高僧傳》卷一三，《大正藏》卷五〇，頁789中。

❾ 《續傳》卷一七，《大正藏》卷五〇，頁563下。

也有不少悟達之士。❿而且智顗在天台道場所立之修行法制，在其圓寂之後將近十年，弟子們仍然奉行不渝。本文試圖從諸史傳典籍之中，一窺天台祖師們的修學過程，以及早期天台道場的修行實況，以說明早期的天台教學，實際上是以禪法的修持爲重心。至於天台禪法之教學爲何在隋、唐之後，未能如曹溪宗風一般，一花開五葉，卻成爲義解之門，因牽涉較廣，則非本文之目的。

二、天台禪法之源流：慧文禪師與慧思禪師

欲論天台禪法之濫觴，應先追溯慧文、慧思師徒之修學過程。慧文之年壽不詳，梁代慧皎（497～554年）的《高僧傳》中沒有他的記載，道宣在《續傳》中，也沒有爲他單獨立傳，僅在〈慧思傳〉中提到他：「（慧文）聚徒數百，眾法清肅，道俗高尚，（慧思）乃往歸依，從受正法。」⓫宋代志磐的《佛祖統紀》（以下稱《統紀》）卷六中，稍有一些記述，說慧文因爲讀了《大智度論》卷二七⓬中所引《大品般若經》文，就依經文以修心觀，結果豁然大悟，論中所說的三智，實在一心中得，而證得「一心三智」之妙旨。他又因爲讀《中論》至〈四諦品〉偈：「因緣所生法，我說即是空，亦名爲假名，亦名中道義。」⓭而頓悟空有不二之中道玄義。後來他以心觀口

❿ 同上卷，頁 568 上，〈智顗傳〉中說：「傳業學士三十二人，習禪學士散流江漢，莫限其數。」同卷，頁 571 上，〈智超傳〉中又說：「智者門徒極多，故敍其三數耳。」

⓫ 《續傳》卷一七，《大正藏》卷五〇，頁 562 下。

⓬ 《統紀》卷六文中所註，引《大品》經文：「欲以道智具足道種智，當學般若。……」爲《大智度論》卷三〇有誤，應爲卷二七。《大正藏》卷四九，頁 178 中。

⓭ 同上卷，頁 178 下。《統紀》中引文，與《中論》原文，略有差異。

授南岳慧思，慧思得法之後，弘化南方，傳之智顗，遂開天台教學之基。

《統紀》之〈慧文傳〉中，還對當時的其他幾位禪師，作了一些評論:

> 當北朝齊魏之際，行佛道者: 第一明師，多用七方便⑭。第二最師，融心性相，諸法無礙。第三嵩師，用三世本無來去。第四就師，多用寂心。第五鑒師，多用了心，能觀一如。第六慧師，多用踏心，內外中間，心不可得。第七文師，用覺心，重觀三昧，滅盡三昧，無間三昧，於一切法，心無分別。第八思師，多用隨自意安樂行。第九顗師，用三種止觀，雖云相承，而於法門改轉，文師旣依大論，則知爾前非所承也。⑮

慧文、慧思與明、最、嵩、鑒、慧諸師之間，是否有師資相承的關係，雖無明文可考，但慧文對於諸師所修持之法門，如七方便等，一定有所知悉與取捨 。或許由於他不甚滿意諸師的禪法，所以凝心讀《大智度論》，而頓悟一心三智之理。《續傳》中說，慧思悟後，曾「往鑒、最等師，述己所證，皆蒙隨喜。」⑯所以他們之間彼此相知，而且相互有所切磋，應是沒有疑問。儘管諸師之間，觀門及理路均有所不同，慧思悟後，仍然往求印證，可見諸師在禪法的修持上，都是有實證的體驗，而不只是口說而已。

---

⑭ 七方便爲聲聞入見道位以前的七個階位，分別是: 五停心觀、別相念住、總相念住、煖法、頂法、忍法、世第一法。前三者稱爲三賢，後四者稱爲四善根，合稱七方便。

⑮ 《統紀》卷六，《大正藏》卷四九，頁178中。

⑯ 《續傳》卷一七，《大正藏》卷五○，頁 563 上。

至於慧思的修學過程。據《南嶽思大師立誓願文》、《續傳》卷一七及《統紀》卷六所載，慧思生於梁武帝天監十四年（515），俗姓李氏。十五歲時出家，即受具足戒，此後五年間，專誦《法華經》及諸大乘經典。二十歲時，因為讀了《妙勝定經》，讚歎禪定功德，於是發心修禪，並遍訪北齊諸大禪師。當時慧文禪師，禪法清高，有徒眾數百人，慧思乃前往歸依，稟受觀心之法。慧思在慧文座下，晝則執勞役以服務大眾，夜則坐禪，冬夏無間，不辭勞苦。其證悟的過程，如《續傳》卷一七中所述：

> 又於來夏，束身長坐，繫念在前。始三七日，發少靜觀，見一生來善惡業相。因此驚嗟，倍復勇猛。遂動八觸⑰，發本初禪。自此禪障忽起，四肢緩弱不勝，行步身不隨心。卽自觀察：我今病者，皆從業生。業由心起，本無外境。反見心源，業非可得。身如雲影，相有體空。如是觀已，顛倒想滅。心性清淨，所苦消除。又發空定，心境廓然。夏竟受歲，慨無所獲。自傷昏沈，生為空過。深懷慚愧，放身倚壁。背未至間，霍爾開悟。法華三昧，大乘法門，一念明達。十六特勝，背捨除入，便自通徹，不由他悟。後往鑒、最等師，述己所證，皆蒙隨喜。研練逾久，前觀轉增。名行遠聞，四方欽德。學徒日盛，機悟寔繁。乃以大小乘中定慧等法，敷揚引喻，用攝自他。⑱

⑰ 八觸者，謂行者將入初禪時，身體中所產生之八種觸感：粗、細、輕、重、冷、熱、澀、滑。

⑱ 《續傳》卷一七，《大正藏》卷五〇，頁563上。

在上面這段敍述中，有幾點值得注意:

（一）慧思禪定發相的過程，應是循著傳統佛教（亦即大小乘所共尊的）四禪、八定之次第。

（二）其對治禪病，則運用大乘般若空觀，觀業性空，心滅罪亡，這應是受到慧文心觀之直接影響。

（三）其所證悟的境界是法華三昧，這應是得力於早年專誦《法華》等大乘經典，因而定慧融通，三昧現前。

（四）慧思在修證的過程中，融通了大小乘中各種修持定慧的法門；因此開悟之後，「十六特勝、背捨、除、入」等禪觀法門，均無師自通。其中「十六特勝」是數息觀，「背捨」即「八背捨」，是不淨觀。「除」指「八除」，即是「八勝處」，爲對治欲界貪，而對境能得自在。「入」可能是指「十入」，語出竺法護譯的《修行道地經》⑲與安世高譯的《道地經》⑳，然而在此二部經中，都僅有名義而無解釋，故其內容不詳。

（五）慧思在禪定中，見到自己一生來的善惡業相，因此驚嗟，倍復勇猛精進；所以後來在教授弟子時，特別重視法華、般舟念佛三昧與方等懺法。《續傳》卷一七中記載，慧思在南岳臨終前，還召集大眾說：「若有十人不惜身命，常修法華、般舟念佛三昧、方等懺悔、常坐苦行者，隨有所須，吾自供給，必相利益。若無此人，吾當遠去。」㉑但因苦行事難，弟子中竟然無人回答，慧思於是屏眾念佛，泯然命終。其後智顗也非常重視懺法，並作有《請觀音懺法》、《金光明懺法》、《方等懺法》及《法華三昧懺儀》等修持懺法的儀

⑲ 《修行道地經》卷一，《大正藏》卷一五，頁183上。
⑳ 《道地經》，《大正藏》卷一五，頁 231 下。
㉑ 《續傳》卷一七，《大正藏》卷五〇，頁 563 下。

軌，這點應是受到慧思極深遠的影響。下文討論四種三昧時，可以看出智顗將三昧行法與懺法結合起來，是其禪觀的一大特色。

三、天台禪法之集成：智顗禪師

天台止觀法門雖起源於慧思，而實際上是完成於智顗。關於智顗的生平，據灌頂（561～632年）所作之《天台智者大師別傳》（以下稱《別傳》）的記載，梁武帝大同四年（538），智顗生於荊州之華容，俗姓陳氏，字德安。父起祖，文武全才，曾爲梁武帝七子湘東王蕭繹之賓客，並奉教入朝領軍。陳起祖因平定侯景之亂有功，梁元帝（蕭繹）即位後，拜爲使持節、散騎常侍，並封爲益陽縣開國侯。智顗年七歲時，喜往伽藍，諸僧口授〈普門品〉，耳聞一遍，即能成誦。年十五歲時（552），時值梁朝亡於西魏，因而感歎榮會之難久，哀痛凋離之易及，曾發願求出家，但二親不許。十八歲時（555）父母雙亡，由湘洲（今湖南省）刺史王琳之引介，投湘州果願寺沙門法緒出家。二十歲時（陳高祖永定元年，557）受具足戒，之後北行，從慧曠律師學律，兼受方等部經。又到衡州大賢山。誦《法華經》、《無量義經》、《觀普賢經》，並進修方等懺法，心淨行勤，勝相現前。《別傳》中描述說他，「心神融淨，爽利常日，（中略）而常樂禪悅。怏怏江東，無足可問。」[22]則智顗在往見慧思之前，已有相當的禪修功行與境界，但是在衡州（即江東）卻找不到師資，能指引他更上層樓，這也是促使他前往大蘇山求法的一個契機。

二十三歲時（560），智顗到光州大蘇山，禮慧思禪師，受業觀

---

[22] 《隋天台智者大師別傳》（以下稱《別傳》），《大正藏》卷五〇，頁191中。

心法門。慧思爲他說《法華四安樂行》，智顗便於此山行法華三昧，日夜精勤。其悟入法華三昧的過程，據《別傳》中所載：

> 經二七日，誦至〈藥王品〉：「諸佛同讚，是眞精進，是名眞法供養。」到此一句，身心豁然，寂而入定。持因靜發㉓，照了法華，若高輝之臨幽谷；達諸法相，似長風之遊太虛。將證白師，師更開演，大張教網，法目圓備，落景諮詳，連環達旦。自心所悟，及從師受，四夜進功，功逾百年。問一知十，何能為喻；觀慧無礙，禪門不壅；宿習開發，煥若華敷矣。思師歎曰：「非爾弗證，非我莫識。所入定者，法華三昧前方便也，所發持者，初旋陀羅尼也。縱令文字之師千羣萬眾，尋汝之辯不可窮也，於說法人中最為第一。」㉔

依上文所述，則智顗禪定生起的過程，並非循著傳統佛教四禪八定之次第，而是直接趣入法華三昧。然而後來他在金陵瓦官寺，講《釋禪波羅蜜次第法門》時，幾乎將漢代安世高以來，四百年間傳入中國之所有大小乘禪法，均融會於其中，或許他在江東禪修時，早已經歷過這些次第了。

爾後慧思造金字《大品般若經》，自己僅開講玄義，而令他代講經文，智顗僅於三三昧及三觀智向慧思請示，其餘皆自行裁解。據《續傳》所載，智顗講經時，慧思也在座觀聽，並且對徒眾說：「此吾之義兒，恨其定力少耳。」㉕則慧思似乎對智顗的定力，仍然有所

㉓ 持者總持，卽初旋陀羅尼。靜者定也，卽法華前方便。

㉔ 《別傳》，《大正藏》卷五〇，頁191下～192上。

㉕ 《續傳》卷一七，《大正藏》卷五〇，頁564中。

期待，但也可見他對禪定的重視。但是據《別傳》的記載，慧思聽講之後，讚歎道：「可謂法付法臣，法王無事者也。」㉖則慧思對於智顗的義解，是持完全肯定的態度，並且殷勤付囑：「汝可秉法逗緣，傳燈化物，莫作最後斷種人也。」㉗

四、瓦官弘傳，天台潛修

陳慶帝光大元年（567），智顗學成辭師，依慧思的指示，與陳國有緣㉘，便率同法喜等二十七人往陳都金陵，在瓦官寺創弘禪法。在瓦官寺八年期間，智顗講《大智度論》，說《次第禪門》，演《法華玄義》，又爲尙書令毛喜出《六妙門》。就如慧思之預言，「於說法人中最爲第一」，智顗在金陵之法筵極盛，聲馳朝野，德被道俗。今引《別傳》中兩段文句，以說明智顗在金陵弘揚禪法時，對南朝教界之影響，文曰：

> （其一）大忍法師，梁陳擅德養道，（中略）與先師（指智顗）觀慧縱橫，聽者傾耳。眾咸彈指合掌，皆言聞所未聞。忍歎曰：「此非文疏所出，乃是觀機縱辯般若。非鈍非利，利鈍由緣，豐富適時，是其利相。（中略）有幸使老疾而忘疲。」（中略）於時長干慧辯延入定熙，天宮僧晃請居佛窟，皆欲捨講習禪，緣差永恨，靣而誓曰：「今身障隔，不遂稟承。後世

㉖ 《別傳》，《大正藏》卷五〇，頁 192 上。
㉗ 同上卷，頁 192 中。
㉘ 陳開國主陳霸先，與智顗先父陳起祖，昔日同爲梁朝重臣，有同僚、同宗之誼，智顗在陳都弘法，有天時、地利、人和之便。

> 弘通，必希汲引。」㉙
>
> （其二）建初寶瓊，相逢讓路曰：「少欲學禪，不値名匠。長雖有信，阻以講說。方秋遇賢，年又老矣。庶因渴仰，累世提攜。」白馬警韶、定林法歲、禪眾智令、奉誠法安等，皆金陵上匠，德居僧首，捨指南之位，遵北面之禮。其四方衿袖萬里來者，不惜無貲之軀，以希一句之益。㉚

智顗初到金陵時，不過才三十歲，而禪風所披，使南朝耆宿，皆欲捨講習禪。若非三學兼備，定慧等持，自然流露，何能及此？是故道宣在《續傳》中稱讚道：「當朝智顗亦時禪望，鋒辯所指，靡不倒戈。師匠天庭，榮冠朝列，不可輕矣。」㉛可謂實至名歸。

智顗開始在瓦官寺弘傳禪法時，四十人共坐學禪，有二十人得法。次年有百餘人共坐，也是二十人得法。又次年有二百人共坐，卻只有十人得法。其後徒眾愈多，得法之人愈少，令智顗深爲慨歎，而亟思避喧潛修。故於陳宣帝太建七年秋（575，時年三十八歲）九月初，爲求能遠離喧囂，專心修行之處，而退隱天台山，宣帝敕留不住。太建十年（578），左僕射徐陵，以智顗在天台創寺，修持禪法，啟奏於朝，而賜名「修禪寺」。智顗率弟子在山潛修，至其再出金陵弘法，前後有十年之久。

據《別傳》之記述，智顗入天台山，先在佛隴建寺；之後，曾暫別大眾，獨往寺北別峰華頂之上，修頭陀行。有一夜，忽然大風拔木，雷震山動，出現千羣魑魅魍魎，恐怖之相遠過於圖畫所作之「降

㉙ 《別傳》，《大正藏》卷五〇，頁 192 中。

㉚ 同上卷，頁192下。

㉛ 《續傳》卷二〇，《大正藏》卷五〇，頁 597 上。

魔變」，而智顗不爲所動，安心湛然空寂，逼迫之境界自然散失。俄而，又有父母師長之形像出現，枕抱其膝上悲咽流涕，智顗亦不爲所惑，但深念實相體達本無，憂苦之相貌隨之消滅。則智顗之所修所證，如此之強軟二緣，皆不能動搖其絲毫。頭陀行結束之後，智顗即歸佛隴。爾後其禪觀，從在大蘇山所證之三昧，而進趨於法華圓頓一實之中道觀；同時其禪法之教學，由前金陵時期之專唱「禪波羅蜜」，而轉爲雙弘「止觀」，應是得力於此番降魔之親證體驗。

年四十八歲時（585），奉陳後主詔還京都弘法，三辭不果，智顗以「道通惟人，王爲法寄」，所以再度出金陵。此後歷經陳、隋兩朝（589，陳亡於隋，南北統一），往返金陵、荆襄、揚州等地弘法，前後共十年。隋文帝開皇十六年春（596，時年五十九歲）才重返天台。之前，晉王楊廣（即煬帝）曾致書勸他留在棲霞，但智顗復書曰：「棲霞咫尺，非關本誓。天台既是寄終之地，故每屬弟子，一旦無常，願歸骨天台。」㉜言下之意，似乎智顗已經預知自己住世不久，果然在來年（597）的十一月就入滅了。

五、立制法：天台道場之修行清規

智顗重返天台之翌年（597）四月，爲了御眾而立制法十條㉝。智顗立制法的緣起，如《國清百錄》（以下稱《百錄》）卷一，〈立制法第一〉序中所言：

㉜ 《統紀》卷六，《大正藏》卷四九，頁184上。

㉝ 同上，（隋文帝開皇）十七年四月，立御眾制法十條，付知堂上座慧諫。

夫新衣無孔，不可補之以縷。宿植淳善，不可加之以罰。吾初在浮度，中處金陵，前入天台（575 年）諸來法徒各集。道業尚不須軟語勸進，況立制肅之。後入天台（596 年）觀乎晚學，如新猿馬，若不控鎖，日甚月增，為成就故，失二治一。蒲鞭示恥，非吾苦之。㉞

由此可知智顗在金陵瓦官寺八年，以及初入天台之十年間，均無意（也未曾）爲徒眾訂立制法。或者智顗德風草偃，因而不須立制法以肅眾；灌頂在《別傳》中也曾說：「先師善於將眾，調御得所。」㉟但是智顗又爲何在圓寂前半年，才特別訂立制法呢？或許因爲他已經預知將要辭世，爲了後世弟子著想，讓禪法能久住世間，所以才特別作此安排。

智顗立此十條制法，不惟是警策之用，同時也是規範與指導大眾的修持，以樹立天台道風，從教學的觀點來說，這是「言教」與「身教」之外的「境教（環境的教化）」。雖然其內容簡略（只有十條），卻是僅存的第一手資料，讓我們得以一窺，智顗當時在天台山上，領眾修持的部分實況，以下逐條說明制法的內容。

〈立制法〉第一條，開宗明義地說，因爲眾生根性不同，而有兩種解脫法門：（1）獨行得道，（2）依眾解脫。從這十條制法的內容與精神來看，主要是爲了第二種法門「依眾解脫」而設立的。依眾解脫，又有三種不同的修行方式：（1）依堂坐禪，（2）別場懺悔，（3）

㉞ 《國清百錄》（以下稱《百錄》）卷一，《大正藏》卷四六，頁793中。〈立制法〉十條全文，在同卷頁793下～794上，以下之制法引文，不另加註出處。

㉟ 《別傳》，《大正藏》卷五〇，頁 192 下。

知僧事。這三種修行人，只要具足三衣六物㊱，隨有一種修行，即可允許在天台山學法。但是如果衣物有缺，或者不能奉行以上任何一種修行，則不接納。

第二條是說明第一種修行「依堂坐禪」的內容：「依堂之僧，本以四時坐禪，六時禮佛，此為恆務。禪禮十時，一不可缺。其別行僧行法竟，三日外即應依眾十時。」由此可知，天台道場的修行，是以依堂坐禪為主。坐禪與禮佛，是道場修行生活的主要內容與重點。如果不能如法隨眾，則有處罰：「若禮佛不及一時，罰三禮對眾懺。若全失一時，罰十禮對眾懺，若全失六時，罰一次維那㊲，四時坐禪亦如是。除疾礙，先白知事則不罰。」可見智顗對於禪堂的修行——坐禪與禮佛，要求非常嚴格，若有違失者，其處罰也深具修行的意義——對大眾禮拜懺悔。

「四時坐禪」的時間，制法文中並未明言。可能是在初夜與後夜，理由有二：(1) 如《大智度論》中說：「初夜後夜，專精思惟。」㊳而《大智度論》一向為慧文、慧思與智顗之指南。(2)《續傳》中說：

㊱ 三衣卽三種袈裟：僧伽梨（九條衣）、鬱多羅僧（七條衣）、安陀會（五條衣）。六物卽三衣以及缽、尼師壇（坐具）、濾水囊。

㊲ 維那二字，係梵漢兼舉之詞。「維」卽綱維，統理之義；「那（ㄋㄨㄛˊ）」為梵語 karma-dana（音譯羯磨陀那）之略譯，意譯為授事，卽以諸雜事指授於人。維那又作都維那，舊稱悅眾，卽掌理眾僧威儀進退之職者（以上見《佛光大辭典》頁5890中、頁6467中）。在禪宗的道場裡，維那乃六知事之一，為掌理眾僧威儀進退之重要職稱。於其他宗派，維那則為勤行法要之先導，掌理舉唱回向等（以上見《佛光大辭典》頁5890下）。在唐宋以來的禪宗叢林裏，維那一職皆由資深僧眾擔任，而且是請職（卽由方丈禮請聘任）。在天台山內，則是處罰六時禮佛均缺席的僧眾擔任維那，實與禪宗大異其趣，頗有不守規矩的學生，罰作風紀股長的意味。至於天台道場中，維那之職責究竟為何？雖然文中並未明言，但由立制法第二、三條的前後文來看，應是掌理在殿堂禮佛時，舉唱回向等儀規。

㊳《大智度論》卷一七，《大正藏》卷二五，頁185下。

「思慨斯南服，定慧雙開，晝談理義，夜便思擇。」[39]所以坐禪的時間，很可能是安排在初夜與後夜，也就是晚上（六時至十時之間）與清晨（二時至六時之間）。

「六時禮佛」的時間，在《百錄》卷一〈敬禮法第二〉的序中，略有說明：

> 此法正依龍樹《毘婆沙》，傍潤諸經意，於一日一夜，存略適時。朝、午略敬禮用所為三，晡用敬禮略所為。初夜全用，午時十佛代中夜，後夜普禮。[40]

所謂六時即：朝、午、晡、初夜、中夜、後夜。晡為申時，即午後三時至五時。文中說「存略適時」，表示禮佛儀式的繁簡，以及時間的長短，可視情況調整。例如朝、午，因有二時臨齋（早齋及午齋），故可簡略行之，但不能全廢。中夜要養息，故代之以十佛。至於文中所言「略敬禮用所為三」，語意不甚明了；不知是略「敬禮用所」為「三（皈依）」？或是略「敬禮用所」為（普禮法第）「三」？坐禪與禮佛的時間，都用到初夜與後夜，則兩者似有衝突；但也很可能是，先禮佛然後接著坐禪，或是先坐禪然後接著禮佛。

第三條是說明在殿堂禮佛的規矩：「六時禮佛，大僧應被入眾衣，衣無鱗隨若縵衣悉不得。三下鐘，早集敷坐，執香鑪互跪。未唱誦不得誦，未隨意不散語話。叩頭彈指，頓曳屣履，起伏參差，悉罰十禮對眾懺。」可見智顗非常重視禮佛。《百錄》卷一文中，緊接著〈立制法第一〉之後，就是〈敬禮法第二〉與〈普禮法第三〉，均為

[39] 《續傳》卷一七，《大正藏》卷五〇，頁 564 上。
[40] 《百錄》卷一，《大正藏》卷四六，頁 794 上。

六時禮佛的內容與儀規。除此之外，接在後面的〈請觀音懺法第四〉、〈金光明懺法第五〉與〈方等懺法第六〉文中，禮佛也都是主要的修持項目。

第四條是說明第二種修行「別場懺悔」的意義：「別行之意，以在眾爲緩故，精進勤修四種三昧。」就是說，如果有人覺得與大眾共修，進度太慢，可以請求個別的密集修行，修行的主要法門當然是止觀，而其儀軌就是四種三昧。據《別傳》的記載，弟子智朗在智顗示寂前，問：「誰可宗仰？」，答曰：「豈不曾聞波羅提木叉是汝之師。吾常說四種三昧是汝明導，教汝捨重擔，教汝降三毒，（中略）唯此大師能作依止。」㊶智顗在最後的遺言中，仍不忘叮嚀弟子們修習四種三昧，而且在此之前所口授的《觀心論》裏，也特別提到要修四種三昧，可見四種三昧在智顗心目中，佔有無比重要的分量。可以說，四種三昧在天台道場裏，是行者「觀心」時所必修之行法。至於四種三昧的內容，將於下節中討論。

第五條說明第三種修行「知僧事」的意義：「知事之僧，本爲安立利益。反作損耗，割眾潤己，自任恩情，若非理侵一毫，雖是眾用而不開白，檢校得實不同止。」知僧事，即是執勞役、理雜務、供應飲食等等苦行，以服務常住，讓道場裏的大眾能專心修行。同時此等苦行也可培養行者的福德因緣，古來有不少禪德，是在苦行作務中悟道的。

第六條至第九條爲飲食與僧團和合的規矩與罰則，因非關本文主旨，故略而不論。第十條是說明立此制法的精神：「依經立方，見病處藥。非於方吐於藥有何益乎？若上來九制聽懺者。屢懺無慚愧心不

㊶ 《別傳》，《大正藏》卷五〇，頁196中。

能自新，此是吐藥之人，宜令出眾。若能改革後亦聽還。若犯諸制捍不肯懺，此是非方之人，不從眾網則不同止。」立制法的目的是爲了策勵修行，樹立道風，維持僧團的素質，而其精神則是應病與藥，所以雖然嚴格，但是對於肯懺悔改過的人，也容許有自新的機會。

綜觀此十條制法，這種道場修行的規式，乃當時的通例，或是智顗之所獨創？《百錄》卷三「僧使對問答第八十六」中有一段對話，可作爲解答。隋煬帝大業元年（605，智顗示寂後第八年）十一月二十日，黃門侍郎張衡問僧使智璪說：「師等既是先師（指智顗）之寺，行道與諸處同，爲當有異？」對云：「先師之法與諸寺有異，六時行道四時坐禪。處別行異，道場常以行法奉爲至尊。」㊷可見天台法制不同於其他寺院，爲智顗所獨創，而且是以修行爲主，在他圓寂八年之後，弟子們仍然奉行不渝。

另外值得注意的是，以當時的政治與社會環境而言，道場的清規，同時有對內與對外兩方面的功能。《百錄》「僧使對問答」中，接著的一段對話，可作爲說明。黃門侍郎張衡告誡僧使智璪說：「師等既是行道之眾，勿容受北僧及外州客僧，乃至私度出家，冒死相替頻多僞假，並不得容受。」智璪回答說：「天台一寺即是天之所覆，寺立常規不敢容外邑客僧，乃至私度以身代死。」㊸這番對話反應出：一、當時雖有不少眞心求道者，但也夾雜部分庶民以及亡命之徒，混跡僧次以避賦稅或刑罰；二、出家必須得到官方認可，不得私度。因此寺立常規，不僅是對內樹立道風，同時對外也有防範罪犯的功能。至於爲何不得容受北僧（當時南北早已統一），以及外州客僧，可能與當時的政治與社會狀況有關，此點有待研究。以下討論四

㊷ 《百錄》卷三，《大正藏》卷四六，頁 815 中。
㊸ 同上。

種三昧，亦即在天台道場內修持止觀的儀軌。

六、四種三昧

四種三昧之名稱，出自智顗所說的《摩訶止觀》（以下稱《止觀》）。《止觀》卷二上〈大意〉章，五略㊹之第二修大行中說：

> 二、勸進四種三昧，入菩薩位，說是止觀者。夫欲登妙位，非行不階；善解鑽搖，醍醐可獲。《法華》云：又見佛子，修種種行，以求佛道。行法衆多，略言其四：一、常坐，二、常行，三、半行半坐，四、非行非坐。通稱三昧者，調直定也。㊺

此即所謂之「四種三昧」。智顗不只是演說止觀之妙理，同時也非常重視止觀之具體行法。佛法（或者說是止觀）之理，不管講得如何高深玄妙，其實踐下手之處，還是不外乎「身、口、意」三業。智顗爲了歸納衆多修持「止觀行」的法門，應用了般若中觀之「四句」義，即「有、無、雙照、雙遮」，來料簡「坐」與「行」，而開出了「常坐」、「常行」、「半行半坐」、「非行非坐」等四種身儀，並以之統攝佛法中之一切三昧法門，四種三昧因此而得名。智顗的用意是，藉由此四種行法，行者即可正觀實相而住於三昧。

「三昧」一詞乃梵文（巴利文同）samadhi 之音譯，意譯則爲

㊹ 《摩訶止觀》（以下稱《止觀》）總有十章，稱爲「十廣」卽：大意、釋名、體相、攝法、偏圓、方便、正修、果報、起教、旨歸。第一〈大意〉章中，又開爲「五略」卽：發大心、修大行、感大果、裂大網、歸大處。

㊺ 《止觀》卷二上，《大正藏》卷四六，頁11上。

「等持、定、正定」等等，就是將心定於一處（或是一境）而不動的一種境界。在經典中，三昧譯爲「等持」時，「等」是平等之意，乃指心之沈（昏沈）浮（掉舉）止息，而臻平等安詳之境；「持」是專注之意，亦即心專注於一境而不散亂。依此解釋，則三昧應是意指「定心之境界」，而非指「修定之過程或方法」。

但是在《止觀》裏，三昧一詞的意義則頗有引申，智顗先用「調直定」來定義三昧，又引用《大智度論》云：「善心一處住不動，是名三昧」作爲旁證。接著又說：「法界是一處，正觀：能住不動；四行（即四種三昧）爲緣，觀心：藉緣調直，故稱三昧也。」[46] 前者是說正觀之境界，是果位；後者是說觀心之修持，是因地。如此則三昧之義通於因果，不僅是指定心之境界，而且也包含修定之過程或方法。

從《摩訶止觀》一書的結構來看，「四種三昧」與「十乘觀法」可以說是互爲表裏而相爲呼應。智顗先在第一〈大意〉章中，五略之第二「修大行」項下，詳釋四種三昧，再以第六〈方便〉章中的二十五方便爲前方便，然後在第七〈正修〉章中，開演十乘觀法。表面上看來，十乘觀法是講「觀心」，而四種三昧是講「身儀」，兩者有內外之不同。而實際上，智顗在解說每一種三昧時，都是按著「身論開遮，口論說默，意論止觀」的次第，逐一闡明，而不只是著重於身儀。我們可以進一步說，止觀之修持，是以二十五方便爲前方便，以十乘觀法爲正修，而其實際的具體行法，則寓於四種三昧之中。因此，我們可以了解，爲什麼智顗特別重視四種三昧，並且幾番以之耳提面命徒衆的原因。以下分別說明四種三昧的內容。

---

[46] 《止觀》卷二上，《大正藏》卷四六，頁11上。

（一）常坐三昧

《止觀》中說:

> 一、常坐者，其《文殊說》、《文殊問》兩般若，名為一行三昧。[47]

湛然在《止觀輔行傳弘決》（以下稱《輔行》）中，對上文的解釋是: 因爲常坐三昧只修常坐一行，所以又稱爲一行三昧[48]。其實「一行三昧」一詞，語出《大品般若經・問乘品》，是其中所說之「百八三昧」中之第八十一支[49]，此外並散見諸般若經論之中。此一名義爲梵文 ekavyuha-samadhi 之意譯，eka 譯爲「一」，vyuha 譯爲「行」。此一「行」字，通常均解釋爲「修行」的行(ㄒㄧㄥˊ)，但是 vyuha 的字根，原本爲排列（orderly arrangement, disposition）或行陣（military array）之意；因此解釋爲「行列」的行（ㄏㄤˊ）較爲符合原義。「一行」乃表前後相應一如，無有次第之分。如《放光般若經》卷四中說:

> 復有一行三昧，住是三昧者，不見諸法有二。[50]

---

[47] 同上。

[48] 《止觀輔行傳弘決》（以下稱《輔行》）卷二之一:「言一行者，剪略身儀，不兼餘事，名爲一行; 非所緣理，得一行名。若所緣理，名一行者，四行莫不皆緣實相。」《大正藏》卷四六，頁182中。言之似乎成理，但是非梵文原義。

[49] 《摩訶般若波羅蜜經》卷五，〈問乘品〉第十八（又名〈摩訶衍品〉）《大正藏》卷八，頁251中。

[50] 《放光般若經》卷四，〈摩訶般若波羅蜜問摩訶衍品〉第十九，《大正藏》卷八，頁24中。

又如《大智度論》卷四七，解釋百八三昧文中所述：

是三昧常一行，畢竟空相應。三昧中更無餘行次第，如無常行中次有苦行，苦行中次有無我行。又菩薩於是三昧不見此岸，不見彼岸。[51]

《文殊說般若經》中也說：

文殊師利言：「世尊，云何名一行三昧？」佛言：「法界一相，繫緣法界，是名一行三昧。」[52]

因此一行三昧中之「一行」，應是從理上來解，而非就事上來說。是故與其說：「常坐三昧」又名「一行三昧」，不如說：智顗將「一行三昧」，納入四種三昧中的「常坐三昧」，較為合理。

《大智度論》中僅解釋了一行三昧的名義，而未說明修法，其具體的修法則出自《文殊師利問經》[53]與《文殊說般若經》[54]。今引《止觀》文句，依次說明其身、口、意三業的修持如下：

身開常坐，遮行住臥。或可處眾，獨則彌善。居一靜室，或空閑地，離諸喧鬧。安一繩床，傍無餘座。九十日為一期。結跏

---

[51] 《大智度論》卷四七，《大正藏》卷二五，頁 401 中。
[52] 《文殊說般若經》，《大正藏》卷八，頁 731 上～中。
[53] 《文殊師利問經》：「於九十日修無我想，端坐專念，不雜思惟。除食及經行、大小便時，悉不得起。」《大正藏》卷一四，頁 507 上。
[54] 《文殊說般若經》：「法界一相，繫緣法界，是名一行三昧。……欲入一行三昧，應處空閑，捨諸亂意，不取相貌，繫心一佛，專稱名字。」《大正藏》卷八，頁 731 上～中。

正坐，項脊端直，不動不搖，不萎不倚，以坐自誓，肋不住床，況復屍臥，遊戲住立？除經行、食、便利。隨一佛方面，端坐正向。時刻相續，無須臾廢。(55)

行者修此三昧，其身業的修持是，九十日內，面對佛像，晝夜端身常坐，即是俗稱的「不倒單」，除了經行、飲食、便利外，不許行、住、臥。可以眾人共坐，但最好是獨自修行，免受干擾。

口業的修持，如《止觀》中所說：

口說默者，若坐疲極，或疾病所困，或睡蓋所覆，內外障侵，奪正念心，不能遣卻；當專稱一佛名字，慚愧懺悔，以命自歸。與稱十方佛名，功德正等。所以者何？如人憂、喜、鬱、怫，舉聲歌哭、悲笑則暢。行人亦爾。風觸七處，成身業；聲響出脣，成口業。二能助意成機，感佛俯降。(56)

原則上口業是靜默；若是因爲疲倦、疾病或睡眠蓋等內外障礙，而無法提起正念；此時則應稱唸一佛的名號，並且慚愧懺悔；但這只是對治方便，而非正修。

意業的修持，如《止觀》中說：

意止觀者，端坐正念。蠲除惡覺，捨諸亂想，莫雜思惟，不取相貌。但專繫緣法界，一念法界。繫緣是止，一念是觀。(57)

---

(55) 《止觀》卷二上，《大正藏》卷四六，頁11中。
(56) 同上。
(57) 同上。

意業即是修止觀，正念繫緣法界。至於觀法的心要，則爲般若正觀：「不住法，不取諸相。」並且「不捨諸見，不捨無爲，而修佛道」；前者是假觀，其中是空觀，後者是中觀。《止觀》下文還進一步說明，「觀如來」、「觀眾生」、「觀煩惱」、「觀業」等法，在此不詳論。

（二）常行三昧

常行三昧，也就是有名的「般舟三昧」，乃是依據《般舟三昧經》而修之三昧法門。《止觀》中說：

> 此法出《般舟三昧經》，翻為佛立。佛立三義：一、佛威力，二、三昧力，三、行者本功德力。能於定中，見十方現在佛，在其前立；如明眼人，清夜觀星，見十方佛，亦如是多，故名佛立三昧。[58]

行者修此三昧，若是精勤不懈，則能依佛威力、三昧力，以及行者之本功德力，而在定中見到十方現在諸佛，顯現立於行者之前，因此又稱爲佛立三昧（佛立一語爲梵文 pratyutpanna 之意譯）。

以下引述《止觀》文句，並說明常行三昧中三業的修持。先明身業：

> 身開常行，行此法時，避惡知識，及癡人、親屬、鄉里，常獨處止。不得希望他人，有所求索，常乞食，不受別請。嚴飾道

---

[58] 《止觀》卷二上，《大正藏》卷四六，頁12上。

場，備諸供具、香餚、甘果。盥沐其身，左右出入，改換衣服。唯專行旋，九十日為一期。[59]

行者修此三昧時，身業的行持是，九十日內，晝夜經行不斷，除了飲食、便利之外，不得休息，也不許睡眠。文中說：「常乞食，不受別請」，則經行的範圍，似乎不限定在道場之內，但要「避惡知識，及癡人、親屬、鄉里，常獨處止。」並且出入道場，一定要改換衣服，以表莊嚴。

次明口業，如《止觀》中說：

口說默者，九十日身常行，無休息。九十日口常唱阿彌陀佛名，無休息。九十日心常念阿彌陀佛，無休息。或唱念俱運，或先念後唱，或先唱後念，唱念相繼，無休息時。若唱彌陀，卽是唱十方佛功德等，但專以彌陀為法門主。舉要言之，步步、聲聲、念念，惟在阿彌陀佛。[60]

九十日內，不斷地唱念阿彌陀佛名號，不可休息。「步步」是身業，「聲聲」是口業，「念念」是意業，如此則三業無間，與佛相應。

再次明意業，如《止觀》中說：

意論止觀者，念西方阿彌陀佛，去此十萬億佛剎，在寶地、寶池、寶樹、寶堂，眾菩薩中央坐；說經三月，常念佛，云何念？念三十二相，從足下千輻輪相，一一逆緣念諸相，乃至無

---

[59] 同上卷，頁12中。
[60] 同上。

> 見頂；亦應從頂相順緣，乃至千輻輪，令我亦逮是相。[61]

意業之止觀法門，是以三十二相爲觀境，運用十乘觀法，於念佛之中修（空假中）三觀，以期諸佛顯現，而證得一念三千之諸法實相。

行者修此三昧法，欲得成就，不但要連續九十日不休息，更要三業精勤無間，才能與道法相應，感佛顯現。這不但要有極好的精神與體力，更要有極其堅強的意志力，所以《止觀》中說：

> 須要期誓願，使我筋骨枯朽，學是三昧不得，終不休息。起大信，無能壞者；大精進，無能及者；所入智，無能逮者。[62]

同時在修法期間，爲防範有身心內外之障礙生起，一定要有教授、外護、同行等善知識在旁護持。

般舟三昧也是有名的念佛法門，曾經普遍盛行於我國與日本。慧遠最早在廬山結社念佛時，就曾依《般舟三昧經》而行此法；其後淨土宗諸師如道綽、善導等，也相繼發揚。表面上看來，似乎智顗的常行三昧，與淨土法門無異，其實不然。淨土宗的念佛法門，雖有「實相、觀想、觀像、持名」之不同，但是以「往生西方彌陀淨土」爲期，則是一致的目標。然而智顗的常行三昧，卻是以正觀諸法實相爲目標，《止觀》文句中，不但沒有任何往生淨土的字眼，反而特別強調，於念佛中修空、假、中三觀。因此，儘管兩者之三業行儀雷同，但其極旨則大異其趣；於此常行三昧法門，智顗行的是禪觀之門，絕非淨土之門。

---

[61] 《止觀》卷二上，《大正藏》卷四六，頁12中。

[62] 同上。

（三）半行半坐三昧

《止觀》中說：

> 此出二經，《方等》云：「旋百二十匝，欲坐思惟。」《法華》云：「其人若行、若立，讀誦是經；若坐，思惟是經；我乘六牙白象，現其人前。」故知俱用半行、半坐，為方法也。⑥③

半行半坐三昧，又包含兩種法門：其一是依據《大方等陀羅尼經》，故又稱爲「方等三昧」；其二是依據《法華經》，故又稱爲「法華三昧」。兩者相似之處，除了其身儀皆爲半行半坐之外，又都是以懺悔滅罪爲主，因此又稱爲方等懺法、法華懺法。

（1）方等三昧

「方」即廣大之義，謂所修之法；「等」乃平等之義，謂所契之理。行者修持方等三昧時，因爲是以修懺滅罪爲主，所以特別強調道場之莊嚴、供養，身心之齋戒、清淨，並且還須禮請一名戒師作羯磨。智顗所說之《方等三昧行法》中，對這些儀規有詳細的說明。在此僅引《止觀》文句，略作解釋。

> 方等至尊，不可聊爾。若欲修習，神明為證，先求夢王；若得見一，是許懺悔。於閑靜處，莊嚴道場，香泥塗地，及室內外，作圓壇彩畫，懸五色旛，燒海岸香，燃燈，敷高座，請二

⑥③ 同上卷，頁13上。

> 十四尊像，多亦無妨。設餚饌，盡心力。須新淨衣、鞋、屩，無新浣故；出入著脫，無令參雜。七日長齋，日三時沐浴。初日供養僧，隨意多少。別請一明了內外律者為師，受二十四戒，及陀羅尼咒；對師說罪，要用月八日、十五日。當以七日為一期，決不可減；若能更進，隨意堪任。十人已還，不得出此。俗人亦許，須辦單縫三衣，備佛法式也。[64]

除了莊嚴道場，籌備供養，潔淨衣履外，行者須先求夢王，以得到許懺之兆，此是修空、假二觀的前方便。修行三昧的時間，是以七日為一期，雖然沒有常坐、常行三昧的九十日那般長，但若行者欲加功進修，也可隨意延長，不過仍然要以七日為一期，例如三七（二十一）日、七七（四十九）日等等；《止觀》與《別傳》中均記載，慧思曾修此三昧七載[65]。本法可許眾人共修，不論僧俗，但至多不得超過十人，以免喧雜。在家居士修此三昧，亦須穿著單縫三衣，以表示清淨莊嚴。

此中身、口二業之行法，如《止觀》中所說：

> 口說默者，預誦陀羅尼咒，一篇使利。於初日分，異口同音，三遍召請，三寶、十佛、方等父母、十法王子。召請法，在《國清百錄》中[66]。請竟，燒香運念，三業供養；供養訖，禮

---

[64] 《止觀》卷二上，《大正藏》卷四六，頁13上～中。

[65] 「十年專誦，七載方等，九旬常坐，一時圓證。」見《止觀》卷一上，《大正藏》卷四六，頁1中；及《別傳》《大正藏》卷五〇，頁191下。

[66] 《輔行》卷二之二：「言《百錄》者，大師（指智顗）在世未有此指。大師滅後，章安等集事跡，都有百條，故云《百錄》。說止觀時，寺猶未置，卽治定時，寺已成竟，已撰《百錄》，故有此指。」《大正藏》卷四六，頁190下。

> 前所請三寶；禮竟，以志誠心，悲泣雨淚；陳悔罪咎竟，起旋百二十匝，一旋一咒，不遲不疾，不高不下；旋咒竟，禮十佛、方等、十法王子。如是作已，卻坐思惟；思惟訖，更起旋咒；旋咒竟，更卻坐思惟。周而復始，終竟七日，其法如是。從第二時，略召請，餘悉如常。[67]

前述常行三昧中，口業爲專念彌陀名號；於此方等三昧中，則爲誦念陀羅尼咒，咒文載於《方等三昧行法》之中[68]。至於身業之行法，除了齋戒沐浴外，以初日晨朝第一時爲例：

(一) 召請、供養、禮拜、發露懺悔

(二) 旋咒百二十匝：即身繞佛經行，口持咒，一旋一咒

(三) 禮拜

(四) 靜坐思惟

(五) 旋咒

(六) 靜坐思惟

如上所示，因爲行、坐二種身儀，次第互更，所以稱爲半行半坐。召請法，僅在初日第一時行之。從第一日第二時起，以及第二日以後，均不須召請，直接禮佛，其餘的行儀皆如初日第一時。有關身儀的遮障與調適，如洗浴、飲食、行道、坐禪等，在《方等三昧行法》中，有相當詳盡的說明。

意業之觀法，如下文：

> 意止觀者，經令思惟，思惟「摩訶袒持陀羅尼」，翻爲「大秘

[67] 《止觀》卷二上，《大正藏》卷四六，頁13中。
[68] 《方等三昧行法》，《大正藏》卷四六，頁943下～944上。

要、遮惡持善」。秘要只是實相、中道、正空。[69]

思惟摩訶袒持陀羅尼，爲本法之心要。「思惟」即正觀之意，「摩訶袒持陀羅尼（梵文 mahātantra-dharani)」，智顗解釋爲「大秘要，遮惡持善」。「陀羅尼」一詞爲梵文 dharani 之音譯，意譯爲總持、能持或能遮。總者，謂總一切法；持者，謂持一切義；即能總攝憶持無量佛法，而不忘失之念慧力。能持、能遮者，即陀羅尼能護持各種善法，能遮除各種惡法，如《大智度論》中所說:

> 陀羅尼秦言能持，或言能遮。能持者，集種種善法，能持令不散不失。（中略）能遮者，惡、不善根心生，能遮令不生，若欲作惡，持令不作，是名陀羅尼。（中略）復次，得陀羅尼菩薩，一切所聞法，以念力故，能持不失。[70]

智顗在《請觀音經疏》中，也解說陀羅尼「即是實相正觀之體，非空非有，遮於二邊之惡業，持於中道之正善，名實相咒體也。」[71]由於方等三昧旨在懺悔滅罪，而陀羅尼乃持善遮惡之法門，正是應病與藥，因此我們可以了解，爲何修此三昧要思惟陀羅尼的道理。

一般大都以爲陀羅尼，只是咒語、咒術而已，實則前者包含後者，而反之不然。換言之：修三昧，是以得定爲主；修陀羅尼，是以發慧爲主。因爲陀羅尼能護持各種善法，能遮除各種惡法，又能總持無量佛法而不散失；而菩薩以利他爲主，爲教化他人，是故必須修得

---

[69] 《止觀》卷二上，《大正藏》卷四六，頁13中。
[70] 《大智度論》卷五，《大正藏》卷二五，頁95下。
[71] 《請觀音經疏》爲智顗所說，灌頂所記。《大正藏》卷三九，頁974上。

陀羅尼；得此則能不忘失無量之佛法，處在眾中無所畏懼，而能自由自在地說法。

行此三昧，意業止觀的修持，又分爲「實相觀法」與「歷事觀法」兩門。歷事觀法，乃託事作觀，以莊嚴、供養、禮拜、懺悔爲綱要，如《止觀》文中所述之道場莊嚴等等之表法意義：以道場表清淨境界，香塗表無上尸羅，圓壇表實相不動地，香燈表戒慧；高座表諸法空，一切諸佛皆棲此空；二十四尊像，即逆順觀十二因緣；三業依止陀羅尼，而對破三障[72]，……等等。本法所依據的《大方等陀羅尼經》，也是密教的經典之一，故其儀規之中含有濃厚的密教色彩。

實相觀法，以觀中道實相，一空一切空爲旨趣，如《止觀》中所說：

> 經言：吾從眞實中來。眞實者，寂滅相；寂滅相者，無有所求。求者亦空，得者、著者、實者、來者、語者、問者悉空。寂滅、涅槃，亦復皆空。一切虛空分界，亦復皆空。無所求中，吾故求之。如是空空，眞實之法，當於何求？六波羅蜜中求。[73]

智顗並且充分發揮般若中觀之「離四句」義[74]於修觀之中，如在《百錄》卷一之〈方等懺法〉中所說：

---

[72] 三障卽報障、業障、煩惱障；《止觀》文中又作「三道」，卽苦、業、煩惱。苦道卽是報障，乃現世所感之身心障礙，如疾病、殘障、六根有缺等；煩惱障，乃三毒：貪、瞋、癡，能感生死之業果；業障，卽惡業所感之心智障礙，能障聞法與修道。

[73] 《止觀》卷二上，《大正藏》卷四六，頁13中。

[74] 「四句」義爲：有、無、亦有亦無、非有非無；「離四句」義則爲：非有、非無、非亦有亦無、非非有非無。

觀誦咒聲，聲不可得，如空谷響無我。觀遶旋足，足不可得，如雲如影，不來不去。若坐思惟，思惟一念之心，不從意根生，非外塵合生，非離生。又非前念生故生，亦非前念滅故生，亦非前念生滅合共生，亦非前念非生非滅生。（中略）如是觀時，何者是我？我作何事？何者是罪？何者是福？以觀力故，豁然開悟，空慧明徹。如水性冷，飲者乃知；唯獨明了，餘人不見。所得智慧禪定功德，皆不可說；如此悟時，自識遮障，不俟分別。⑦⑤

綜合上述，本法之心要，還是在於正觀實相。嚴格的說，誦咒、遶旋、坐思惟等三業之事相，只是修觀之助緣，並非道法之樞機。觀「聲、足、一念之心」了不可得，才是正觀。上文中說：「以觀力故，豁然開悟」，故知悟道之機，主要還是在於行者本身的觀照慧力，而非陀羅尼之咒語經文。儀規之行持，雖是登入三昧之門的階梯，但是行者之契入實相，還是在於對諦理之如實觀照。

(2) 法華三昧

法華三昧也是以懺悔滅罪爲主，所以其身、口二業之儀規，與方等三昧非常類似。智顗也撰有《法華三昧懺儀》一卷，詳釋其行法。現僅引《止觀》文句，以說明其三業的行持。

身開為十：一、嚴淨道場，二、淨身，三、三業供養，四、請佛，五、禮佛，六、六根懺悔，七、遶旋，八、誦經，九、坐禪，十、證相。（中略）此則兼於說默，不復別論也。⑦⑥

---

⑦⑤ 《百錄》卷一，《大正藏》卷四六，頁798中～下。

⑦⑥ 《止觀》卷二上，《大正藏》卷四六，頁14上。

此中身業之修持，與上述方等三昧，除了次第有所不同，其項目則幾乎完全相同；但是方等重在旋咒，此則重在三業供養、請三寶與禮佛。至於口業之修持，上述方等是以持咒爲正修，本法則爲一心正念誦《法華經》，此爲二者主要不同之處。修此三昧時，行者可單誦〈安樂行〉一品，或兼誦《法華經》餘品，但不得諷誦其他經典。原則上，是在經行時誦經，經行結束則停止誦經，而回到坐處，禪坐修觀。倘若回到坐處之後，意猶未欲坐禪，可繼續端坐誦經，但四時坐禪不可全廢。據《法華三昧懺儀》，本法之修持時間，以三七（二十一）日爲一期。

意業之修持，如下文：

> 意止觀者，《普賢觀》云：專誦大乘，不入三昧，日夜六時，懺六根罪。〈安樂行品〉云：於諸法，無所行，亦不行不分別。[77]

意業之修持即是六根懺悔，這也是本法之另一特色。前述之方等懺法，主要是對戒師發露懺悔，故須請一位明了內外律之比丘爲懺悔主。本法根據《普賢觀經》[78]，是以普賢菩薩爲法華懺悔主，因此行者須對普賢菩薩披陳發露，至心懺悔此身以來及過去世，六根所生起之所有惡業，並爲一切眾生行懺悔法。六根是眾生造業（不論善、惡、無記）的親因緣，因此直接以六根爲懺悔之目標，可說是對症下藥；而行者依此法懺悔，則有如射敵先射馬，擒賊先擒王。

---

[77] 同上。

[78] 即《觀普賢菩薩行法經》，略稱《觀普賢經》、《普賢觀經》、《普賢經》、《觀經》；與《妙法蓮華經》、《無量義經》合稱爲法華三部經。

前述之方等三昧，有「歷事」與「實相」兩種觀法，於此法華三昧，也分爲「有相行」、「無相行」兩種行門；此二行之名義，語出慧思說的《法華經安樂行義》。有相行，即依《法華經・普賢菩薩勸發品》中所說，專念持誦《法華經》之行法。無相行，即《安樂行義》中所說：一、正慧離著安樂行，二、無輕讚毀安樂行三、無惱平等安樂行，四、慈悲接引安樂行。不論行住坐臥、飲食、語言，常在一切深妙禪定之中，而於一切諸法，心相寂滅，畢竟不生，所以稱爲無相行。《止觀》文中對此有一段評論說，《法華經・安樂行品》中非惟「無相行」，亦有「護持、讀誦、解說、深心禮拜等」之事修；《觀經》中非惟「有相行」，亦有「明無相懺悔，我心自空，罪福無主，慧日能消除」之理觀，是故兩經乃相輔相成。智顗則結合了兩經中之事修與理觀，而於其所撰述的《法華三昧懺儀》之中，巧妙地融會了慧思之有相、無相兩行門。行者若是涉事修六根懺悔，即是有相行；若是直觀一切法空，即是無相行。

依《續傳》所載，慧思、智顗師徒曾先後證悟法華三昧，而被引爲千古佳話，因此後世之天台教團，特別重視法華三昧的修持。唐代湛然（711～782年），曾大力弘揚此法，並作《法華三昧行事運想補助儀》一卷[79]，補充解釋其十種行儀，以輔助行者修懺時能運想成觀。宋代四明知禮（960～1028 年），也是以修持法華三昧爲主，並以之爲趣入圓頓大乘之究竟正觀，而且述有〈修懺要旨〉一文（收錄在《四明尊者教行錄》卷二[80]之中），以開發法華三昧之心要與旨趣。

---

[79] 《大正藏》卷四六，頁955下～956中。

[80] 同上卷，頁868上～870中。

（四）非行非坐三昧

非行非坐三昧，乃指上述三種三昧以外之一切三昧法門；雖然在名義上說是非行非坐，而實際上則是包含了行、住、坐、臥等等；亦即不侷限於身儀上之行住坐臥，而含攝了一切事物。換言之，即於一切時中，一切事上，隨意用觀，不拘期限，念起即觀照，意起即修三昧。此三昧又稱爲「隨自意三昧」與「覺意三昧」，如《止觀》中所說：

> 非行非坐三昧者，上一向用行坐，此即異上，為成四句，故名非行非坐，實通行坐及一切事。而南岳師，呼為「隨自意」，意起即修三昧。《大品》稱「覺意三昧」，意之趣向，皆覺識明了。雖復三名，實是一法。[81]

慧思曾依「首楞嚴定」之意，作有《隨自意三昧》[82]一卷，卷首開宗明義地說：初發心菩薩，若欲學六波羅蜜、一切禪定、三十七道品，以及說法教化眾生等等，應當先學隨自意三昧；接著分別闡述在行、住、坐、眠、食、語等六種威儀之中，此三昧之修法。至於「覺意三昧」一詞，則語出《大品般若經・問乘品》，乃經中所說之「百八三昧」中之第七十二支[83]。《大智度論》卷四七〈釋摩訶衍品〉中，僅述其功德[84]而無行法。智顗早期在金陵時，曾依據《大品般若

---

[81] 《止觀》卷二上，《大正藏》卷四六，頁14中～下。

[82] 《隨自意三昧》一卷，今收錄在《卍續藏經》卷九八內。

[83] 《摩訶般若波羅蜜經》卷五，〈問乘品〉第十八（又名〈摩訶衍品〉）《大正藏》卷八，頁251中。

[84] 《大智度論》卷四七：「覺意三昧者，得是三昧令諸三昧變成無漏，與七覺相應。譬如石汁一斤，能變千斤銅為金。」《大正藏》卷二五，頁401上。

經》，而撰述《覺意三昧》[85]一卷。其法以四運心相爲觀境，以四運推檢爲觀門，並以之應用於外六作與內六受[86]等十二觀境之中。

智顗不直接延用慧思之「隨自意」一名，或許認爲「隨」字偏於任運，未能顯出觀照之意，因而採用《大般若經》中「覺意」一名，以「覺」字重在觀照，能利益初心行者。如《止觀》中所言:

> 今依經釋名: 覺者，照了也; 意者，心數也，三昧如前釋。行者心數起時，反照觀察，不見動轉、根源、終末、來處、去處，故名覺意。[87]

又說:

> 窮諸法源，皆由意造，故以意為言端。（中略）若觀意者，則攝心識，一切法亦爾。若破意，無明則壞，餘使皆去。故諸法雖多，但舉意以明三昧; 觀則調直，故言「覺意三昧」也。隨自意、非行非坐，準此可解。[88]

對照於前述三種三昧（常坐、常行、半行半坐），此非行非坐三昧之主旨在於，修道應於日常生活之中，隨境用觀，意起即觀。因爲對於「人在江湖，身不由已」的芸芸眾生而言，要修持前述三種三昧，其因緣實在不易具足，如果非得等到因緣具足，才開始修持，恐

[85] 《覺意三昧》一卷，今收錄在《大正藏》卷四六內，名爲《釋摩訶衍般若波羅蜜經覺意三昧》。
[86] 外六作爲: 行、住、坐、臥、作作、語默。內六受爲: 眼受色、耳受聲、鼻受香、舌受味、身受觸、意緣法。
[87] 《止觀》卷二上，《大正藏》卷四六，頁14下。
[88] 同上。

怕永無證悟之期。所以湛然在《輔行》中說:

> 夫有累之形，絕事時寡，上三三昧，緣具誠難。若不隨境用觀，意起卽觀，三性無遺，四運推檢，歷緣對境，咸會一如，安有剋於大道之期? (89)

此非行非坐三昧之修法，《止觀》中又再細分爲四項: 一、約諸經，二、約諸善，三、約諸惡，四、約諸無記。

(1) 約諸經

《止觀》中說:「諸經行法，上三不攝者，即屬隨自意」，即根據經意，但不屬於前述三種三昧之行法，而以「請觀音懺法」爲代表。其身業行儀與前述「方等」、「法華」雷同，而特色在於禮請、禮拜西方三聖: 彌陀、觀音、勢至，而以觀世音菩薩爲懺悔主。口業之行法爲，誦四行偈及三陀羅尼(90)。意業之修持爲，繫念數息，觀四大、六塵及五陰，畢竟不可得，一一皆入如實之際。此法雖以禮拜西方三聖爲主，但在《止觀》文句中，卻無任何「往生西方淨土」的字眼與涵意，反而是以空觀爲本，所以不可與淨土法門混爲一談。本法之修持期限爲三七（二十一）日或七七（四十九）日，但都要以六齋日爲首日。於一日一中，僅午前、初夜實施上述方法，餘時坐禪、禮佛則依常規。

本法可以說是融合了方等與法華兩種懺法的行儀，又可與道場中日常禪禮合併實施，有相當大的彈性，所以在《止觀》中，說它是「

---

(89) 《輔行》卷二之二，《大正藏》卷四六，頁 193 下。

(90) 「四行偈」之偈文，《止觀》與《百錄》中均不載，可參閱《輔行》卷二之二，《大正藏》卷四六，頁 194 上。三陀羅尼爲: 銷伏毒害陀羅尼、破惡業陀羅尼、六字章句陀羅尼。

上三不攝」，而列在非行非坐之中，其實則是包含了行與坐。因爲修持本法僅在午前與初夜，而不須以整日的時間行之，所以也非常適合社會上無法專修的在家居士，讓他們在日常工作之餘，可利用每日早晚的時間來修持。

(2) 約三性：善、惡、無記

以上乃約諸經而論三昧，可稱之爲「諸經觀」，以下爲約善、惡、無記三性而論三昧，可稱之爲「三性觀」。三性觀之旨趣爲，在行住坐臥語默動靜之中，於六塵六識上所起之善、惡、無記等心念，以四運推檢而成一心三觀。換言之，此非行非坐三昧之心要，就是建立在四運推檢之觀法上面。如《止觀》中所說：

> 先分別四運，次歷眾善。初明四運者，夫心識無形，不可見；約四相分別，謂未念、欲念、念、念已。未念，名心未起；欲念，名心欲起；念，名正緣境住；念已，名緣境謝。若能了達此四，卽入一相無相。[91]

心念之相有四：未念、欲念、念、念已，稱爲四運；運者動也，即從未念至欲念，從欲念至正念，從正念至念已。能了達此四相皆空，即是悟入一相無相之門徑，是故智顗在《止觀》中，費了不少唇舌以解釋四運推檢，可謂用心深遠。

通常所謂觀心，大都僅著重於觀照已生起之心念，認爲它是虛妄的，而鮮少觀照未生起以及已滅卻之心念，也不認爲它是虛妄的。再者，一般常說「不怕念頭起，只怕覺照遲」，是防已生起之惡念，而不防未生起之惡念。然而以四運推檢的立場觀之，以上兩者皆是斬草

---

[91] 《止觀》卷二上，《大正藏》卷四六，頁15中。

未除根，春風吹又生。湛然在《輔行》中，對此片面之觀法，有如下之批評:

> 又為世人多謂，生心為妄，須觀，滅心非妄，都不觀之，謂為無生，謬之甚也。（中略）如人防火，一切俱防；若但防發，不防未發，必為未發之火所燒。觀已未心，實為防於欲生、正生。無生觀人，但知觀於正起之心，令心不起，不知觀於未起之心，心體本無；無既本無，起亦非起。[92]

而此四運觀法，非僅觀照當下正起之念，而是推檢從「未念」至「欲念」、從「欲念」至「正念」、從「正念」至「念已」，並且觀察「未念、欲念、念、念已」此四種心相，了不可得；可說是一網打盡，這也是本法之一大特色。

行者既已了知心有四相，則於隨心所起之善、惡、無記等念，應用四運推檢，反照觀察。《止觀》文中首先論善念之觀法，因善事眾多，且以六度爲綱目。以檀（布施）波羅蜜爲例，須捨六受（即六根受六塵，如眼受色、耳受聲，乃至意緣法）及運六作（即行住坐臥、語默、作作），共有十二事。換言之，於行者行布施時，以此十二事爲觀境。此中觀法又再分爲兩種，其一爲以六波羅蜜爲綱目，一一各歷此十二事而論；其二爲以此十二事爲綱目，一一各論六波羅蜜，此二種觀法皆是以四運心相爲觀境，以四運推檢爲觀門。

先解釋第一種觀法，以行者行布施爲例，初於眼受色時，「未見、欲見、見、見已」等四運心，皆不可見，而「不可見」亦不可

---

[92] 《輔行》卷二之二，《大正藏》卷四六，頁197中。

得。「觀塵非塵，於塵無受；觀根非根，於己無著；觀人叵得，亦無受者；三事皆空，名檀波羅蜜。」次於耳受聲時，推檢四運心，皆不可得，亦不見不可得，無施無受無人，三事皆空。再次於鼻受香等等，以此類推，乃至語默、作作時，亦如上法觀之，如是歷此十二事，觀論檀波羅蜜究竟。其餘五波羅蜜亦如上述之觀法，一一分別歷此十二事，以四運心，種種推檢，不得所起之心，亦不得能觀之心。

第二種觀法，以六作中之「行」爲例，行者先於「行」中，觀論六度；先觀行中檀，次觀行中尸（持戒），再觀行中忍、行中精進、行中禪、行中般若，如是於行中論六度竟。次於「住」中觀論六度，先觀住中檀，次觀住中尸，乃至觀住中般若，如是於住中論六度竟。再次於「坐、臥、語默、作作」中，再次於「眼見色，乃至意緣法」中，一一各論六度，悉以四運推檢，於塵不起受者，於緣不生作者。

對於諸惡念之觀法，則是以三毒：貪、瞋、癡爲綱目，歷六受六作十二事，以四運心推檢。至於無記心之觀法，原則亦如上述，歷十二事，四運推檢，因限於篇幅，不再詳論。

前述三種三昧均爲偏於實相之理觀，僅此非行非坐三昧通於理事二觀，這也是本法之另一特色。然而由上述以六度爲經緯之兩種觀法的內容來看，此三昧雖有「隨自意」之名稱，但絕非隨心所欲無有章法，而是層次井然，甚至可說是相當嚴密的觀法。如《止觀》中所說：「六度宛然相成，如披甲入陣，不可不密。」[93]因此若要實際修習此二種觀法，雖然名爲歷事，實亦會理，並不見得比前述三種三昧容易入手。再加上其中有「諸惡」之觀法，因此智顗在《止觀》文中，爲防護鈍根行者，於此三昧，不但無勸修之言，反而有警惕之

---

[93] 《止觀》卷二下，《大正藏》卷四六，頁17中。

語，文曰:「隨自意，和光入惡，一往則易，宜須誡忌。」[94]

以上爲四種三昧之修法大要，藉此討論我們可以一覽天台禪法之面貌。或許有人要問，爲什麼智顗要說四種三昧（實際上不只四種），如此繁瑣的禪法，難道沒有簡潔一點的法門嗎？在《止觀》文中，針對此一疑惑，有一段問答如下:

> 問：中道正觀，以一其心，行用即足，何須紛紜四種三昧、歷諸善惡、經十二事？水濁珠昏，風多浪鼓，何益於澄靜耶？
>
> 答：譬如貧窮人，得少便為足，更不願好者。若一種觀心；心若種種，當奈之何？此則自行為失。若用化他，他之根性，舛互不同；一人煩惱，已自無量，何況多人？譬如藥師，集一切藥，擬一切病。一種病人，須一種藥，治一種病；而怪藥師多藥，汝問似是？[95]

問者是以理非事，謂理觀一行即足，何須種種事儀紛擾；答者責其不知理觀雖一，而機應不同，故須種種事儀，以爲方便對治，助修成觀。譬如藥師應病與藥，就是因爲眾生煩惱無量，爲對治故，所以法門亦無量。就教學的立場而言，智顗爲後學行人，立此四種三昧的設想，可謂完備而周到。再者，行者只須就自己的根基與性向，選擇一種三昧法門，身體力行，持之以恆，即可與道法相應，並不須四種三昧全部都要修持。譬如病人只須服用對症之藥，即可治病，而不須要同時服用藥師全部的藥。就以智顗本人來說，早年在大賢山修方等懺法，爾後到大蘇山行法華三昧，前後都是一門深入，並未夾雜數種

[94] 同上卷，頁19中。
[95] 同上卷，頁19中～下。

法門於一時。

七、結　論

智顗禪法之教學，由金陵之專唱禪波羅蜜，乃至天台山之雙弘止觀，不惟是戒定慧三學具足，同時也是身口意三業相應。智顗不但融合禪坐、經行、禮佛、懺悔、誦經、持咒、念佛、觀想等等行法於四種三昧之中，而且理事圓融，動靜合宜，可謂千古獨步。

張澄基（1920～1988年）在其所著的《佛學今詮》一書中，針對天台止觀，有一段評論。他說智顗之《小止觀》、《六妙法門》、甚至於《摩訶止觀》，所講之觀法，多爲義理之學，似無實修般若慧觀之具體辦法。《小止觀》及《六妙法門》二書對觀法尙較簡練，但他認爲不過是一種「思惟修」的辦法，不能說是般若深觀，單刀直入，離言詮境界之實修口訣。他認爲大乘佛法中，除了禪宗及無上密宗有實地的修習般若深觀之口訣，確實能使行者「上得了手」以外，其他各宗，連中觀派亦在內，講般若的道理可以頭頭是道，但坐上蒲團這一套道理就全不濟事，與實修般若幾乎是全不相干的[96]。

筆者對無上密宗所知有限，不敢妄加評論，但對禪宗與天台，則稍有不同的看法。張文中所說的「單刀直入，離言詮境界之實修口訣」，因未舉實例說明，故無法確定究竟所指爲何。但觀乎禪宗祖師之接引後學，如臨濟之四賓主、四料簡、三玄三要、全機大用；曹洞之正偏相資、君臣五位、四賓主等門庭設施，應該够資格列入「單刀直入，離言詮境界之實修口訣」。但是我很懷疑這些口訣，「確實能

---

[96] 張澄基著，《佛學今詮》上册，第五章〈禪定瑜伽論〉，頁319～320。

使行者上得了手」？倘若眞如張文所言，禪宗口訣「確實能使行者上得了手」的話，宗門教學也不至於到後來演變爲參話頭，甚至於到禪淨雙修的地步。

古來確實有不少禪林行者，是在祖師之揚眉瞬目、棒喝指點下悟道的，因此我並不否認修證口訣的存在與效用。然而禪宗之教學，尤其是臨濟宗風，最重機緣，因此愈是犀利，愈是離言詮境界之實修口訣，愈有其時節因緣的侷限性，除非行者身臨其境，否則其效用很難源遠流長。「世尊拈花，迦葉微笑」，即使是史實，千古也只能一現，無法重演，時節因緣不再故爾。臨濟四料簡，在一千一百多年後的今日讀來，絕大部分的人都是如墮五里霧中，如果勉強以文理析之，卻又落入言詮境界而失其玄旨。因此，若非身體力行，又再親蒙指授，即使得了口訣，恐怕也有如從未蹲過馬步的門外漢，得了一本武林秘笈，根本上不了手。

張文中說《小止觀》、《六妙法門》、甚至《摩訶止觀》，所講之觀法，多爲義理之學，似無實修般若慧觀之具體辦法。依筆者愚見，未必盡然，四種三昧中，身、口、意三業的行法，難道不算實修之具體辦法嗎？再者，《摩訶止觀》中雖然重視義理的圓融，卻非空談玄理，如二十五方便、十境與十乘觀法，都是扣緊禪定修證的問題而展開，絕非天馬行空，談玄說妙之具文。如果要求更具體的行法，可尋之《禪門口訣》、《方等三昧行法》、《法華三昧懺儀》等篇章。智顗結合禪法與懺法，行道與誦經，念佛與觀想，動靜合宜；既不偏於禪宗之全靠自力，又不偏於淨土之依仗他力，不但具體而且穩當，這也是其高明之處。

智顗開演四種三昧之行法，非爲建立一宗一派之禪法，而是旨在統攝佛教中之一切三昧法門，以提供後學一套完備的修證指南，且能對應各種不同的根基。惜乎後世有不少禪者，受到宗門「呵佛罵祖」的影響太深，一看到禮佛、誦經就以爲是淨土行門，而不屑爲之。殊不知祖師龍樹於各大論中，每篇開宗明義，不是稽首釋迦，就是禮敬諸佛。而另一方面，又有不少佛子，以懺法爲消災祈福之資，又無般若慧觀之力，而不明天臺寓禪於懺之深義，以致淪爲經懺之流。如何調合這兩個極端，以趨於中道，而又能顯發禪觀，深入三昧，則是今後有志修禪者，所應努力的方向。

禪話傳統中的敍事與修辭結構*

史帝夫·海因

(Steven Heine)

呂 凱 文 譯

一、導論：禪學文獻中的文類

這篇論文的目的在於檢視禪學文獻中，以「機緣問答」(transmission or satori dialogues) 作爲基礎的主要文類裏……包括傳燈錄，高僧傳，語錄和公案……關於口傳和文本層面之間的關係。本文的方法學則是援用「言談分析」(discourse analysis) ……亦即是一種透過後現代文學批評理論底範疇的分析，諸如互爲文本性 (intert-

* 作者自註：這篇論文首次是在一九九一年十一月美國宗教學會年會 (the national meeting of the American Academy of Religion, November 1991) 中「口傳文本和文脈」(Oral Texts and Contexts) 小組上提出。這裏邊的一些資料同時也以修正的形式發表在〈道元和公案傳統〉Steven Heine, Dôgen and the Kôan Tradition: A Tale of Two Shôbôgenzô Texts (Albany: SUNY Press, 1993) 和〈歷史，超歷史和敍事的歷史〉("History, Transhistory and Narrative History: A Postmodern View of Nishitami's Philosophy of Zen,") *Philosophy East and West*, 44/2 (1994)

extuality)，文類批評， 敍事理論和修辭學或比喩結構等等， 強調在思想的詮釋傳統上，言談（discourse）所扮演之角色的方法❶。我們接下來將說明在宋代的禪學作品，傾向於把唐代禪師們對話的原初口傳脈絡，予以取代或誤置，他們之所以這麼做，乃是爲了創造一種獨特的結合，即是把敍事的（或神話的），和修辭的（或去神話的）結構成份，以自我反省的批判方式結合在一起。

剛剛我們提到的前三種禪學文類乃是編年史，它們主要是以歷史和傳記的形式來表達：傳燈錄追溯學派譜系，自七古佛及釋迦牟尼佛以精緻的古典風格，展開了禪宗的歷史；高僧傳則是從歷史編集的觀點來處理主要禪師和其他僧侶的事蹟；至於語錄，則是著重於更爲質樸且日常對話的形式，展示每位著名禪師的生平和教學❷。然而諸如

---

❶ 這方式是受到許多後現代主義者的影響，包括巴特（Barthes）傅柯（Foucault），李歐塔（Lyotard），泰勒（Taylor）和懷特（White）（這些作品下面會提及），以及也似乎類似梅·史特柏格（Meir Sternberg）在《聖經的敍事詩》（*The Poetics of Biblical Narrative*, Bloomington: Indiana University Press, 1986），15.……所描述者。在梅·史特柏格論及聖經批判理論的作品中，他把「資料導向分析」（主要是處理一般歷史和社會學科的課題）和「言談導向分析」（主要以文學和文本的詮釋問題爲焦點，相似於傅柯所謂的「實效歷史」），兩者之間作一重要的區別，而這個區別也可以適用於其它聖經（包括禪）的傳統。特別是關於禪學文類批評之地位的討論，可以參考〈禪是否有歷史的意識性〉……John Maraldo, "Is There Historical Consciousness Within Ch'an," *Japanese Journal of Religious Studies*, 12/2-3（1985），141-72.

❷ 一如威廉（William F. Powell）在 "The Record of Tung-shan"（Honolulu: University of Hawaii Press, 1986），5.所引及：「《景德傳燈錄》的古典形式之文類，幾乎都強烈地對比於那早期文本的質樸與口傳的形式，因而讀起來比較不像是眞正對話的記錄」。此外，達樂·萊特（Dale Wright）提到語錄的形式，「他們把時代中的俗語從其特殊的表現中加以曲解。他們以不同的方式來表達相同的語言，爲了去解消深鉗於其中的規範和基礎。」（見於 "The Discourse of Awakening: Rhetorical Practice in Classical Ch'an Buddhism", *forthcoming in the Journal of the American Academy of Religion*）.

《碧巖錄》和《無門關》之類的公案，主要是以理論的，兼以散文和詩的評論方式來照明具有典範性逸聞的教育意義；雖然道元的《正法眼藏》有時是被視爲反對公案和主張坐禪，但是它亦可代表公案文類的一種，提供以理論主題爲主的哲學討論，而非以一般熟知之案例爲主。一如柳田聖山指出，構成禪學文類的單位是機緣問答……一種最初是見於馬祖教導的自發性接觸；在此一教導中，得道禪師以一種怪誕的技巧來把弟子心中概念的執著予以揭示和超克，其方法多藉由戲語、弔詭、無結論或者某些像德山和臨濟之「棒喝」的非語言手法❸。

禪學裏，師徒對話是以口傳爲主要模式，經由此一模式才會有後來的經典集成。然而，在一些宗教傳統裏，師徒之間的對話似乎只是一種零碎和片斷的自發性表達，一旦此種表達被寫定爲較巨大或厚重的書寫文本時，即失去了原有的面目。如此一來，對話的溝通模式反而被那些用來展現對話的文類所誤，從而導致了佚失和誤置。當代的哲學詮釋學所需要的，乃是一種文本的／文本際的(textual/contextual)考古學，它可以挖掘和清理出那些尚未被人們完全掌握的基源題材之基礎。只要在公案和公案集成的文類中，藉由這一傳統自身所運用過的且呈現過高潮的考古學，那麼顯而易見的是，禪學文獻也將適用於這模式。

許多當代的禪學經典解說者，他們的說明是以禪學在禪學史上的

---

❸ 柳田聖山，《中國和西藏的早期禪學》"The Recorded Sayings' Texts of Chinese Ch'an Buddhism," in *Early Ch'an in China and Tibet* (Berkely: Buddhist Studies Series, 1983), 185-205。或許禪話是受到新道家的影響，一如亞塞 (Arthur F. Wright) 之《佛教在中國歷史》(*Buddhism in Chinese History*, Stanford: Stanford University Press, 1959), 46. 所提到的，會話或口語最後「從一思辨的工具轉而變成一沒落且幻滅的高貴娛樂」。

呈現爲基礎，同時在忠於禪學史的要求下，以下述的方式來追溯對話和公案之間的關係：一般說來，機緣問答是歸於唐朝（八、九世紀）的大師。這種禪話是簡短的、暗示的和隱喻的對話，它不同於蘇格拉底似的對話以持續、複雜和辯證的方式進行。而且大部分的禪話是被匯集在宋初時期龐大的編年史中（即十、十一世紀中的語錄、高僧傳和傳燈錄）。這些禪話的風格是相當神話性，而且這種神秘化的方法也著實令人困惑，因爲它似乎和禪師們的教導相矛盾，甚至是違背禪師們說法的眞確性；這些用來開示人們證悟的說法和教導，乃是以具體的事相來表達，諸如「山是山，水是水」，「挑水伐木即妙道」，「累了就睡，餓了就吃」和「平常心是佛」。其後，宋末時期（十二、十三世紀）這些去神話化的對話，被人們從龐大的編年史文書中抽取出來，並且成爲公案的「古則」而獲得重要性。至於，禪話和公案之間思想和風格的關聯，則是反映了禪的頓悟解脫學和反傳統的知識論。因此，文獻的歷史發展可以說必然涉及到濃縮和精簡的過程，也正因爲如此，冗長的編年史才能在公案集成中被濃縮，而作爲一種重新掘發被誤置之精要禪話的方法。一如羅勃·包士威爾（Robert Buswell）所主張，「（公案……內觀禪）可以看作禪學長期發展過程中的高峰，其中頓發的修辭轉爲教導的功能，而終於成就實踐。」❹禪學此一濃縮精簡的過程，在大慧的運用下以最「精要」的手法，

---

❹ 包士威爾（Robert E. Buswell, Jr.），"The Short-cut' Approach of K'anhua Meditation: The Evolution of a Practical Subitism in Chinese Ch'an Buddhism," in *Sudden and Gradual: Approaches to Enlightenment in Chinese Thought*, *ed.* Peter N. Gregory (Honolulu: University of Hawaii Press, 1987), 322.（關於公案傳統發展的理論，儘管我有些不贊同他的看法，但是包士威爾的優秀研究已大大地影響我對這一禪宗史時期的理解。）而公案傳統的發展可見於 Furuta Shokin 的「關於公案歷史的發展形態之眞理性的問題」〈佛教的根本眞理〉，宮本正尊編輯，（東京：三省堂），807-40.

達到它最後的階段；大慧對於韓國和日本臨濟宗的興起具有重要的地位，他所引述的「話頭」有時只是包含一個單字或單語，就像眞宗的「無」❺。

然而我將論證的是，這種禪學文獻的目的論解釋多少是有些誤導的，因爲它很容易就忽略了編年史和公案集成之間深刻的互爲文本性，而且它們都共有那同一汪洋無盡的逸聞、對話和傳說。這些文類並沒有按照一定的順序來發展……亦即按照對話起先佚失了，然後再尋回的邏輯來發展。而是，每一種文類的主要例子都幾乎是在相同的時間內形成，概括說來，大約是在宋初時期；至於，所謂的唐代禪話（雖不一定是全部）則可能是後來所創造而形成的敍事體，以提供會昌法難（西元八四五年）後的主要宗派領袖之合法化和理想化的基礎❻。猶如傅柯（Foucault）等人指出，言談模式是離不開爭取權力

---

❺ 要言之，臨濟禪在日本有三個主要的成果，包括「轉語」(tengo) 和「著語」(Jakugo) 的技巧，這種技巧使公案的用語簡潔有力，以及引述 satori poems” (tokinoge) 和 “death verses” (yuige) 的使用。可參見 *The introduction in Soiku Shigematsu, trans.*, *Zen Forest: Sayings of the Masterse* (New York and Tokyo: Weatherhill, 1981), 3-31.

❻ 關於會昌法難的來龍去脈，可參見史坦力・韋恩斯坦 (Stanely Weinstein),《佛教在唐朝》(*Buddhism Under the T'ang*, Cambridge: Cambridge University Press, 1987), 114-36; 和海力・度莫林 (Heinrich Dumoulin),《禪宗》(*Zen Buddhism: A History*, New York: Macmillian, 1988) I, 211-13. 此外，陳觀勝的《佛教在中國: 歷史的省察》(*Buddhism in China: A Historical Survey*, Princeton University Press, 1964), 363-64.，也討論禪宗爲何和如何是存留的宗派。

和認同，而且傳統時常「揑造」(invent) 自身的背景❼。我將進一步指出，這些文類是以互補互存的方法來組織一般的題材：編年史透過標準的神話題材，即行腳參訪、預言和授記法會，把著名禪師的生涯創造成傳奇化的故事，藉此建立起代代相傳的傳承性；而公案集成則是側重比喩結構的特質，透過禪師所使用具有顚覆性的去神話化方法，以超克所有戲論的、名言假立的思維。特別是關於菩提達摩的傳說和著名的「皮、肉、骨和髓」對話，這篇文章也將分析這些原初對話之禪學文獻中的主要反諷或問題：這些反諷或問題有時看起來是相當龐雜，但是簡而言之，則是關於禪學把禪師的去神話化能力予以神話化……而禪師的去神話化能力則是經由對談的機會 教育中 表現出來。

二、歷史性和敍事史

在這單元，我將按照禪學編年史的發展，來討論神話史和敍事史之間的歷史性角色。首先，讓我們看看一般目的論的觀點，此一觀點認爲禪話和公案的歷史可以區分爲五個階段。第一個階段是關涉到菩提達摩和慧能的傳承概略，在這階段中，這些屬於始祖（達摩）和六

❼ 參見傅柯，《事物的秩序》……Michel Foucault, *The Order of Things: An Archaeology of The Human Sciences* (New York: Vintage, 1970)；和《眞理與權力》(*Truth and Power*) A Foucault Reader, ed. Paul Rabinow (New York: Pantheon, 1984), 74. 他說：「眞理，是爲了商品、規律、分配、流通和聲明的運作，而作爲一秩序過程的系統來被人了解。」此外，也參見艾里克 (Eric Habsbawn) 和特瑞司 (Terence Ranger) 所編輯的《傳統之揑造》(*The Invention of Tradition*, (Cambridge: Cambridge University Press, 1983).

祖（慧能）的經典或多或少都以漫談的形式出現，同時這些經典早在禪話之前就存在，所以這些早期大師們的遭遇以及用來開示弟子的智慧與謀略也早已爲人所知。他們的智慧與謀略兩者皆展示出一種具有巧妙戲語和充滿誘導之弔詭言說的洞察力❽，第二個階段涵蓋了馬祖的傳承，包括在第八、九世紀時的臨濟和趙州，以及另一起源於德山和雲門的支線。依照他們所整理的語錄來看，這些唐代大師所要尋求的乃是要去掌握住佛教的活句（living word），並且透過自發性和當時情境的教誨，來解脫「那些因爲依賴於某些既定宗教立場而變得麻木和宗教冷感的人」❾。在此一般說來，口傳對話具有著逸聞、警語、謎語和諷喻的功能，而且就這功能最鮮明的發生來看，它是透過「頓悟、棒喝、公案，和那些幽默的言詞，及美麗的構想」而得以進行❿。第三階段則是十一世紀裏編年史、高僧傳和其它記錄的出現，在這階段中的資料所使用的禪話不只是種創造性的開悟，它同時也建立了五家禪的譜系和風格。第四個階段是十二和十三世紀時，公案又再度被人們發現，同時禪話的特質也引起廣泛的討論。而最後一個階段則是在十三世紀和稍後時，藉由參「話頭」的運用而剔除掉其它多

---

❽ 在《碧巖錄》和《無門關》中，兩者都有公案在裏面。

❾ 柳田聖山，190，此外也參見朱力安·巴司（Julian pas）所翻譯的《馬祖語錄》。（*The Record Sayings of Ma-tsu*, Lewiston/Queenston: Edwin Mellen, 1987），29.

❿ 吳經雄（John Wu），《禪學的黃金時代》（*The Golden Age of Zen*, Taipei: United, 1975），*52*〔slightly modified〕.（譯按：臺灣商務書局有中譯本，吳怡譯）。他在提及菩提達摩與後期禪師的對比時，討論到此一無特徵。此外，邁克瑞（John McRae）在《頓悟與漸悟》……*Shen-hui and the Teaching of Sudden Enlightenment*, in Sudden and Gradual, 229，也提到對話和公案，他說：「早期禪學文本中，包含一廣大多元的經典內容和實際的戒律和禮儀的過程，而古典的禪學文本關於法會對話的翻寫更是平常，並且他們對於這些充滿困惑的弔詭，明顯的矛盾和不一致行爲的教育小品文相當熱衷……（以及）這裏面充滿了迷惑的選擇、教育和困惑……」。

餘的過程，進而達到最精簡且反傳統的高峰時期，這個時期甚至製造大量的注疏廣泛地討論公案。

然而，以這種順序來看待禪學文獻是有問題的，因爲從歷史的觀點看來，它不但是不精確，同時也是不忠於編年史的敍事學目的，對於此，我們有幾個要點可以破除這一目的論觀點的說法。其中之一乃是，因爲所有的文類早在宋初時期的同一時間內已然繁盛，所以禪學文獻的形成並不必然按照上述順序而產生。但是，就這順序的發展而言，我們似乎也可以看出兩個理由。首先，許多唐代典籍中早已出現的禪話……諸如《寶林傳》（部分佚失了）……它們之所以顯得重要的理由，乃是它們被宋初傳燈錄內之敍事的機緣問答所吸收，並且提供了系統性的運用⑪。宋代可說是以表達形式的多元化而負有盛名，就好比冉雲華先生所道：「我們發現了龐大且空前（歷史的）數目的典籍。」⑫但是當這些典籍以每八年的速度就編纂成一部主要編年史時，相對之下，精確性的要求也就大幅減小；顯然地，此時的禪學正

⑪ 麥克瑞（John McRae），《北禪宗和早期禪宗的形成》（*The Northern School and the Formation of Early Ch'an Buddhism*, Honolulu: University of Hawaii Press, 1986），73-80. 此外，朱力安・巴思在《馬祖語錄》（*The Record Sayings of Ma-tsu*）10-11.（見⑨）也提到「它（《寶林傳》）是部分創造和部分是『史實』的作品，它藉由印度和中國禪宗祖師的許多新舊傳說，來鋪陳出馬祖之前的七佛。而關於馬祖自身角色的說法，無論如何已然迷失了；我們因此也只好依賴那些被假設是以《寶林傳》爲基礎的後來作品」（附帶強調）。陳觀勝寫道（p. 356）：「標準的禪宗史，《景德傳燈錄》，它幾乎是在這事件四個世紀後寫成的，並且在那中間許多的禪傳說中，它一定已經被改造和加入許多理由。」

⑫ 冉雲華（Yün-Hua Jan），Buddhist Historiography in Sung China," *Zeitschrift der Deutschen Morgenlhandischen Gesellschaft*, 114（1964），362. 柳田聖山在《初期禪宗思想的研究》（Kyoto: Hôzôkan, 1967）中，也小心地追溯這段歷史的過程。

忙碌於創造自身的歷史背景⑬。然而，大部分的編年史是由杜撰和傳說所組成，經由追溯到著名宗祖們的事蹟來把虛構的情節視爲事實。對於這一點，菲立普・央波斯基（Philip Yampolsky）透過論證把禪學編年史中，關於歷史的處理方式作一總結：「在歷史的塑造中，精確性並不被人們加以考量……這早已是爲人所知的小小事實，或許這一事實也能被人形塑成動人的故事，但是這樣的故事充滿了疑點、脫節和矛盾……（以及）幾乎可確定是不眞實。」⑭此外，就時代的另一面向而言，另外一個可以把這目的論的歷史順序視爲合理的理由是：像《碧巖錄》這類著名的公案，大約是在最初傳燈錄形成後的一百五十年左右完成；但是圓悟的典籍卻是以雪竇所著的一世紀之久的記錄爲基礎，因此就這看來，事實上最早公案的編集是在同一時間內被收編在一起，因而成爲最早也是最著名的傳燈錄⑮。而且，所有的文類在整個宋代和之前早已不斷形成。

這種被當代某些學者所接受的禪學史目的論模式是值得存疑的，就像尼采（Nietzsch）和傅柯（Foucault）所指出，這種模式暴露了當代的趨勢，認爲歷史將會按照可認知的模式，邁向既定的目的。當代的目的論方法，是把分散在不同編年史資料中，關於禪師事蹟的斷簡殘篇予以拼湊，重新建構出禪師的生涯。因此，這樣的方法是傾向

⑬ 舉個例子，朱力安・巴思（見⑨）提到：「這些（印度的法會對話）例子是從禪學歷史中獲得，它們是在馬祖之後的時代裏寫就的，同時是典型的中文。依據柳田聖山所言，我們可以結論出所有那些被傳達的相同故事，有關於禪師的逸聞乃屬於馬祖的學派，同時他們的記錄在馬祖的時代才有。」此外，冉雲華提及到其他的佛教宗派，反對並勸止禪宗「停止說謊」。

⑭ 央波斯基（Philip B. Yampolsky）所譯的《六祖壇經》（*The Platform Sutra of the Sixth Patriach*, New York: Columbia University Press, 1967），4-5.

⑮ 這是 Funyôroku；參見度莫林（Dumoulin）I，246.（見⑥）

於依賴禪學傳統的內部資料⑯;然而，禪學傳統在表達它們自身歷史的一定見解時，往往已經攙入了某些思想在裏面。如此一來，這些接觸原典的禪學史學者，他們反而從宗派的資料中接受了某些未經批判的詮釋線索。（特別是關於日本和韓國臨濟宗的資料；對他們而言，在禪話和公案裏藉由參話頭所帶來的反傳統和頓悟之觀點，早已被視爲標準。）此外，接受目的論的歷史學者有時也接受禪學裏由神話和歷史所混合的說法，同時他們也藉之來回應與強化約翰・邁克瑞（John McRae）所標示的：處理禪師們傳承的「串珠」方法。邁克瑞這般寫道：「這些以禪宗祖師自身的傳記和教學所創造組成的生平概略，實在很像是一串由相同念珠所組成的項鍊。但是，從歷史的觀點來看，我們可以發現這些念珠是虛構的，同時，項鍊也不外乎是種方便的說法。第七世紀裏這些早已爲我們所知的（禪學）是無以爲知的，即使是透過第八世紀或之後的視野來檢視，我們也依然無法如實地加以掌握。」⑰因此，一旦我們忽略了編年史內敍事風格的意義時，那麼「串珠」的方法便把虛構的歷史觀點視爲理所當然，進而把仍被存疑的禪師之間的自發性對話，記載於編年史內。

從目的論或順序的觀點來看，編年史的神話性質是可以略而不談，因爲它是造成公案去神話化地位的必然階段，就像是跳板似的，它同時是引導前進與妨礙自身的障礙之一。禪學的編年史不只是淩越與違背一般的常識，而且禪學的編年史經常是以預言和神諭，天啟和

⑯ 見 Foucault's essay on Nietzsche and "effective history," "Nietzsche, Genealogy, History," *A Foucault Reader*, 76～100.

⑰ McRae ,"The Story of Early Ch'an," in Zen: Tradition and Transition, ed. Kenneth Kraft (New York: Grove, 1988), 138～39.（另一個依照「串珠」方式的研究，可參見吳經雄的《禪學的黃金時代》。

預兆，預感和命定以及本覺和授記法會爲基礎……這些題材似乎完全與禪師們具體且一致的本意相違背……並且替他們的說明加以合理化和合法化。（在另一方面，公案加深與去神話化的關聯時，不可避免地會使用到許多相似的神話或民間故事，就好比百丈禪師在夢境中遇見和尚的例子，以及狐狸的化身和有兩條靈魂的女人能化身於不同地方的例子。）⑱關於這一點，當代中受到柳田聖山所影響的研究者，已經對這些資料進行分析，同時也對這些禪宗祖師的神聖化形象加以質疑；因此，像是菩提達摩和慧能的背景之歷史性就有人提出質疑。舉個例子來說，像 Takayuki Nagashima 就辯稱他已經證明了慧能並「不存在」，他認爲六祖的地位只是一種「象徵」⑲。

然而有好多質疑忽略了言談分析的主要問題：亦即這些禪學文獻裏，禪話自身的傳說所蘊涵的文學結構和功能是什麼？由於在口傳之初和文本寫成的時間上有一段距離，因此某些學者認爲宋代作品……包括了編年史和具有創造性的公案……是一種沒落的表徵，也是一種期盼著回歸舊時逝去光景的鄉愁。而其他的學者則是把宋代詮釋爲一個「黃金時代」……一個綜合了前一時代中不同學說，進而能够眞正創造之時代⑳，至於第三種看法，則是借用實證主義或解構主義的觀點，認爲宋代的作品是在一發明的，或者是奇想地回憶的時代中寫成，而那個時代乃是一個本質上遺忘了傳統的時代……但是這一個在編年史中所描述的傳統，卻也許存在但也許不曾存在過。

當我們面臨這一處於事實和杜撰，神話和歷史，護教和懷疑之間

---

⑱ 《無門關》第二十，三十五則。

⑲ Takayuki Nagashima, *Truth and Fabrications in Religion* (London: Arthur Probsthain, 1978), 327。

⑳ 關於「黃金時代」的爭論可參見 Buswell，359（註 8）

困境時，倒是有一條路可以跳脫開來，那就是不要以實際的歷史來分析禪學，而是以文獻史來分析禪學，約翰・馬拉度（John Maraldo）如是說道，這個方法「是著重於文獻模式的發展上，並且也避免對他們自家說法和實際史實的說法加以認定……（這好比說是）文獻模式乃是決定語言形式同一性的標準。」㉑因此，對於歷史學者而言，這一問題看起來便成爲一個既非肯定或否定禪學傳說之歷史性的問題，而是一個旨在於發現禪學精緻文化下，關於「精神理念」或「宗教典範」的問題㉒。一如柳田聖山在其有關於機緣問答文獻的主要著作中，他強烈地主張：除非研究者能够同感並且深入編年史當時運作的「宗教說話的」情境中，否則這種禪學史的疑古研究是不够的㉓。然而，如果我們從文獻的觀點對敍事和書寫的關係加以考量，那麼這裏的問題並不是如何界定出古典和後古典時期的問題，也不是關於文本在歷史認定上是否正確性能被肯定或否定的問題。而是在於，文學批評或言談分析的目的：乃是用來顯示出在對話和編年史中，介於眞理和方法之間的明顯矛盾是可以藉由不同方法的分析來加以解決；縱然這些文類已經掌握住禪話的要素，（並且／或者）深思熟慮地予以誤置在較大的文獻結構之宗教象徵主義脈絡中。

三、關於菩提達摩傳說與對話的敍事學和比喻學

現今的問題是：編年史裏這些精緻的、系統的、神話化的敍事，

㉑ Maraldo，160～61。

㉒ Bernard Faure, "Bodhidharma as Textual and Religious Paradigm," *History of Religions*, 25/3（1986），187～98.

㉓ 柳田聖山，17～18。此外，在 Maraldo，154. 也提到。

和對話與公案裏這些具體的、逸聞的、去神話化的話語，兩者之間相互關連的目的是什麼？在這單元，我將反對一般目的論的觀點，這種目的論的觀點認爲我們可以把編年史視爲一任意處理的基本資料，它可以用來提供對話的題材，與此相對的，我所主張的乃是：對話是爲著編年史而服務，亦即人們可以透過對話所作用而成的基本文學單位，然後加以精心細鑿，並且從中選擇來促進與改善敍事結構。這個方法的關鍵是在於，如何分析對話在兩個不可分開的層面上運作：一個是從較大的敍事學結構提出宏觀的（或廣泛的）層面，另一個則從比喻學結構之微觀的（或密集的）層面，把語言實況往來的說話面貌予以分析。

如果對話和敍事是密切地相關連而不是相對反，那麼我們首先必須從表達的模式來考量敍事神話化的意義。一如達樂·萊特（Dale Wright）所宣稱㉔，禪學編年史的敍事對於歷史的處理方法，不見得就是種缺陷或弱點，相對的，它反而能突顯出一種深思熟慮的判定，而這一判定可以就禪宗學統和傳承的意義來發現最爲適當的互動模式。並不是我們找不到更好的方法才選用敍事來記錄歷史，而是一如李歐塔（Jean-Paul Lyotard）所言，因爲它是一種言談的模式，就正確的溝通而言，它比起科學知識的說明更能使聽眾信服和廣傳。敍事是藉由言說和文字的運用來轉化門徒的智慧，所以敍事是一種教育；此外，就敍事吸引住讀者的投入這點來看，就好比置身於禪宗祖師們的時代一樣，一一地反映出重大事件的來龍去脈，所以敍事是種

㉔ Dale Wright, "Historical Understanding in the Ch'an Transmission Narratives," presented at the 1990 annual meeting of the American Academy of Religion in New Orlean, Wright 細心地指出：禪宗學統和法統的意義乃是受到傳統中國祖先崇拜的模式所影響。

事件記錄 (transactional)㉕。關於這點，羅蘭・巴特 (Roland Barthes) 曾經藉由描寫作者 (即文本之「寫作地」層面者) 所喚起的互動性和親密性，和讀者 (或「閱讀地」層面者) 愉快地閱讀而參與了「文本之樂趣」，進一步強調事件記錄的要素㉖。

近來敍事理論的研究指出，敍事結構的產生有幾個主要的因素。這個由一基本文學單位或文章核心所組成的敍事結構，是在 (至少) 兩個較高較複雜的層面 (一個是從特徵發展所組成的層面，另一個是由所有的計畫和主題所組成的層面) 的重要主題衝突下予以綜合，同時透過時間的重新整編，進而把關於關鍵的頓悟時刻之過去、現在和未來的不可分開性和超越傳承性加以掌握㉗。在禪學編年史中，機緣問答……即禪對話，乃是「重要的演出」(preeminent enactment)，因爲它不僅只是說話更是包含了展示……㉘對於敍事的複雜性而言，它的作用好比是觸媒般的基元或核心，因爲在綜合的層面上，首先編年史乃是個別禪師們獨特的開悟經驗，一如在語錄中所鋪陳者；其次編年史乃是禪師與禪師之間機緣問答的制式過程，即從亙古到目前傳燈錄所描述者，因此，編年史藉由對話來把生涯平凡的禪師之傳承加以神話化和聖學化，然而如此一來，這一整個英雄般任務的過程儀

㉕ Jean-Francois Lyotard, *The Postmodern Condition: A Report on Knowledge* (Minneapolis: University of Minnesota Press, 1984), 19-22.

㉖ Roland Barthes, *The Pleasure of the Text* (New York: Noonday, 1975). Foucault 也以相似的方法在 "What is an Author?" 中討論「作者的功能」，參見 *A Foucault Reader, 108f.*

㉗ Wallace Martin, *Recent Theories of Narrative* (Ithaca and London: Cornell University Press, 1986), esp. 112f dealing with Tomaschevsky, Barthes, Chatman.

㉘ 這一個受到柏拉圖所影響的觀點，可參見 *Seymour Chatman, Story and Discourse: Narrative Structure in Fiction and Film* (Ithaca and London: Cornell University Press, 1978).

式，卻引起了人們對極限性（liminality）底分析，猶如范・薛涅卜（Van Gennep）、特納（Turner）和坎卜貝爾（Campbell）等人所提示㉙。禪師的故事是從他的出生、背景和教育薰陶展開；也許禪師是出生在世家貴族而且將來也可能顯達，但是他最後還是會爲了精神解脫的緣故選擇了出家修行，一如菩提達摩的例子；此外，禪師的故事也會從卑微的背景開始，一如慧能目不識丁的文盲例子。在宗教追尋的第一個階段，乃是因爲某人對傳統經論的正確解釋有著熱切期盼，但是卻又充滿著困惑和不得其解的無助感，時常因爲經文中的意義太複雜而百思不解；於是這樣的結果便將困境轉變成啟蒙的指引，亦即爲了尋找正確的經師而進行永無止境的追尋㉚。部分的苦惱和困惑乃是因爲只有很少很少的天竺僧老師留下來的緣故。然而，在經過多年的特殊學習和教育後，卻突然出現了戲劇性突破的禪悟經驗，它總是在弟子被一幾乎是輕率地自信以及不可能會犯錯的禪師……他知道如何去解消弟子所執著的念頭，時常使用荒謬的方法，像是當頭棒喝或使用某種不同於一般形式的幽默……羞辱或屈卑到了遠非是希望和無

㉙ 這些關於儀式的過程和英雄主義的理論，通常描述成三個階段：首先，因著機緣或召喚而離開；然後，侷限或跨越過出發點而得以實現；最後，重新又回到社會的脈絡，並且運用了得道之間的體驗。這些例子，可參見 Victor Turner, *The Ritual Process: Structure and Anti-Structure* (Chicago: Aldine, 1969), 94f. 至於，關於敍事和英雄象徵主義之間的關係，Hayden White 寫道，「歷史的敍事不只是歷史之中被報導的事件之重塑而已，它同時也是一個複合的象徵……它可以讓我們在文學傳統的那些事件的結構中，對於整個結構圖像的尋找而言，給我們指示。」可參見 *Tropics of Discourse: Essays in Cultural Criticism* (Baltimore and London: John Hopkins University Press, 1978), 88.

㉚ 關於臨濟和德山之間某些相似點的說明，可參見柳田聖山的 "The Life of Lin-chi I-hsüan," *Eastern Buddhist*, 5/2 (1972), 73.

望，有念和無念之後而產生㉛。當然，這開悟的情況各自不同。舉個例子，德山……一位精通《金剛經》的和尚，他正於尋訪老師的旅途中……首次是被一位賣糕餅的老太婆折服，她從經文中引了一句巧妙的雙關語，折服了德山的學問。在此後不久，當龍潭禪師吹熄燭火時，卻提供德山一條開悟的路，於是德山便頓悟了。敍事的最後階段則是關於新繼承者的繼續追尋，亦即爲其傳承決定適合的繼承者，而此一繼承者的初步認定是需要透過語言（或／和）非語言的往來進行，並且他最後必須是有能力超越老師的人。

在較低的綜合層面中，對話的功能是爲了創造出具體重要的人之處境脈絡，而這脈絡是透過機緣問答所自發而發。對話掌握住解脫時刻，以致於在開悟前後的高潮和低谷轉化下，經驗到了時間性。當這兩位已悟和未悟的參與者，分別表現出證悟和迷惑的無時間性典範時，讀者們也因此設身處地將自身投入這一情境，也就是說，遊戲般地想像如何回答禪師嚴苛的質問，或者如何衡量一個頑強且未開悟的弟子。在某些編年史中，機緣問答的偈或死亡的偈也是另一種簡潔的文獻模式，它們有助於整個故事和敍事的過程，得到綜合的串連。在較高的綜合層面上，編年史的目的是爲了把敍事的內容流傳下來，這些內容分別是以源起、續變的描寫方式，和把禪宗用來轉化佛法的清晰方法之斷續時期，來訴說歷史。如此一來，對話變成是「（時間的）視域融合」的一扇窗㉜；並且，對話在師徒之間也是一個主觀的、以經驗爲基礎的眞實問答表現，而此一表現比起早期菩提達摩透

㉛ 關於禪學問題的一個有趣的當代說明，可參見 Morinaga sôkô, "My struggle to Become a Zen Monk," in *Zen*, 13～29.

㉜ 這一段話見於 Paul Ricoeur, *Time and Narrative* (Chicago and London: University of Chicago Press, 1988) III, 220.

過具體可見的缽來表示，還來得有力量㉝。編年史不承認歷史編集學(historiography)，因爲歷史編集學的觀點認爲：敍事的主要特徵……得道的禪師……並不是實質的存在者，而是一種對於自我發現所反映出來之互爲變動的轉化的可能性。因此，互爲文本性帶我們進入所謂「互爲人格性」的文本關懷，一如伯納·法瑞 (Bernard Faure) 寫道：對於文本而言，英雄「應該被詮釋爲一種文本和宗教的典範，並且不能以歷史的觀點或心理學的本質來加以重構」㉞。根據羅蘭·巴特所言：「『我』不是一先於文本的無辜主體，……這個接近文本的『我』，它自身已是其它文本的多元性，也是那些無限的，或更精確而言，是遺落（其起源是遺落）之信號的多元性。」㉟

上述兩種綜合層面的影響創造出一種傳達訊息的言談模式，特別是關於西元八四五年後中國宗教和文化的訊息，會昌法難之後，細緻的經院主義傳統逐漸沒落，而禪師就像是對話的編年史所描述的，表現出佛法的生活具現，而不用依賴到較高的權威或眞理的根源……諸如經典的詮釋或儀式的效用㊱。此外，在印度傳統中，典型的師徒關

㉝ Maraldo, 165. 此外，Philip B. Yampolsky 也討論到神會以佛法傳承的象徵，來建立起達摩的衣缽，可參見 *The Platform Sutra of the Sixth Patriach* (New York: Columbia University Press, 1967), 27.

㉞ Faure, 190, 這是受到 Foucault "What is an Author?" 的影響。Foucault 寫道：「作者的名字彰顯出特定語言組合的表現，並且指出在一個社會和文化之內言談所處的地位。」(107). 此外，可參見 David Tracy, *Plurality and Ambiguity: Hermeneutics, Religion, Hope* (San Francisco: Haper, 1987), 45; and White, 88f.

㉟ *Roland Barthes, S/Z, trans. Richard Miller* (New York: Hill and Wang, 1974), 10.

㊱ 根據這些禪宗的資料，亦卽這些首先出現於宋朝，且又屬於菩提達摩的資料乃是「教外別傳，不立文字」。這一個「正確的」傳承是與南禪宗相關連，並且南中國乃是佛教長久以來所建基的地方；見 Weinstein, 4.

係更使得禪宗的傳承移轉和繼承獲得信服㊲。這一點使得禪宗能够和三種中國的熱門宗教信仰相競爭。舉個例子，禪宗強調個人修行體證重於經典的學習，這一點同樣是相應於統治階級的理學士大夫之人文態度㊳。還有，關於禪師被神化的傳說中（像是達摩的例子），神諭和庶物崇拜的性質也使得禪宗成爲道教……以仙人爲中心的民間宗教……的對手；並且，對話的公式化和重複的特質是很容易被人記憶和引述，因此這也使得禪宗多了一精神上的策略，能和淨土佛教的念佛相比較。

在文化的形成中，禪的獨立性……也受到道家哲學的影響，特別是莊子所善用的「卮言」……附屬於對話和公案的方式中，試圖去把宗派的英雄人物之歷史神話予以去神話化，或者在神話之言談的建構和解構之間加深兩者的互動。這雙重的趨勢的重要例子是菩提達摩的記載；根據《寶林傳》（八〇一）和其後的編年史所記，菩提達摩是第二十八代的祖師，同時也是中國禪師的始祖。編年史中提到菩提達摩是一國王的第三個兒子，他以一根蘆葦渡過了揚子江，而且他面壁參禪一直到參悟了，一共在山洞裏沈思了九年；此外，他命令最得意的弟子在風雪之中砍掉手臂以表明弟子的決心。在某些版本的傳說中，菩提達摩因爲擁有了神通而被人們神化，這些事蹟包括克服了疾病毒害和死亡。在當代的日本文化，無腿的達摩不倒翁（以坐禪沉思的外形以及省略了手腳的娃娃）意味著好運氣或有神的保護，在達摩

㊲ 關於 guru-sisya 之印度觀點的解釋，可參見 William Cenkner, *A Tradition of Teachers: Sankara and Jagadgurus Today* (Delhi: Motilal, 1983), 15-19 esp.

㊳ 見 Miriam Levering 的論文，"Ch'an Enlightment for Laymen: Ta-hui and the New Religious Culture of the Sung" (Harvard, 1978), on the role of Ta-hui in propogating Rinzai Zen amongst the literate elite.

之後的禪師大部分並不以神通者的手法加以描述，而是以更爲通俗的方式來描述，但是像預言性的夢，受記法會和關於人事的自然符徵……等等神蹟的事件，幾乎是同樣地伴隨著這些禪師的每一階段。

但是禪師的個人典型和教義指導所代表的去神話化的過程，也反映在神話的每一方面。其中比較激進和極端的例子，像是德山把《青龍疏鈔》燒毀，和臨濟所說的「逢佛殺佛」這句話，都對於圖像和聖像的崇拜加以輕蔑。關於菩提達摩的去神話化描述是在他和吳王的會談中提到，這或許可以追溯到神會在七三二年和在一〇〇四年之《景德傳燈錄》時代的說明，而且這傳統的說法已變成了「禪宗傳奇中最普遍且最持久的傳說」㊴。根據這一故事，菩提達摩告訴吳王印製經文和建造寺廟「並無功德」，因爲惟有「廓然無聖」（廣大之空無，無一是神聖），諸如「我（菩提達摩，意即『智慧法』）不識（我自己的名字）」㊵。更甚者，菩提達摩到達中國的傳說也被好幾個公案所涉及的問題，在傳說當中去神話化。這問題是：「如何是祖師西來意？」在《無門關》的第三十七則中，趙州以「庭前柏樹子」的無定論來回答；在《碧巖錄》的第二十則中，兩位禪師（翠微和臨濟）以「西來無意」的否定來反駁；並且在另一個對話中，馬祖以打弟子來回答弟子的問題，而結果是弟子自行開悟爲收場㊶。

在禪對話中，神話和去神話傾向中的關係究竟是什麼？它們是矛盾或是相容的，如果是後者的話，那麼這是經過設計或是偶然產生的？解決這問題的一種方法是去指出一饒富啟發的類比，其一，是菩

㊴ Yampolsky, 27.

㊵ 《碧巖錄》第一則。

㊶ 這最後的情形是引述於 Robert E. Buswell, "Ch'an Hermeneutics: A Korean View," in *Buddhist Heremeneutics*, ed. Donald S. Lopez (Honolulu: University of Hawaii Press, 1988), 238.

提達摩最著名的一段對話……達摩問他四位要競爭成爲傳人的主要弟子之對話……和另一，則是維科（Vico)，肯尼特・柏克（Kenneth Burke）以及最近的海登・懷特（Hayden White）等人對於「四個禪師比喻」的修辭當代分析之間作比較。根據懷特的分析，前面三個禪師的比喻乃是隱喻（metaphor)，轉喻（metanymy）和提喻（synecdoche)，他們藉由對比和連接而建立了同一性；而第四個比喻……反諷，切入了問題並且藉由裏邊設計的類比，進而解消了任何的執著。懷特透過他所謂的譬喻問式的漫談法（the erracstic "diatactial" shifting)，而不是邏輯似的辯證法，來描述言談的進行：「言談模式所表現出來的原始典型，它需要言談的敍事『我』從一經驗層面裏最初的隱喻特徵化中移開來，並且經由（它的基礎的）轉喻法解構，進而到達（介於它表面屬性和它假設的本質之關係的）提喻法表象，最後，到達一不論是相反或對立，都能够合法地以言談表象的第三階段之同一整體，來加以識別的表象㊷。

比喻和比喻之間的運作是很接近懷特所描述的方式，亦即一如菩提達摩要他的弟子以簡潔的話，展示他們所知道的佛法眞諦㊸。第一個弟子（道副）說：「不執文字不離文字而爲道用」。菩提達摩對於這一種以隱喻性的或語言工具性的理解，予以回答：「汝得吾皮」，他暗示著隱喻是具有教育價值，可是基本上還是有限制。第二個弟子（尼總持）說：「我今所解如慶喜見阿閦佛國，一見更不再見。」菩

㊷ White，5. 此外，參見 David E. Klemm, "Toward a Rhetoric of Postmodern Theology: Through Barth and Heidegger," *Journal of the American Academy of Religion IV/3* (1987)，443～69.

㊸ 參見《大藏經》，第五十一册。No. 2076. 此外，道元在《正法眼藏・葛藤品》的詮釋（大部分以趙州之語錄的逸聞爲基礎）反對一般的觀點，道元認爲四個回答都相等，絕沒有偏好沉默而忽略言談。

提達摩認可這一種佛土和無名法的轉喻所連結，而呈現出相似的較深層次。達摩回應說：「汝得吾肉」。第三個弟子（道育）的回答是：「四大本空，五陰非有，而我見處無一法可得。」菩提達摩對於這一種四大和五蘊爲終極實在的提喻法表現，或把部分和整體統一的哲學…… 一種典型的華嚴和天台之整體論（holistic）哲學…… 的回答是：「汝得吾骨」。當第四個弟子（慧可）只是恭敬地禮拜後依位而立，卻不曾開口說話……一種對於前三種的限制性和矛盾性回答的反諷式解消。菩提達摩認同地表達：「汝得吾髓」。

這些對話自我反省地表現出一種需要，亦即使用不同言談模式的需要，而這些言談模式是由適當的（誤解或）理解所組成，或者是由隨機教育上的需要所構成。這種需要和馬祖在「勸小孩子不要哭」時所採取隨機應答的方法是相同的道理，只是馬祖採取哲學的立場來回答；或者，這種需要也和臨濟的說法相同，亦即只是一種「治療疾病」上的需要。菩提達摩的對話包含且助長了神話化和去神話化之間的互動；其中，神話化是由言談模式的隱喻功能所助長，而這種言談模式的隱喻功能是類似於前三種比喻；至於，去神話化則是反映出前面的比喻被第四個比喻反諷地解消。禪師藉著使用不同形式的反諷……諸如含糊，模稜兩可，游離不定，弔詭和謎語……來破因襲，區化出最後一個比喻的破壞性特徵。無論如何，這種經常在禪話中所使用的沉默，表現出一種反諷的方法，並且它不應該以它自身爲目的而被絕對化，反而應該把它當作暫時性之整體策略中的一部分來理解。一如道元在以趙州的註解爲基礎的《正法眼藏・葛藤品》中所評論，關於菩提達摩的四個回答……和這四個比喻……雖然是不同的價値，但都是相等。反諷的目的是爲了解消其它比喻的隱喻化，但是禪學在達到這一個目的的同時，也因此而回到日常生活中的每一具體事相裏，肯定了其中平凡而單純的面貌，就如同這種「見山是山，見水是水」的意境流露[44]。或者，如果我們用後現代的術語來表達，那麼禪學所肯定的平凡面貌乃是表現出「一種從所有形上學中心的固著中，跳脫開來的無邊開放性……（藉著）文本的能指而徹底裂決地自由遊戲……」[45]

四、結論：禪學之口傳性和書寫

總而言之，在禪學文獻的發展中，我們對口傳性角色所作的分析，指出了口傳來源和書寫文本兩者之間，關於歷史連結中的目的論認定，是無法輕易地被論證。究竟是對話被誤解，還是被創造？或許這問題是沒有定論，但是有其它幾個簡要的地方……包括四行偈頌，轉語（turi ng words）和著語（capping words）……以及在公案傳統中出現的口傳性模式（在話頭之後）和今日仍然常用的兩種模式（然而在本文中無法一一分析），是應該提到的。後來口傳的功能之一乃是實行上的特色……不常被記錄……，亦即當弟子回答某一特定公案時，往往會要求他提出有力的論證和詳細的內容，這是因爲正確的答案早已被流通的文本流傳開來，並且爲人所熟知。另外，是說教或提唱的角色，亦即師父爲了方便開示會衆，所以他以當時的處境來詮釋公案，因此經常以書寫的形式來改寫和傳播之說教。無論如何，這

---

[44] 關於「平凡面貌」的隱喻，可參見 Tracy, 92. 至於關於禪的冥想文學，可參見 Heine, "The Flower Blossoms Without Why': Beyond the Heidegger-Kuki Dialogue on Contemplative Language," *Eastern Buddhist* 23/2 (1990), 60～86.

[45] Steve Odin, "Derrida and the Decentered Universe of Chan/Zen Buddhism," *Journal of Chinese Philosophy* 17 (1990), 84.

篇論文已經重點式地檢查書寫形式的對話之功能，而這一種書寫形式的對話之功能是經由口傳對話的編年史，透過彰顯它超越的本質所表現出來：對話在掌握開悟的自發性時刻是「轉化」(transformational)；作爲宗派繼承的主要象徵則是「轉承」(transmissional)；而視禪師爲言談之謎的互爲可變的部分是「轉位」(transpositional)；在表達一種超越一般時間性的方法「超時」(translinear)；而在連結了觀眾的主動性參與則是「事件記錄」(transactional)。更甚者，就符合這些目的而言，禪師的影響性絕大部分是靠著他妙答的「轉行」(transgressive) 特色，這特色乃是「藉由打破一般的常規和泛濫的單純性，而發生的不治之疾。」……亦即把邏輯，文法和一般常識所預設的單純性一一破除㊻。

有一個方法可以用來詮釋禪學口傳性和書寫之間的關係，亦即是把禪學和西方傳統作一簡要的比較㊼。根據《創世紀》的記載，當上帝允許人們替其它生物命名時，於是口傳性便產生。也因此，不僅人類能夠根據客觀標準去識別，標示和分類出存在物，而且人們也能夠透過創造經驗的複雜性和本眞性，來構成主觀的想像，自由的聯想和幻想。我們之所以能夠創造出神話的敍事，這種創造的能力端賴於此。但是《創世紀》同時也對語言的可能性透露出一種洞見，亦即它似乎也導致了混淆和錯誤。無論如何，從後現代的觀點而言，巴特對於巴別塔的徹底閱讀，說明並且提示了一種禪學的態度。巴特寫道：「因此，聖經的神話是相背反的」，「語音的混淆不再是一種懲罰，

㊻ Mark C. Taylor, *Erring: A Postmodern A/theology* (Chicago and London: University of Chicago Press, 1984), 117.

㊼ 關於口傳性在西方神話學和文學的角色，可參見 Robert Scholes and Robert Kellog, *The Nature of Narrative* (New York: Oxford, 1966), 17-56 (Chapter 2).

主體藉由把語言並行地同棲而獲得至福之路：樂趣之文本即是一被認可的巴別塔。」㊽就這觀點而言，巴別塔所呈現的不是一種對欺騙之迷惑的詛咒，而是展示著多重視野的自由……透過把這些遺略，模稜兩可，弔詭，矛盾和沉默的創造性潛能加以開發，它是個讓事物得到無名的機會，或者讓自我反省地詢問命名過程的機會。那就是，神話包含著它自身相背反的可能性。在聖經的宗旨中，「名」(nomen)是「道」(numen)的基礎，但是對禪宗而言，「道」時常是缺乏(absence)、否定，或是「名」的保留。對亞里斯多德(Aristotle)而言，「神話」(mythos)乃是言談的形式，並且依此建立了「洛格斯」(logos)的意義，但是對禪學而言，神話所曾經呈現的背反性，或許是所有神話中最偉大的神話，同時它一點也不神話。

上面所說的，倒是讓我想起了懷特所強調的本眞性言談，懷特把這種言談當作是一介於概念的確定和未定之間，所要尋求的中間地帶根據懷特所言：「相反地，假如言談是眞正的言談……亦即是對他人的批評猶如自我的批評……，它將根本地挑戰（這些極端）。它把所有『策略的』規則都加以懷疑，包括那些原初地主宰自己的形成……言談總是傾向於後設言談式的反省性。這乃是爲什麼每一言談總是和造作成它之主體的客體同樣地關涉到言談自身。」㊾就這傾向而言，我認爲禪學中口傳和文本，對話和編年史，神話和去神話之間交錯的目的，乃是爲了得到一不斷的「後設言談式的反省性」狀態，因爲對禪學而言，「意義總是處於形構，解構和重構的過程之中。」㊿

㊽ Barthes, 34.
㊾ White, 4.
㊿ Taylor, 179.

道綽、善導和唐代淨土宗

楊 曾 文

在中國的佛教宗派中，淨土宗是最富有民間信仰特色的宗派。淨土宗的教義通俗易懂，很少晦澀難以理解的哲學思辨成分，因而在社會各個階層擁有眾多的信徒。但從佛教史書有關記載來看，淨土宗在組織上沒有嚴格的師承世系，對歷代祖師的說法也很不一致。因此，從嚴格的意義來說，中國的淨土宗沒有建立獨立的佛教宗派，也可以稱之為阿彌陀佛淨土信仰，是寓於佛教各宗內部的諸佛信仰形態之一。然而由於它擁有相當完備的理論體系，對佛教各宗和歷史文化有較大的影響，一般仍把它作為一個獨立的佛教宗派看待，而不輕易地用「寓宗」的稱法。

在中國的淨土宗發展史上，東晉慧遠（334～416年）曾在廬山結社提倡念佛法門，被後世奉為淨土宗初祖。東魏曇鸞（476～542年）在并州玄中寺（在今山西省交城縣）倡淨土念佛，著《往生論註》、《略論安樂淨土義》等，為中國淨土念佛理論奠定了基礎。唐代是中國佛教的鼎盛時代，前有道綽，後有善導，建立了完備系統的淨土念佛理論體系，是中國淨土宗的實際創始人。本文以道綽、善導為重點，並聯繫其他高僧，對唐代淨土宗作概要論述。

一、道綽及其淨土思想

道綽生平

道綽（562～645年），俗姓衛，并州文（原作「汶」，誤）水（今山西省文水、交城之間）人。十四歲出家，學習《大涅槃經》，並前後講了二十四遍，後來師事著名禪、律名師慧瓚（瓚禪師），修學般若空理和禪法。隋大業五年（609）以後，「即捨講說，修淨土行，一向專念阿彌陀佛，禮拜供養，相續無間」（唐代迦才《淨土論》卷下）。據載，道綽專修淨土法門是受北魏東魏之際在石壁谷玄中寺的曇鸞的影響。道綽住進玄中寺，看到記載曇鸞事蹟的碑文，也按曇鸞所主張的，一心修習念佛爲主的淨土法門。他在寺爲道俗信徒講《觀無量壽經》近二百遍，「並勸人念彌陀佛名，或用麻豆等物而爲數量，每一稱名，便度一粒，如是率之，乃積數百萬斛者」（《續高僧傳》卷二〇）。這是提倡口稱阿彌陀佛之名，每稱念一次，用麻或豆一粒計數，積攢下來數量很大。不過，說「數百萬斛」顯然有些誇張。道綽還教人把木槵子（《續高僧傳・道綽傳》作「木欒子」）串在一起計念佛的數目。此當是後世念珠的起源。據載道綽經常面西坐禪念佛，「才有餘暇，口誦佛名，日以七萬爲限」（《續高僧傳・道綽傳》）。由於道綽的影響，唐初在今山西中部一帶地方淨土信仰十分盛行。唐太宗遊太原，文德皇后長孫氏有病，曾乘輦到玄中寺禮謁道綽。「便解眾寶名珍供養啟願」，此後皇后病癒，太宗「因詔天下名山形勝皆表刹焉（按，表刹，指塔上高出的幢竿，此指普建寺塔）。所以報護力，廣眞諦也」（〈大唐太原府交城縣石壁寺鐵彌勒像頌并序〉，載《金石萃編》卷八四）。道綽著有《安樂集》二卷。

關於道綽的生卒年，各書有不同的記載。《續高僧傳・道綽傳》中有：「曾以貞觀二年四月八日，綽知命將盡，通告事相，聞而赴者滿於山寺」，但後面又有「年登七十，忽然齓齒新生」，結尾又有「綽今年八十有四」。可見道綽在貞觀二年（628）未死，到道宣寫完《續高僧傳》初稿的貞觀十九年（645）時已八十四歲。宋代戒珠《淨土往生傳》卷中作唐貞觀三年卒，明代袾宏《往生集》卷一作貞觀二年卒，當皆受《續高僧傳》前段記載的影響。唐代迦才《淨土論》卷中明確記載道綽在貞觀十九年（645）四月二十七日「於玄忠寺壽終」。此年道綽八十四歲。據此，道綽的生年當爲公元562年，即北齊河淸九年。

《安樂集》的淨土思想

「安樂」是《無量壽經》所說西方阿彌陀佛的佛國淨土的名字，在《阿彌陀經》和《觀無量壽經》中譯爲「極樂」即「極樂世界」。道綽在《安樂集》中廣引《觀無量壽佛經》（簡稱《觀經》）和其它淨土經典、大乘佛教經論幾十種。論述專修淨土法門，往生彌陀安樂淨土的思想。道宣在《續高僧傳・道綽傳》中稱此爲《淨土論》，說：

> 著《淨土論》兩卷，統談龍樹、天親，彌及僧鸞（按，曇鸞）、慧遠，並遵崇淨土，明示昌言，文旨該要，詳諸化範。

但今存《安樂集》中並沒有論及慧遠（包括淨影慧遠）的淨土思想。唐迦才《淨土論》之序批評說：

> 近代有綽禪師，撰《安樂集》一卷，雖廣引衆經，略申道理，其文義雜參，章品混淆。後之讀之者，亦躊躇未決。

儘管如此，道綽《安樂集》中關於聖道門、淨土門、念佛與往生淨土的論述，無論在唐代還是在以後，都有較大影響。《安樂集》在結構上分「十二大門」，即按內容分爲十二大段，每一門內又分若干層次，在論述中廣引佛教經典。中心內容是下述兩個問題。

（一）聖道門與淨土門，難行道與易行道

這實際是淨土宗的判教學說，旨在說明淨土教義是適應時代、眾生需要的佛法，遵照修行就可以擺脫生死煩惱，達到解脫。

道綽同隋朝三階教創立者信行（540～594年）一樣，也認爲佛教已度過「正法」、「像法」時代，而進入充滿危機，眾生素質下降的「末法」的時代。但道綽不同於信行的地方是認爲：在末法時代最適合眾生需要的佛法是依據彌陀經典的淨土念佛法門，而非其他。《安樂集》卷上說：

明教興所由，約時被機勸歸淨土者：若教赴時機，易修易悟；若教機時乖（按，原作『機教時乖』），難修難入。是故《正法念經》云：行者一心求道時，常當觀察時方便，若不得時無方便，是名為失，不名利。……《大集月藏經》云：佛滅度後第一五百年，我諸弟子學慧得堅固；第二五百年，學定得堅固；第三五百年，學多聞讀誦得堅固；第四五百年，造立塔寺，修福懺悔得堅固；第五五百年，白法（按，指善法）隱滯，多有諍訟，微有善法得堅固。又彼經云：諸佛出世，有四種法度眾生。何等為四？一者口說十二部經，即是法施度眾生；二者諸佛如來有無量光明相好，一切眾生但能繫心觀察，

無不獲益，是卽身業度衆生；三者有無量德用、神通道力、種種變化，卽是神通力度衆生；四者諸佛如來有無量名號，若總若別，其有衆生繫心稱念，莫不除障獲益，皆生佛前，卽是名號度衆生。計今時衆生，卽當佛去世後第四五百年，正是懺悔修福，應稱佛名號時者。若一念稱阿彌陀佛，卽能除卻八十億劫生死之罪。一念旣爾，況修常念，卽是恒懺悔人也。

「時」指時代，認爲佛滅後頭一個五百年間是正法時代，此後一千年間是近似正法的像法時代，再後的一萬年是末法時代，佛法趨於滅亡❶。上面引文中所說「今時眾生，即當佛去世第四五百年」，即謂進入末法之第一個五百年。「機」指眾生，原指眾生接受佛法的素質。道綽引《大集經》是爲了證明不同的時代，眾生接受佛法的素質不同，總的趨勢是佛滅後時間越長，眾生的素質越下降，所謂「機解浮淺」和「暗鈍」就是說的這個意思。據稱，在進入末法時代以後，靠修習智慧、禪定和讀誦佛典等方法已不能達到解脫，只有專心地思念，稱頌佛的名號（如「阿彌陀佛」、「南無阿彌陀佛」等），才能滅除無數生積累下的罪業，從生死苦惱中解脫出來。在佛教內部，稱念佛的名號並非特指稱念阿彌陀佛的名號，還有稱念釋迦牟尼佛、阿閦佛、藥師佛……佛無數，作爲佛國的淨土也無數，有不少宣說佛國淨土的經典或記述。但道綽只提倡稱念《無量壽經》等經典所說的阿彌陀佛的名號，稱此爲「淨土門」，謂稱念阿彌陀佛的名號在死後可往生西方淨土，即「極樂世界」。

與「淨土門」相對的是「聖道門」。所謂「聖道」即前述的修習

❶ 《安樂集》卷下：「釋迦牟尼佛一代正法五百年，像法一千年，末法一萬年，眾生滅盡，諸經悉滅。」

禪定、智慧（理論）及讀誦等教法，實指淨土宗以外的大小乘教派及其主張。道綽認爲，在進入「末法」時代以後，衆生已沒有接受「聖道」的能力，不能通過修習「聖道」達到解脫。他說:

> 一謂聖道，二謂往生淨土。其聖道一種，今時難證。一由去大聖（按，指釋迦牟尼佛）遙遠，二由理深解微。是故《大集月藏經》云：我末法時中，億億衆生起行修道，未有一人得者。當今末法，現是五濁惡世，唯有淨土一門可通入路。（《安樂集》卷上）

道綽認爲「末法」時代是「五濁惡世」，即《阿彌陀佛經》所說的劫（時代）濁、見（見解，特指邪惡見解）濁、煩惱（貪瞋等情慾）濁、衆生（體弱心鈍）濁、命（命短）濁充滿的時代。他強調在這種時代，衆生很難理解並修持「聖道」，唯有修習「淨土」這一法門。

因爲「聖道」難修，故可稱之爲「難行道」；而「淨土」易修，故稱爲「易行道」。早在曇鸞的《往生論註》中已曾引證印度龍樹《十住毘婆沙論·易行品》的話，對「難行道」與「易行道」、「自力」與「他力」作了論證。道綽又引述這段話勸人信奉淨土教。《安樂集》卷上說，在五濁之世，求證不退轉（阿毘跋致）的覺悟境界非常困難，這是因爲有「外道」、「惡人」對佛法進行破壞，擾亂修行者；小乘修道者自私自利，不去教化衆生；普通衆生又顛倒善惡因果；全靠自力修習佛法，而不靠佛菩薩的「他力」。「譬如陸路，步行則苦，故曰難行道。」與此相對。

> 言易行道者，謂以信佛因緣，願生淨土，起心立德，修諸行

業，佛願力故，卽便往生，以佛力住持，卽入大乘正定之聚。正定聚者，卽阿毘跋致不退位也。譬如水路，乘船則樂，故名易行道也。

什麼叫「佛願力」？即阿彌陀佛的本願之力。《無量壽經》說阿彌陀佛在成佛之前曾發下四十八個大願，其中說眾生只要相信西方安樂淨土，稱念阿彌陀佛之名，死後都可往生西方淨土。道綽說：「在此起心立行，願生淨土，此是自力；臨命終時，阿彌陀如來光臺（按，指放光的臺座，有金剛臺、紫金臺、蓮華臺之別）迎接，遂得往生，即爲他力。」（《安樂集》卷上）可見，「他力」是指阿彌陀佛的神威之力。相對於彌陀他力，凡自己發願、修行、積累功德，都屬自力。

（二）念佛與往生

道綽雖然在《安樂集》中引證《大集月藏經》之文說末法時代「學慧」、「學定」、「多聞讀誦」已難能使眾生解脫，但實際上並沒有把它們否定，只是強調稱念佛的名號是「正學」，而其它則是「兼學」。因爲在彌陀經典中對「善業」的解釋裏包括上述方面，並把修習這些方面作爲往生淨土的原因。《觀無量壽經》中說修行者應面西正坐，「專心繫念一處」，在心中觀想西方落日、極樂世界的水、地、樹、八池寶水、淨土勝景、蓮華座、阿彌陀佛及左右脇侍菩薩觀世音和大勢至，以及想像三個等級（三品）九類人往生淨土（統稱「九品往生」）的情景。以上共十六個方面，統稱「十六觀」。其中前十三觀的本身就是以觀想西方阿彌陀佛淨土爲內容的禪觀，爲「念佛」的形式之一。

「念佛」是禪定的一種，所以也稱「念佛三昧」（三昧，是「

定」的音譯），在《文殊般若經》、《華首經》、《涅槃經》、《觀音授記經》、《般舟三昧經》以及《華嚴經》等經中都有介紹。比較有影響的有《文殊般若經》中講的「一行三昧」、和《般舟三昧經》中講的以七天七夜爲期的專念阿彌陀佛的「般舟三昧」。「一行三昧」是要求在禪定中「不取相貌，繫心一佛，專稱名字，念無休息，即是念中能見過、現、未來三世諸佛」（按，此引文與今本卷下之文稍異）。此種「念佛三昧」是道綽特別提倡的，但他根據彌陀經典，把「專稱名字」解釋爲專稱念阿彌陀佛的名號。他說：

> 若依《涅槃經》，佛性為宗；若依《維摩經》，不可思議解脫為宗；若依《般若經》，空慧為宗；若依《大集經》，陀羅尼（按，意為總持，此指密咒）為宗。今此《觀經》（按，《觀無量壽經》），以觀佛三昧為宗。若論所觀，不過依（按，依報，此指佛國環境）、正（按，正報，此指阿彌陀佛及觀世音、大勢至菩薩及在淨土的眾生）二報。……（念佛）但能繫念不止，定生佛前；一得往生，卽能改變一切諸惡，成大慈悲……若人菩提心中行念佛三昧者，一切煩惱，一切諸障，悉皆斷滅……此念佛三昧卽是一切三昧中王故也。（《安樂集》卷上）

> 念阿彌陀佛時……無餘心想間雜，或念佛法身，或念佛神力，或念佛智慧，或念佛毫相，或念佛相好，或念佛本願，稱名亦爾，但能專至相續不斷，定生佛前。（同上）

> 各宜同志三五，預結言要，臨命終時，迭相開曉，為稱彌陀名號，願生安樂國，聲聲相次，使成十念也……此命斷時，卽是生安樂國時。（同上）

可見，所謂「念佛三昧」包含的內容甚爲廣泛，念佛身、佛相、佛願……但也可以最簡便的念誦佛的名字代替。說一個人臨死前連續稱念阿彌陀佛名號十次，死後可以往生西方安樂淨土。同佛教普遍主張的生死輪迴學說一樣，淨土宗的往生淨土論也是以承認人死靈魂不滅爲前提的。「往生」是淨土宗常用的術語，相當於「轉生」，但又有所區別，特指人死後靈魂由阿彌陀佛和觀世音、大勢至二菩薩或他們的化身「接引」至安樂淨土。

淨土宗以末法時代最適合流行的教派自居，特別強調一切凡夫乃至「惡人」皆可往生淨土，達到不退墮惡趣、聲聞和緣覺二乘的菩薩境地（「大乘正定聚」）。本來在《無量壽經》中是說犯五逆罪（害母、害父、殺羅漢、出佛身血、破僧）及「誹謗正法」者是不能往生的，但在《觀無量壽經》中講「下品」的三種惡人皆可修持念佛之業，「稱南無阿彌陀佛」而滅罪往生，並明確地說：「下品下生者：或有眾生，作不善業，五逆十惡，具諸不善，如此愚人，以惡業故，應墮惡道，經歷多劫，受苦無窮。如此愚人，臨命終時，遇善知識，種種安慰，爲說妙法，教令念佛。彼人苦逼，不遑念佛。善友告言：汝若不能念彼佛者，應稱無量壽佛。如是至心，令聲不絕，具足十念，稱南無阿彌陀佛，稱佛名故，於念念中除八十億劫生死之罪。命終之時，見金蓮華猶如日輪，住其人前，如一念頃，即得往生極樂世界……」道綽取此中大意，又取《無量壽經》中第十八願文的個別字句，假造《大經》（即《無量壽經》）之話說：

若有眾生，縱令一生造惡，臨命終時，十念相續稱我名字，若不生者，不取正覺。（《安樂集》卷上）

是說任何惡人只要稱念阿彌陀佛之名，皆可往生淨土。又講「一反念善，罪即消除」，「念念之中，罪滅心淨，即便往生」（同上），把念佛名號說成是具有無限神奇功能的修行方法，大加提倡。《續高僧傳・道綽傳》說道綽自己一天口誦佛名七萬遍，又勸信徒稱念佛名，用麻、豆計數。淨土宗理論簡單，修行方法易行，是它在社會上長久普遍流行的重要原因。

此後，善導繼之對「惡人往生」和口稱念佛的理論又有所發展。

二、善導的淨土學說

善導及其著作

善導（618～681年），俗姓朱，泗州（治所在今江蘇宿遷東南）人[2]，年少出家，唐貞觀（627～649）年中到石壁谷玄中寺，看見道綽據《觀無量壽經》設立「九品道場」，講誦此經，很受啟發，高興地說：「此眞入佛之津要，修餘行業，迂僻難成，唯此觀門，速超生死。」從此在道綽門下專修淨土法門，「勤篤精苦，晝夜禮誦」（《佛祖統紀》卷二六）。後來到長安傳教，教信徒稱念阿彌陀名號，「每入室互跪念佛，非力竭不休」。善導在向人宣傳淨土法門的同時，勤苦修行，據說三十餘年「不暫睡臥」，不間斷地從事念佛，禮佛的活動。持戒嚴格，堅持吃素，並且只吃粗惡之食。他把別人施捨的錢財用來寫經和繪淨土畫。據載由他出資，「寫《彌陀經》十萬卷，畫淨土變相三百壁」。「淨土變相」是根據《無量壽經》等彌陀

[2] 一般《往生傳》皆云「不知何處人」。此據傳爲唐文諗、少康撰的《往生西方淨土瑞應傳》。

經典的情節內容繪製的圖畫。「三百壁」是在三百堵的牆壁上畫上淨土變相圖。淨土宗重視觀佛像，觀想西方安樂淨土的美妙景象，此爲觀想（或觀相）念佛的重要程序，也是有利於激勵信徒從事口稱念佛的。畫佛像，雕塑佛像以及據佛經繪製極樂世界圖像，是直接爲此目的服務的，然而淨土宗的這種做法，對中國古代美術和造型藝術產生了很大影響。

由於善導的提倡，長安僧俗之中有很多人信奉淨土法門，「從其化者至有誦《彌陀經》十萬至五十萬卷（按，此經僅一卷，實指讀此經十萬至五十萬遍）者，念佛日課萬聲至十萬聲者」。當時信徒把善導的事蹟傳得十分神奇，說他每念一聲佛，「有一光明從其口出」。善導有一首勸人念佛的偈頌：

> 漸漸鷄皮鶴髮，看看行步龍鍾。假饒金玉滿堂，豈免衰殘老病。任是千般快樂，無常終是到來。唯有徑路修行，但念阿彌陀佛。

是說人生難免一死，只有念佛才能使人往生淨土，永享安樂❸。

關於善導之死，《續高僧傳》卷二七〈會通傳〉附傳沒有明記，上面只說：「時在光明寺說法，有人告導曰：今念佛名定生淨土不？導曰：念佛定生。其人禮拜訖，口誦南無阿彌陀佛，聲聲相次，出光明寺門，上柳樹表，合掌西望，倒投身下，至地遂死。」這裏面的「其人」只能理解爲向善導發問的人。但後世一些《往生傳》等都說

---

❸ 以上見《佛祖統紀》卷二六。此外，《往生瑞應傳》、宋戒珠《淨土往生傳》卷中、宋宗曉《樂邦文類》卷三、王日休《龍舒增廣淨土文》卷五、元普度《廬山蓮宗寶鑑》卷四、明袾宏《往生集》等，內容大同，可以參考。

善導相信念佛必得往生，登上柳樹向西發願：「願佛接我！」「得生安養」，而投身自絕。關於善導死的時間，各書缺載。有的說他從道綽處離開後傳法三十餘年（《佛祖統紀》卷二六）。如果從道綽死時的貞觀十九年（645）算起，應死於高宗上元元年（674）以後。此書亦記載「高宗知其念佛，口出光明」，賜號其寺曰「光明寺」。日本淨土宗創始人源空《黑谷上人語燈錄》卷九引《新修往生傳》謂善導死於高宗永隆二年（681），年六十九。據此，善導當生於隋大業九年（613）。

善導的著作皆爲宣說淨土教義的，有五部：一、《觀念阿彌陀佛相海三昧功德法門》一卷，引《觀無量壽經》、《無量壽經》、《阿彌陀經》及《般舟三昧經》、《觀佛三昧經》等，說明各種念佛、懺悔、發願往生的方法；二、《轉經行道願往生淨土法事讚》二卷，講設立念佛淨土道場的方法及在法會念誦的讚詞和偈頌，還有懺罪發願之文；三、《往生禮讚偈》一卷，據《無量壽經》、《往生論》及善導本人的著作等，所寫的在六時（日沒、初夜、中夜、後夜、晨旦、日中）禮讚阿彌陀佛，發願往生淨土的偈頌；四、《依觀經等明般舟三昧行道往生讚》一卷，依《無量壽經》之意所著勸人專修念佛，發願往生的讚頌；五、《觀無量壽佛經疏》，簡稱《觀經疏》，因有四卷，也稱《四帖疏》，分爲「玄義分」、「序分義」、「定善義」、「散善義」四個部分。其中「玄義分」論證《觀經》要義，說「以觀佛三昧爲宗，亦以念佛三昧爲宗，一心回願往生淨土爲體」；「序義分」是對《觀經》序文的解釋；「定善義」是對十六觀中前十三觀的解釋；「散善義」是對第十四至第十六觀的解釋，最具特色。《觀經疏》反映了善導淨土思想的基本內容。

善導的淨土思想

善導同道綽一樣，都主張佛教已進入充滿危機的末法時代，只有淨土教能被眾生接受並引導他們達到解脫。但善導在論證一切「罪惡凡夫」皆可往生和強調口稱念佛方面更加細密，提出了比較完備的教義體系，對後世影響也大。

（一）主張「罪惡凡夫」皆可往生

在淨土三部經中都有描述現實世界的眾生「濁惡不善」的內容:《無量壽經》說「五惡、五痛、五燒」（從殺生、偷盜、邪淫、妄語、飲酒推衍出來的）；《阿彌陀經》說現世是「五濁惡世」，五濁是劫濁、見濁、煩惱濁、眾生濁、命濁；《觀無量壽經》講佛滅後眾生「濁惡不善，五苦（按，指生、老、病、死四苦加上愛別離苦）所逼」，又講「下品」眾生造罪業的情況。實質上這是教人放棄自修自悟的信心，絕對相信阿彌陀佛的巨大「他力」，相信通過念佛可以往生極樂世界。但各經對是否一切人皆可往生淨土的說法不完全一致。《無量壽經》說犯「五逆」罪和「誹謗正法」者不能往生；《阿彌陀經》雖沒明確地講，但從全經意思看是一切善惡眾生皆可往生；《觀無量壽經》在講「九品往生」時說，下品眾生中三種人雖都犯有各種「惡業」，甚至有人造「五逆十惡，具諸不善」，但也可藉阿彌陀佛的靈力往生淨土。

善導繼承《觀無量壽經》眾生皆可往生的思想，並作了很大發揮。第一，把上品、中品、下品的九種人皆說成是「凡夫」，稱皆可往生淨土。原來《觀經》中的上品眾生有三種: 上生，慈心不殺，讀誦大乘佛經，修持「六念」（念佛、法、僧、戒、捨、天）等佛法；中生，相信諸法性空等聖諦義，深信因果等；下生，相信因果，不謗大乘。中品眾生的三種人是: 上生，持五戒八戒，無罪業；中生，若一日一夜持八戒或十戒、具足戒；下生，孝養父母，行仁慈者。下品眾生的三種人是：上生，作眾惡業，但不誹謗大乘經典；中生，犯五戒、八戒及具足戒和偷盜僧團財物者；下生，作種種惡業，甚至犯五逆、十惡等罪者。據善導的說法，以上九種人只要真誠地信奉阿彌陀佛，修持淨土法門，特別是臨死前連續念誦阿彌陀佛名號，都可往生淨土。善導為了說明淨土教是末法眾生唯一可行之教，特別強調指出：

> 看此《觀經》定善（按，指十六觀中前十三觀，在禪定中觀想西方淨土種種景象）及三輩上下文意，總是佛去世後五濁凡夫，但以遇緣有異，致令九品差別。何者？上品三人遇大（按，大乘）凡夫；中品三人是遇小（按，小乘）凡夫；下品三人是惡凡夫，以惡業故，臨終藉善，乘佛願力，乃得往生，到彼華（按，謂乘蓮花往生，下品下生人乘的蓮花要經十二大劫才開）開，方始發心。（《觀經疏》卷一）

在《觀經疏》卷四，善導把上品三生（三種往生者）說成是「修學大乘上善凡夫人」、「大乘次善凡夫人」和「大乘下善凡夫人」；把中品三生說成是「小乘根性上善凡夫人」、「小乘下善凡夫人」和「世善上福凡夫人」；把下品三生說成是「造十惡輕罪凡夫人」、「破戒次罪凡夫人」、「具造五逆等重罪凡夫人」。他把在末法時代信奉大小乘佛法的僧俗信徒、一切修善及為惡的人，統統稱為「凡夫」，認為他們雖然善惡程度不同，但皆可借助阿彌陀佛的「願力」而往生極樂世界。按《觀經》本來意思，往生者因生前善惡不同，乘佛願力往生的情況也異，或由彌陀及觀世音、大勢至菩薩親自迎往淨土，所乘爲金剛臺；或爲化身迎接，乘紫金臺……或以神光攝取，乘蓮華往生，蓮華或開或不開，開時長短有異，下品下生者十二劫蓮華才開，才聽佛法滅罪，發心求覺悟。善導對此加以注釋，並在《往生禮讚偈》、《般舟行道往生讚》等著作中加以形象化的描述、讚頌，着重點是講一切「善惡凡夫」皆可往生淨土。他說：

> 今說《觀經》定、散二善，唯以韋提（按，韋提希，阿闍世王之母，請釋迦佛講《觀經》者）及佛滅後五濁、五苦等一切凡夫，證言得生……
>
> 一切凡夫，不問罪、福多少，時節久近，但能上盡百年，下至一日七日，一心專念彌陀名號，定得往生，必無疑也。（以上見《觀經疏》卷四）
>
> 以佛願力，五逆之與十惡，罪滅得生，謗法闡提，迴心皆往……（《往生淨土法事讚》）

大乘佛教宣稱佛有三身：與眞如、實相同格的法身，無形無象，無所不在；經無數時間修證而成的報身(以大慧、大定、大悲爲體)，其數無量，各有自己的佛國淨土；應衆生根機隨時顯化傳法的應身（或化身）。善導稱阿彌陀佛是報身佛，西方極樂世界是「報土」。有人問：「彼佛及土旣言報者，報法高妙，小聖難階，垢障凡夫云何得入？」善導回答：「若論衆生垢障，實難欣趣，正由託佛願以作強緣，致使五乘齊入。」五乘是指人乘（修持五戒）、天乘（修持十善）及聲聞乘、緣覺乘（二者爲小乘）、菩薩乘。善導雖着眼於凡夫，宣傳一切凡夫皆可往生，但並不否認有達到菩薩境地以上的「聖人」存在和往生，說：

> 一切罪惡凡夫尚蒙罪滅，證攝得生，何況聖人願生而不得去也！（《觀念阿彌陀佛相海三昧功德法門》）

簡單說就是：惡人尚能往生，何況善人！這樣在邏輯上就把淨土教說成是一切人可以信奉的教派了。

第二，特別強調主觀信仰、眞實虔誠的精神。原來在《觀經》第十四觀的經文中有這樣一段話：

> 若有衆生願生彼國者，發三種心，卽便往生。何等為三？一者至誠心；二者深心；三者迴向發願心。具三心者必生彼國。

善導在解釋此三心時作了很大發揮。現僅摘引其要點：(1)「至誠心」是眞誠地厭棄現實世界和人生，以「眞實心」去信仰阿彌陀佛及安樂淨土，做到「身業禮拜彼佛，口業讚歎稱揚彼佛，意業專念觀察彼佛」（《往生禮讚偈》），不得「內懷虛假」，否則即使「苦勵身心」日夜修行也不能往生；(2)「深心」是「深信之心」，即對下面兩點深信不疑：一是「自身現是罪惡生死凡夫，曠劫已來常沒，常流轉，無有出離之緣」，要人斷念於靠自力達到解脫；二是「阿彌陀佛四十八願攝受衆生，無疑無慮，乘彼願力定得往生」，要人絕對相信彌陀他力；(3)「迴向發願心」，是指修行的意向、目的，謂自己所做一切善業，所從事的一切修行及所得「善根」和功德，都是爲了往生淨土（以上見《觀經疏》卷四）。簡言之，「三心」是要求信徒對淨土法門信仰虔誠，始終不渝。其中最重要的是「深信之心」。《觀經疏》卷四要求信徒「不爲一切別解別行、異學異見異執」所動搖，即使有人乃至菩薩引證佛教經論批評淨土往生之說不可信，也「不生一念疑心」。由此可以想見，在淨土信仰傳播過程中也受到佛教內部一些人的懷疑乃至批評。善導強調信心，要信徒不受別的教派和非佛教徒批評的影響。

善導的淨土學說強調一切凡夫可以往生淨土，以凡夫作爲往生淨土的主體，是爲了爭取社會廣泛的普通民眾入教；強調主觀信仰，是爲了使淨土信仰在各種教說和教派互相競爭的環境中穩固地紮下根來，並得到發展。此外，爲了使一般民眾能接受淨土信仰，又提出以簡單易行的口稱念佛爲主的念佛論。

（二）提倡口稱念佛

「念佛」是淨土宗提倡的重要修行方法。念佛有種種方法，若據唐懷感《釋淨土羣疑論》卷七的說法，可概括爲兩種：一是無相念佛，或作實相念佛，即於禪定狀態下觀想佛的「法身」、「諸法實相」，體悟諸法性空之理；二是有相念佛，即彌陀三部經中反覆講的觀想阿彌陀的形象和西方淨土勝景的觀相念佛（或觀念念佛），以及口稱阿彌陀佛名號的口稱念佛。實際上，淨土宗最提倡的是後一種有相念佛，包括觀相念佛與口稱念佛。善導主張往生的主體是「凡夫」、「罪惡生死凡夫」，故其念佛論更提倡簡便易行的口稱念佛。他的念佛論具有較爲系統的理論，是通過對所謂定散二善、三福三善、正行雜行和三緣等概念的論釋加以說明的。

善導在《觀經疏》卷四判《觀經》淨土教義以「念佛三昧」爲宗，屬於大乘菩薩藏，是頓教。淨土法門有兩大要點，「即此《觀經》定、散二門也。定即息慮以凝心，散即廢惡以修善，迴斯二行求願往生也」。在禪定中觀想落日、西方阿彌陀佛及觀世音、大勢至二菩薩、淨土景象等，從第一觀至第十三觀，被稱爲「定善」，意爲修禪定之善。《觀經》中所講「三福」（詳下）及第十四觀至第十六觀講的九品往生，稱之爲「散善」，意爲在心處於散動狀態（非入定之時）所從事的「廢惡修善」的行爲。定、散二善可在一般意義上概括佛教的一切修行、功德，但淨土宗主張應將此自力修行和功德作爲往生淨土的業因，祈乘阿彌陀佛的願力而往生淨土。

所謂「三福」原是《觀經》提出的，說：「令未來世一切凡夫欲修淨業者得生西方極樂國土。欲生彼國者當修三福：一者孝養父母，奉事師長，慈心不殺，修十善業；二者受持三歸，具足眾戒，不犯威儀；三者發菩提心，深信因果，讀誦大乘，勸進行者。如此三事名爲淨業……淨業正因。」有此三種善業或功德，只要發願往生彌陀淨土，據稱皆可如願。善導在《觀經疏》卷四把第一福稱爲「世俗善根」，第二福爲「戒善」，第三福爲「行善」，謂「此是發大乘心凡夫，自能行行，兼勸有緣捨惡持心，迴生淨土」。一個人或具此三善，或僅具其中二善、一善，或一善不具（是「十惡邪見闡提人」），但只要發願往生，稱念佛的名號，皆可往生淨土。但因原來所具有的「正因」多寡有差，往生的速度、方式及生到淨土後所乘蓮華展開的時間等，有種種差別。善導按《觀經》三品九生的經文，對此詳加解釋。他在解釋中著重說明罪業深重的凡夫（下品的上生、中生、下生）只要誠心念佛名號，那怕在臨死前連續念佛十聲，也可往生。

佛教的修行有許多種。善導通過論證「正行」與「雜行」把淨土業修行與其他佛教修行區別開來，又在論釋「正定之業」，與「助業」之中特別提倡口稱念佛。他說：

行有二種：一者正行，二者雜行。言正行者：專依往生行行

> 者，是名正行。何者是也？一心專讀誦此《觀經》、《彌陀經》、《無量壽經》等；一心專注思想，觀察，憶念彼國二報（按，正報、依報，即佛菩薩、往生者與淨土）莊嚴。若禮，即一心專禮彼佛；若口稱，即一心專稱彼佛；若讚歎供養，即一心專讚歎供養。是名為正。
>
> 又就此正中復有二種：一者一心專念彌陀名號，行住坐臥，不問時節久近，念念不捨者，是名正定之業，順彼佛願故。若依禮誦等，即名為助業。除此正、助二行已外，自餘諸善，悉名雜行。若修前正助二行，心常親近憶念不斷，名為無間也。若行後雜行，即心常間斷，雖可迴向得生，衆名疏雜之行。（《觀經疏》卷四）

是說按淨土三部經從事的修行，包括讀誦此三經，按經意觀想念佛，禮佛供養，口稱念佛等，皆爲正行。此正行又分二種，專心念誦彌陀名號爲正定之業，其它讀經、禮佛供養等則爲助業，即對修行者往生淨土起輔助作用。除此正行之外，即從事淨土法門之外的一切修行，都屬於雜行。這種雜行，只有在修行者有迴向往生淨土的意願時才可以作爲業因。這樣便把口稱念佛置於十分突出的地位了。

爲什麼把稱念阿彌陀佛名號看得如此重要，當作超離生死煩惱，達到佛國淨土的主要原因呢？善導在解釋「三緣」中加以說明。他說：

> 一明親緣，衆生起行，口常稱佛，佛即聞之；身常禮敬佛，佛即見之；心常念佛，佛即知之。衆生憶念佛者，佛亦憶念衆生，彼此三業不相捨離，故名親緣也。二明近緣，衆生願見

> 佛，佛即應念現在目前，故名近緣也。三明增上緣，衆生稱念，卽除多劫罪，命欲終時，佛與聖衆自來迎接，諸邪業繫無能礙者，故名增上緣也。…… 此經定散文中唯標專念名號得生，此例非一也。（《觀經疏》卷三）

這是從整體上對「念佛」的功能加以解釋的，說念佛可以作爲修行者往生淨土的親緣（親密的因緣條件）、近緣（切近的因緣條件）、增上緣（有促進作用的因緣條件）。分開來講，觀想與ロ稱念佛、禮佛是親緣；發願往生是近緣；ロ稱念佛是增上緣。可見，ロ稱念佛既是親緣又是增上緣，因而功能最大。

善導雖提倡ロ稱念佛，但並不完全排斥觀想念佛，而是認爲在ロ誦佛號的同時也就想念到佛了。此即「心ロ相應」，「心ロ稱念」，「念念注心，聲聲相續」（《觀念法門》）。因此，「ロ稱念佛」不能寫作「ロ稱唸佛」。

中國的淨土學說從曇鸞開始，中經道綽，到善導時已建立了完備系統的理論。但中國淨土宗沒有形成一個獨立的宗派，只是作爲一種彌陀淨土信仰在各宗流行，所依淨土經典外的著作也非一家，天台宗的智顗、三論宗的吉藏、法相宗的窺基等人及後代各宗高僧也有淨土著作傳世。一個值得進一步研究的問題是：曇鸞、道綽、善導系統的淨土宗著作對日本淨土宗的形成和發展給予了重大影響，然而在中國，他們的著作卻在宋以後逐漸消失，現見到的他們的著作是來自日本。

善導的弟子

善導有弟子懷感、懷惲，另有淨業也可能出自善導的門下。

懷感，唐長安千福寺僧，原不信念佛可以迅速往生淨土，就到善導處請教。善導問:「子傳教度人,爲信後講?爲渺茫無詣?」意爲應先信而後傳教。懷感回答:「諸佛誠信,不信不講。」善導告訴他念佛往生不是「魔說」,應當相信,勸他誠心念佛。此後懷感連續三年專心念佛,「便證念佛三昧」(《宋高僧傳》卷六)。他著有《釋淨土羣疑論》(也稱《決疑論》、《往生決疑論》)七卷。據書前平昌孟銑之序,此書未寫完而懷感去世,由師弟懷惲修補而成。全書採用問答體,分爲十二科一一六章,對淨土教義進行說明,其中以引證唯識學說解釋淨土教義和批評三階教信行的理論,最具特色。

懷惲(640～701年),俗姓張,南陽人,出身官宦之家,唐高宗時於西明寺出家,受具足戒後刻苦修行,「時有親證三昧大德善導闍梨,慈樹森疏,悲花照灼」,宣說淨土法門。他便前往投在善導的門下,「一承妙旨,十有餘齡,秘偈眞乘,親蒙付屬」。善導死後,爲建墳墓,在長安南部的神禾(原作「和」)原建靈塔,並在塔旁廣建伽藍,「莫不堂殿崢嶸,遠模忉利;樓臺岌嶪,直寫祇園」。此當即有名的香積寺❹。此後懷惲又在此造十三級大塔,周圍有二百步,朝廷賜以千粒舍利,封置在七珍函笥內令寺供養。武則天永昌元年(689)任懷惲爲實際寺(隋建,後稱溫國寺)主。他在此寺「綱紀僧徒,規模釋族」,「每講《觀經》、《賢護》、《彌陀》等經,每數十遍」。宣傳「乘佛願力」往生淨土,超脫生死。他自己在修行中「一心專念阿彌陀佛,願乘此勝因,祈生淨域」。他在念彌陀名號之外,還念「般若神咒」(按,此當即《般若心經》),說如此「能令速證菩提」。他一生誦「大般若呪」四萬遍,誦「彌陀眞偈」十萬餘遍。他在寺內建淨土堂一所,內造阿彌陀佛及觀音、勢至二脇侍像。懷惲於大足元

---

❹ 參孫浮生《中國淨土教論集》(日本文化書院,1985年版)之〈淨土源流善導大師香積寺考〉。

年（701）去世，年六十二。唐中宗神龍元年（705）追賜「隆闡大法師」之號。有弟子思莊，撰〈實際寺故寺主懷惲奉勅贈隆闡大法師碑銘并序〉。以上介紹即據此碑文❺。

另有長安香積寺僧淨業（655～712年），也很可能是善導的弟子。據〈大唐龍興大德香積寺主淨業法師靈塔銘并序〉❻，淨業，俗姓趙，天水人，後徙長安，父趙𨔶曾任天馬監。淨業年二十歲左右在唐高宗忌辰出家，不久即登法座，「《觀經》、《疑論》，剖析玄（按，原作『元』）微，命定生因，抑揚理要」。《觀經》是《觀無量壽經》，《疑論》當即懷感的《釋淨土羣疑論》。據此，淨業宣講的是淨土教義。他死於唐睿宗延和元年（712），年五十八，被葬於神禾原善導墓之旁，建有靈塔。弟子有思頊等人。

據上述三人事蹟，善導一系的淨土宗曾在長安一帶地方十分流行。

三、唐代其他淨土宗高僧

中國淨土宗在佛教史書中被稱爲「淨土教」、「蓮宗」，但長期以來對它的歷代祖師並沒有一個一致的說法。唐代文諗、少康的《往生西方淨土瑞應傳》是現存最早的一本淨土往生史書，記淨土信仰者四十八人的略傳，但沒有確立誰爲祖師，也沒明記師徒傳承關係。此書把東晉慧遠置在最前面，可能對後世奉慧遠爲淨土宗始祖有影響。最早爲淨土宗確立宗祖的是宋代天台宗僧宗曉（1151～1214年）所編

❺ 《全唐文》卷九一六，《金石萃編》卷八六。
❻ 《全唐文》卷三〇六，《金石萃編》卷七五。

《樂邦文類》。此書卷三立慧遠爲「蓮社」始祖，以唐代善導、法照、少康、宋代省常、宗賾爲五位「繼祖」。此後，志磐撰《佛祖統紀》在卷二六設有「淨土立教志」，對宗曉的說法稍作改動，所立的蓮社七祖是慧遠、善導、承遠、法照、少康、延壽、省常。在長達六百年的時間內只選擇七人作爲淨土宗祖師，說明他們在淨土信仰傳播過程中影響之大，同時也說明直到唐以後淨土宗也沒形成世代相傳的傳法世系。

實際上唐代的慧日在淨土信仰方面也有較大影響。現把慧日及承遠、法照、少康的事蹟一併作簡要介紹。

慧日（680～748年），俗姓辛，東萊（治今山東掖縣）人，因羨慕義淨入印求法事蹟，也從海路經南洋入印求法，歷經十八年於開元七年（719）回國。在印度時聽說修彌陀淨土法門「能速見佛」，「必得往生」，回國後盛傳淨土教義，著《往生淨土集》五卷。《宋高僧傳》卷二九〈慧日傳〉說：「其道與善導、少康異時同化也。」唐玄宗曾贈「慈愍三藏」之號，故史書多稱之爲「慈愍慧日」❼。

承遠(712～802年)，俗姓謝，漢州綿竹縣（在今四川）人，最初以僮僕身份師事蜀郡「唐禪師」。唐禪師即處寂(665～732年)，是弘忍十大弟子之一智詵的門徒，俗姓唐，人稱唐和尙。《歷代法寶記》記載，唐中期四川的淨眾。保唐禪派的無相、無住法系，即出於唐和尙處寂之後。承遠在處寂門下時大概曾習學北宗禪法。承遠在開元二十三年（735）東下至荆州投在天台宗僧「蘭若眞和尙」門下剃髮出家。「眞和尙」即荆州玉泉寺天台宗僧弘景（宋時避諱史書稱恒景）的弟子，名惠眞❽。承遠遵師之教到南岳衡山，他在那裏從通相和尙

---

❼ 關於慧日，另可見《淨土往生傳》卷中、《佛祖統紀》卷二七。
❽ 李華〈荆州南泉大雲寺故蘭若和尙碑〉，載《全唐文》卷三一九。

受具足戒及律學、經書。聽說慧日到廣州傳法，即前往受教，「依《無量壽經》而修念佛三昧，樹功德劫，以濟羣生」。此後專修淨土法門，在南岳建寺稱「彌陀臺」，作爲修行道場。他「一食不遇，則茹草而過，敝衲莫完，而歲寒自若」，專心刻苦修行。此後聞名來求教者日多，另建寺宇。弟子中以法照最有名，在代宗時爲國師，把承遠的事蹟奏上皇帝，帝賜承遠的道場之名爲「般舟道場」。德宗貞元年間（785～802 年承遠死前），朝廷賜承遠之寺以「彌陀寺」之額，命度僧二十七人，設千僧齋（唐呂溫〈南岳彌陀寺承遠和尚碑〉[9]）。據說承遠傳教是「立中道而教之權，俾得以疾至，故示專念，書途巷，刻谿谷……」（柳宗元〈南岳彌陀和尚碑〉[10]）是說雖據天台宗中道實相論而傳法，但又因人情況而施教（權），或教人念佛，或教人在山谷路旁刻寫佛經。承遠死於貞元十八年（802），年九十一。有弟子百餘人，受其教者萬餘人[11]。

法照（約卒於 777 年後），據《廣清涼傳》卷中「法照和尚入化竹林寺」記載是南梁人。法照曾在南岳承遠門下受教。據傳他在南岳雲峰寺時曾在食鉢中看見五台山靈蹟。此後在衡州湘（或作「湖」）東寺入「五會念佛道場」，歷時九十天，其間又遙見五台山阿彌陀佛與文殊、普賢的現形，決定到五台山巡拜靈聖。他在唐大曆四年（769）與同伴十人向五台山進發，第二年到達，據載他見到佛菩薩顯化的「大聖竹林之寺」，見到文殊、普賢二菩薩顯聖。文殊對他說：「諸修行門，無過念佛，供養三寶，福慧雙修。此之二門，最爲其要。」又對他說：「此世界西有極樂國，彼當有佛號阿彌陀，彼佛願

---

[9] 《文苑英華》卷八六六，《全唐文》卷六三○。
[10] 《全唐文》卷五八七。
[11] 另見《佛祖統紀》卷二六等。

力不可思議，當須繫念諦觀彼國，令無間斷，命終之後，決定往生彼佛國中，永不退轉，速出三界，疾得成佛。」（《廣淸凉傳》卷中）後來法照在華嚴寺「入念佛道場」，絕食專修念佛，祈念往生淨土。法照在所稱見到文殊顯化之處建竹林寺。《廣淸凉傳》卷中與《宋高僧傳》卷二一所載法照之傳略同，但前者稍詳，較多神話因素。我們可以把有關念佛的主張看作是法照個人的見解。他大概是借用當時流行的文殊顯化的神話來宣傳念佛與供養三寶是最重要的修行方法的。法照撰有《淨土五會念佛誦經觀行儀》三卷（現存中下兩卷，得自敦煌文書）、《淨土五會念佛略法事儀讚》一卷。法照以主張「五會念佛」著稱。據此二書，所謂「五會念佛」是在念誦「南無阿彌陀佛」之時，按五種聲調和緩急節拍發出聲音，如《淨土五會念佛略法事儀讚》說：

> 第一會，平聲念南無阿彌陀佛；第二會，平上聲緩念南無阿彌陀佛；第三會，非緩非急念南無阿彌陀佛；第四會，漸急念南無阿彌陀佛；第五會，四字轉急念阿彌陀佛。

或是：

> 第一會時，平聲入；第二，極妙演淸音；第三，盤旋如奏樂；第四，要期用力吟；第五，高聲唯速念。聞此五會悟無生。（按，以上為七字一句的偈讚，此為了便於理解，加上標點）

可見淨土宗內已出現變單調的念佛爲帶有音樂節奏的念佛了。法照大約在大曆十二年（777）之後去世⑫。

唐文宗開成五年（840）日本天台宗僧圓仁巡禮五台山竹林寺時，曾參觀了當年法照修念佛三昧的「般舟道場」（《入唐求法巡禮記》卷三）。圓仁回國時把法照著的《淨土五會念佛略法事儀讚》帶回（《入唐新求聖教目錄》）。此後，他在日本天台宗大本山比叡山「以五台山念佛三昧法授徒，修常行三昧」（《元亨釋書》卷三）。這是依據《般舟三昧經》等進行的爲期九十天以圍繞佛像唱念佛號爲內容的修行方法。唱念佛號時即用法照的「五會念佛」之法。五台山念佛法是日本淨土宗重要源流之一，至今在比叡山仍流行。

少康（?～805年），俗姓周，縉雲（在今浙江）仙都山人，年七歲出家，到十五歲時已讀佛經《法華》、《楞嚴》等五部，到越州（治今浙江紹興）嘉祥寺受戒，後在此學律五年。到上元（即江寧，今南京）龍興寺聽講《華嚴經》及《瑜伽師地論》等。貞元初（785）到洛陽白馬寺，因看到善導的《行西方化導文》（當即《轉經行道願往生淨土法事讚》）而決心信奉淨土法門。接著到長安善導影堂參拜祈願。在江陵果願寺遇到一位法師勸他到新定（即下面所說的睦州）傳教。他聽從此言，到達睦州（治今浙江建德東部），大力宣傳淨土教。他先從教小孩念佛開始提倡念佛法門，小孩凡念佛一聲即給一錢，後改念佛十聲給一錢。這樣在一年之後男女念佛者已有很多，他們見到少康就念阿彌陀佛。少康在烏龍山建淨土道場，築壇三級，「聚人午夜行道，唱讚三十四契，稱揚淨邦」，在齋日時可聚集三千多人。他曾登座叫男女信徒看著他的臉，自稱高聲念佛時有佛從他口

---

⑫ 法照事蹟，還見《淨土往生傳》卷下，《佛祖統紀》卷二六等。關於承遠和法照，日本塚本善隆《唐中期的淨土教》（法藏館，1975年新版）有詳細考證，可以參考。

出，謂「汝見佛身即得往生」。唐貞元二十一年（805）去世。當時人們稱他是「後善導」（《宋高僧傳》卷二十五本傳）⑬。

按照淨土宗的教義，修持念佛法門不僅自己可以往生淨土，也可追薦祖先亡靈以及「帝王、人王、師僧」，「同得往生阿彌陀佛國」（《安樂行道轉經願生淨土法事讚》卷下）。中國儒家重孝道，希望祖先亡靈得到安樂，因此人們對淨土宗教義容易理解和接受。在唐代，淨土信仰已風靡社會，甚至一些著名文學家、政治家也相信淨土往生之教，如李白、白居易、柳宗元等都寫過阿彌陀佛淨土的讚文。我們通過對淨土信仰的考察，可以了解當時佛教流行的情況，並從一個側面看到當時人們的內心世界。

---

⑬ 另見《往生淨土傳》卷下，《佛祖統紀》卷二六等。

龔自珍對《法華經》的理解

蔣 義 斌

一、前　言

龔自珍(1792-1841年)身處清代社會轉變之際，其外祖父是著名的乾嘉學者段玉裁，自珍對「漢學」有相當的造詣，但他更關心「經世」，對當時的局勢，有非常深刻的理解，魏源爲龔自珍文集作序：「其書以六書小學爲入門，以周秦諸子吉金樂石爲厓郭，以朝掌國故，世情民隱爲質幹，晚尤好西方之書」❶。

龔自珍和魏源是清中期的重要學者，二人的經史之學，都頗有可稱述之處❷，對晚清的變法扮演了啟蒙的角色。二人亦都自稱是佛弟子，其中龔自珍甚至想以《法華經》爲中心，統合佛教教義。本文之旨，即分析龔自珍對《法華經》的理解。

二、龔自珍與佛教的因緣

龔自珍與佛教結緣，應是非常早的事，根據吳昌綬《定盦先生年

---

❶ 魏源，〈定盦文錄〉，收於龔自珍，《龔自珍全集》，(臺北：河洛圖書，1975)，頁 632。

❷ 參吳澤，〈魏源的歷史變易思想研究〉，收於氏編，《中國近代史學史論集》，(華東師範大學出版社，1984)。

譜》龔自珍在十六歲時（嘉慶十二年，1807）隨父至京城，住在法源寺南，自珍「嘗逃塾就寺門讀書」❸，龔自珍曾說：「予幼信轉輪，長窺大乘」❹，轉輪可能是指輪迴，是說年幼時，相信輪迴之說，年長後即讀大乘經典。龔自珍讀經、訪經，相當用心，曾向龍泉寺僧唯一借經，後贈詩謂：「朝借一經覆以簦，暮還一經龕已燈，龍華相見再謝，借經功德龍泉僧」❺。在北京時，龔自珍和睿親王之子裕恩交往，龔自珍說裕恩「好讀內典，遍識額納特珂克、西藏、西洋、蒙古、回部、及滿漢字，又校定全藏，凡經有新舊數譯者，皆訪得之，或校歸一是，或兩存之，自釋典入震旦以來，未曾有也」❻，裕恩的校經經驗，對自珍日後寫〈正譯〉、《龍藏改證》、重定《法華經》等，應有相當影響。

嘉慶二十五年（1820）自珍二十九歲時，詩中有「我欲收狂漸向禪」，「一卷金經香一炷，懺君自懺法無邊」之句❼，據吳昌綬《定盦年譜》，龔自珍學佛的第一導師為江沅（鐵君），另外與錢林（東父）、慈風友善，慈風深於法相宗，錢林對教、律、禪、淨均有涉獵❽。江沅對龔自珍的影響極深刻，道光四年（1823）龔自珍給江沅的信上說：

> 自珍之學，自見足下而堅進，人小貧窮，周以財帛，亦感檀施，況足下教我求無上法寶乎？人小疾痛，醫以方藥，亦感恩

---

❸ 吳昌綬，《定盦先生年譜》，收於《龔自珍全集》，頁 595。
❹ 〈齊天樂〉，《龔自珍全集》，頁 575。
❺ 〈己亥雜詩〉，《龔自珍全集》，頁 512。
❻ 同前註。
❼ 〈庚辰驛鼓三首〉，《龔自珍全集》，頁 444。
❽ 吳昌綬，《定盦先生年譜》，收於《龔自珍全集》，頁 606。

力，況足下教我求無上醫王乎？人小迷跌，引以道路，亦感指示，況足下教我求萬劫息壞？別離已深，遠足下督策，掉舉轉多，昏沉不匙。❾

信中對江沅的依重清晰可見。在這年，龔自珍與江沅、貝墉，刊刻唐代華嚴宗大師宗密所撰《圓覺經略疏》，龔爲之作序，並有發願文❿。

龔自珍與江沅的交往，至少可追溯至嘉慶二十五年，自珍二十九歲時⓫。自珍三十歲時，作〈能令少年行〉詩中「披衣起展華嚴筒」⓬，三十二歲（道光四年）自珍在給江沅的信上說：「〈行願品〉久收到」。龔自珍早年好禪學，他由禪轉至佛，可能是受到江沅的影響。江沅逝世時，龔自珍作詩悼念：「鐵師講經門徑仄，鐵師念佛頗得力，似師畢竟勝狂禪」，其自注又說：「江鐵君予學佛第一導師」「千劫無以酬德」⓭。

江沅之佛學，學於彭紹升。彭紹升法名際淸，號知歸子，是清代著名的居士，撰〈一乘決疑論〉、《華嚴念佛三昧論》、《二林唱和詩》、《居士傳》、《善女人傳》、《重訂西方公據》、《念佛警策》等，龔自珍〈知歸子讚〉，對彭際淸極爲推崇，謂：「震旦之學於佛者，未有全於我知歸子」，並說彭際淸是「大菩薩度世示現」，

---

❾ 〈與江居士箋〉，《龔自珍全集》，頁 345。

❿ 〈重刊圓覺經略疏後序〉、〈助刊圓覺經略疏願文〉，《龔自珍全集》頁 386～387。

⓫ 該年龔自珍之詩有〈趙晉齊魏、項千里廣圻、鈕非石樹玉、吳南薌文徵、江鐵君沅同集虎邱秋讌作〉，《龔自珍全集》，頁 447。

⓬ 〈辛巳能令公少年行〉，《龔自珍全集》，頁 453。

⓭ 〈己亥雜詩〉，《龔自珍全集》，頁 523。

在這篇贊中，自珍自稱「懷歸子」，即感懷知歸子之意⓮。

龔自珍的佛學思想和《法華經》有密切關係，雖然在〈闡告子〉一文中，他說四十二歲時（道光十三年 1833），才開始讀天台宗書⓯，但他接觸《法華經》，可能早於此，如道光十一年撰〈誦得生淨土陀羅尼記數簿書後〉即謂誦咒滅業，以疾證法華三昧⓰，道光十二年四十一歲時，讀陳瓘《三千有門頌》⓱，在這年他曾說〈西銘〉，不如佛經⓲。四十六時（道光十七年）完成他的主要佛學著作，如《龍藏改證》、重新編定《法華經》、《支那古德遺書》，他並自稱在此年九月證法華三昧。四十八歲時，辭官南歸，特意到嘉興楞嚴寺拜紫柏、蕅益大師像⓳。

龔自珍接觸過佛教的禪宗、天台宗、華嚴宗、淨土宗、法相宗，而他的佛學思想和《法華經》有密切的關係，如下文所述，他曾企圖以《法華經》綜合佛教教義，甚至重新刪定《法華經》。

三、龔自珍對《法華經》的科判

《法華經》的科判，和對《法華經》的理解有關。龔自珍在閱讀《法華經》的白文，即感到《法華經》應分爲二部，後來讀天台智者

⓮ 〈知歸子贊〉，《龔自珍全集》，頁 396。
⓯ 〈闡告子〉，《龔自珍全集》，頁 130。
⓰ 見《龔自珍全集》，頁 391。
⓱ 《龔自珍全集》，頁 400，〈最錄三千有門頌〉謂：「壬辰歲（道光十二年）得此書于龍泉寺，思之七晝夜。」
⓲ 〈語錄〉，《龔自珍全集》，頁 429 謂：「論橫渠〈西銘〉曰：朱文公云：前半篇是棋盤，後半篇是下棋子。又曰：卽以文章論，亦北宋第一篇文字。昔年悔不讀，自今始願讀三千過。又曰：亞於佛經一等耳。
⓳ 吳昌綬，《定盦先生年譜》，收於《龔自珍全集》，頁621～623。

的《法華文句》，智者果然亦分爲二分，自珍頗有與古賢相合之感，也增加了不少的自信，在〈妙法蓮華經四十二問〉中謂：

吾初讀《法華》白文，審是二分，及見智者《文句》，果判二分。大喜曰：凡夫知見，乃與大師闇合。又讀七周，乃言：智者《文句》，大綱舉矣，條別未盡也。吾大意符智者，別出科判。而〈序品〉至〈學無學品〉訖為一會，以〈安樂行〉為流通；自〈見寶塔品〉以至〈妙莊嚴王品〉為一會，以〈法師功德品〉及〈囑累品〉為流通。⑳

佛經一般分爲序分、正宗分、流通分三部分，而龔自珍認爲《法華經》應分爲二會，甚至認爲這二會，是可以分開刊行。《妙法蓮華經》是鳩摩羅什於西元405年頃譯出，成爲《法華經》流傳最廣的譯本，其品目及龔自珍的科判對照表列如下：

序方譬信藥授化五授法見提勸安從如分隨法常如囑藥妙觀陀妙普
品便喻解草記城百學師寶婆持樂地來別喜師不來累王音世羅莊賢
1品2品喻品喻弟無品塔達品行湧壽功功功輕神品菩菩音尼嚴菩
3 4 品 6 品子學10品多13品出量德德德菩力22薩薩菩品王薩
5 7 受人＊11品＊14品品17品19薩21＋本品薩26本品
記記 ＋12 1516＊18＋20＊事24普＊事28
品品 ＋ ＊ 品 門 品＊
8 9 23 品 27
25

龔所判第一會 第二會
（＊：龔所刪除之品 ＋：龔移置之品）

⑳ 〈妙法蓮華經四十二問〉，《龔自珍全集》，頁636。

在龔自珍所分的二會中，第一會中他認爲應刪去第十〈法師品〉及第十三〈勸持品〉，另外將第十一〈見寶塔品〉及第十二〈提婆達多品〉移至第二會，爲第二會之序品。因此，自珍重新釐定的《法華經》所包含的品目如下：第一會：1. 序品；2. 方便品；3. 授舍利弗記並說火宅喻品；4. 須菩提迦葉等說窮子喻品；5. 藥草喻品；6. 授迦葉等記品；7. 說大通智勝如來並說化城喻品；8. 授五百弟子記弟子說衣珠喻品；9. 授學無學人記品；10. 安樂行，其中〈安樂行〉爲第一會之流通分。第二會：1. 見寶塔品；2. 授提婆達多記龍女獻珠品；3. 從地湧出品；4. 如來壽量品；5. 常不輕本事品；6. 藥王本事品（原注：此品今刪少半）；7. 妙音菩薩來往品；8. 普門品；9. 妙莊嚴王本事品；10. 法師功德品；11. 囑累品。第二會中〈分別功德品〉、〈隨喜功德品〉、〈如來神力品〉、〈陀羅尼品〉、〈普賢菩薩勸發品〉等品，龔自珍認爲應當刪除㉑。

至於應刪除的原因，自珍認爲〈法師品〉是「辨士之虛鋒，墨士之旁瀋」，其中危句甚多，故當刪除。〈勸持品〉則「無意義，非佛語」。〈分別功德品〉、〈隨喜功德品〉則「校量罪福，最繁重」，而二品「閒文之諄，三十倍於正文，非佛語也」。〈如來神力品〉則「無實義」，故當刪除，至於〈陀羅尼品〉，則應別行，不當置於此經中，他說：「一切經陀羅尼，皆宜別行在密部」。〈普賢勸法品〉自珍認爲是「僞經之最可笑者」，「凡恫喝挾制之言，皆西竺蛆蟲師所爲也」，再者，全經已有〈囑累品〉爲流通分，故全經之後似不應

㉑ 同前註，頁 364。

再以〈普賢品〉爲流通分，故予以刪除㉒。

道光十七年（1837）龔自珍撰〈正譯〉，全文分七節，檢討佛經翻譯的問題，其中第一節，即討論《妙法華》，他說：

> 譯者誤也。誤奈何？曰：此書實二部，各有序、正、流通，合並之，誤者一。前經十品，後經十一品，無二十八品，今二十八品，其七僞也，其一別行也，誤者二。二經各有蔓衍，後經尤雜糅，譯者不察，誤者三。顚倒失其次，移〈安樂行品〉於後經之間，誤者四。移〈囑累品〉於〈藥王〉〈普門〉諸品之上，使已沒之寶塔，復有言辭，使未離佛側之文殊，來自大海，疑惑衆生極矣，誤者五。又告之曰：第五事，晉譯、隋譯不誤。㉓

文中指出《妙法華》的譯誤有五項：

（1）誤二部經爲一部；

（2）今本《妙法華》二十八品中，〈法師品〉、〈勸持品〉、〈分別功德品〉、〈隨喜功德品〉、〈如來神力品〉、〈陀羅尼品〉、〈普賢品〉爲當刪除的僞作；

（3）《妙法華》前後二經（會），各有蔓衍，而後半部經，尤其雜糅，譯者似未簡別；

（4）前經之流通分爲〈安樂行〉。

（5）後經之流通分應爲〈囑累品〉，但此品之前又有其他諸品，不合佛經之體例，而《正法華》、《添品法華》的最後一

㉒ 〈妙法蓮華經四十二問〉，《龔自珍全集》，頁 364。
㉓ 〈正譯〉，《龔自珍全集》，頁 357。

品，均是〈囑累品〉，故應將《妙法華》之〈囑累品〉，移至全經之最末。

《法華經》分爲二個主幹，前半部以〈方便品〉爲核心，後半部則以〈如來壽量品〉爲中心㉔，《妙法華》由〈囑累品〉之後諸品，即由〈藥王菩薩本事品〉至〈普賢菩薩勸發品〉爲前二核心發展出之後，才再滋生出的。佛經曾常是如龔自珍所說的「蔓衍」，就今日學界所知，原始《法華經》，可能是以〈方便品〉、〈如來壽量品〉爲核心，據此而發展的其他諸品，其間亦經過一相當漫長的歲月㉕，因此，龔自珍說「兩經各有蔓衍」，是符合史事的，然龔自珍常用「譯誤」，來批評佛經的翻譯，可能有言過其實之處，因爲佛經的蔓衍，也促成佛經版本的歧異，因此，鳩摩羅什所譯的《妙法華》，和其前之〈正法華〉，及隋譯〈添品法華〉之間的差異，是經文版本之不同所造成的。晉太康七年（286）竺法護所譯〈正法華〉㉖，和羅什所譯《妙法華》相較，《正法華》的譯出雖較《妙法華》爲早，但在原典的版本上，《妙法華》要早於《正法華》半世紀之久㉗。《妙法華》〈囑累品〉之後，尚有六品，正說明這六品是二大主幹成立後，再「蔓衍」出的，而《妙法華》的版本，可以反映出實情。《正法華》、《添品法華》則是較晚的版本，故將〈囑累品〉移置於全經之

㉔ 平川彰等著，林久稚譯，《法華思想》，（臺北：文殊，1987），頁10、47。

㉕ 見《法華思想》，頁 11。

㉖ 僧佑，《出三藏記集》，（《大正藏》，卷五五），卷八，〈正法華經記〉，頁56下。

㉗ 平川彰，〈大乘佛教的法華經位置〉，收於平川彰等著、林久稚譯，《法華思想》，（臺北：文殊，1987），頁 11，認爲《正法華》原典成立的時間若爲西元 250 年左右，則《妙法華》原典的成立，則爲西元 200 年左右。

末。佛經的形成，幾乎都有一段時間的沉積，也就是說，雖然每部佛經的教義，都是「一時具現」，但其教義的組成，都是發展的過程，其間有相當一段時間的累積。

前述龔自珍在〈妙法蓮華經四十二問〉謂：「智者《文句》，大綱舉矣，條別未盡也。吾大意符智者，別出科別」，而自珍和智者的科判品目不同何在？智者之科判圖示如下：

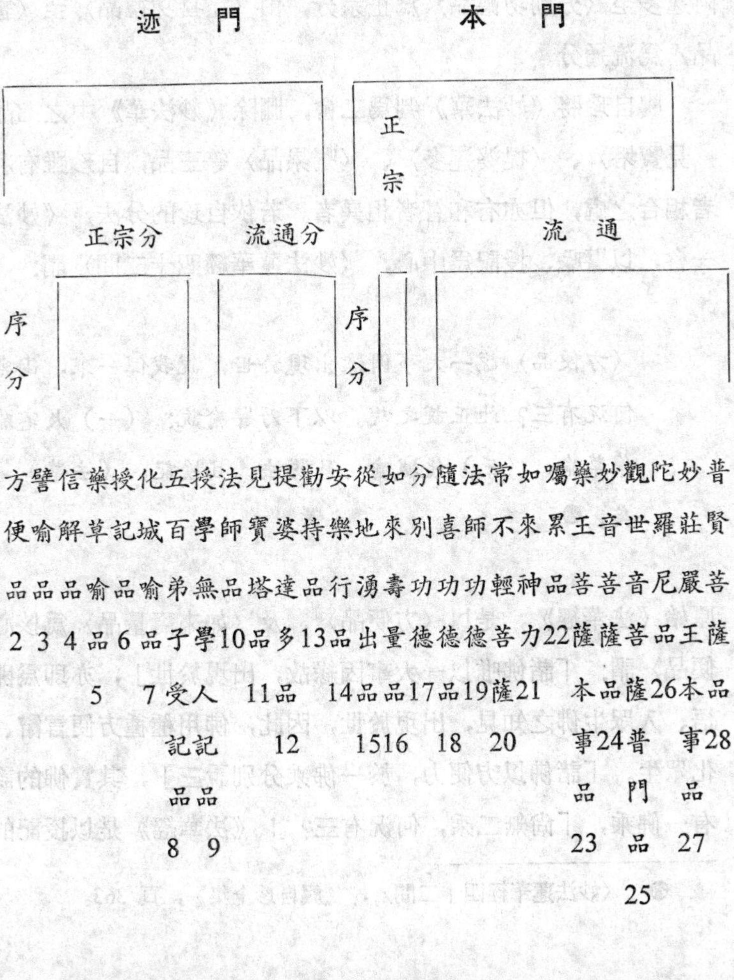

《法華文句》將《妙法華》分爲迹、本二部分，前十四品（由〈序品〉至〈安樂行〉）是「約迹開權顯實」。由〈從地湧出〉至〈普賢菩薩品〉之十四品，是「約本開權顯實」。也就是說前十四品是「迹」，後十四品是「本」。「迹」以〈序品〉爲序分，〈方便品〉至〈授學無學人品〉爲正宗分，〈法師品〉至〈安樂行〉爲流通分。「本」以〈從地湧出品〉，至該品彌勒問，佛答之半品爲序分，由佛告阿逸多至〈分別功德品〉爲正宗分，由〈隨喜功德品〉至〈普賢菩薩品〉爲流通分。

龔自珍將《妙法華》判爲二會，刪除《妙法華》中之七品，移動〈見寶塔〉、〈提婆達多〉、〈囑累品〉等三品，自珍雖有和天台智者相合之處，但亦有和智者相異者。若依自珍的分法，《妙法華》第一會，以譬喻、授記爲中心，〈妙法蓮華經四十二問〉謂：

> 〈方便品〉說一大事因緣出現於世，說我但一乘，尚無有二，何況有三？此正說之說。以下乃譬喻說：（一）火宅喻，（二）藥草喻，（三）化城喻。且說法，且授記，《法華》第一會畢矣。㉘

原始《法華經》，是以〈方便品〉，及〈如來壽量品〉爲核心，〈方便品〉謂：「諸佛唯以一大事因緣故，出現於世」，亦即爲開、示、悟、入眾生佛之知見，出現於世，因此，佛用種種方便言辭、譬喻教化眾生。「諸佛以方便力，於一佛乘分別說三」，其實佛的說法，唯有一佛乘，「尚無二乘，何況有三？」《法華經》是以授記的方式，

㉘ 〈妙法蓮華經四十二問〉，《龔自珍全集》，頁 363。

來說明聲聞、緣覺，乃至眾生皆可成佛。龔自珍對《法華經》的意旨，可謂掌握住精髓。

龔自珍認爲《法華經》第一會，以〈方便品〉一佛乘，因緣譬喩、授記爲主軸，前引文中，謂〈方便品〉「以下乃譬喩說：一、火宅喩，二、藥草喩，三、化城喩，且說法，且授記」。自珍將《法華經》第一會的譬喩，簡化爲三喩，他很清楚第一會的譬喩不止三喩，若將前述自珍所定第一會品目名稱，和通行《妙法蓮華經》作一比對，則會更加清晰：

《妙法華》品名	龔定品名
序品	序品
方便品	方便品
譬喻品	授舍利弗記並說火宅喻品
信解品	須菩提迦葉等說窮子喻品
藥草喻	藥草喻品
授記品	授迦葉等記品
化城喻品	說大通智勝如來並說化城喻品
五百弟子受記品	授五百弟子記弟子說衣珠喻品
授學無學人記品	授學無學人記品
安樂行品	安樂行品

《法華經》有著名的七喩[29]：1. 火宅喩（在〈譬喩品〉）；2. 窮子喩

[29] 有系統地討論《法華經》譬喩的作品，應始於世親的《法華經論》，見世親撰、菩提流支譯，《妙法蓮華經憂波提舍》，（《大正藏》，卷二六），頁 8下，謂：「七種喩，對治七種增上慢心」。

（〈信解品〉）；3. 雲雨喩（〈藥草喩品〉）；4. 化城喩（〈化城喩品〉；5. 衣珠喩（〈五百弟子受記品〉）；6. 髻珠喩（〈安樂行品〉）7. 醫師喩（〈如來壽量品〉）。其中除醫師喩在第二會外，其他諸喩均出自第一會。自珍的科判，除〈安樂行〉外，均特別將諸品的譬喩，列入品名中。〈安樂行〉之髻珠喩，龔自珍在品目中，似未特別標示，但在〈妙法蓮華經四十二問〉第十三問中謂：「（〈安樂行品〉）說髻珠喩，以申前三喩」㉚，其「申前三喩」應是指前引第二問中所說的火宅喩、藥草喩（雲雨喩）、化城喩。

《法華經》七喩中，醫師喩龔自珍判在第二會，其他六喩，均在第一會，龔自珍特別注重火宅喩、雲雨喩、化城喩，而髻珠喩則是「以申前三喩」，關於《法華經》譬喩的意含，印度最權威的解釋，是世親的《妙法蓮華經論》，其論謂：「七種喩，對治七種增上慢心，此義應知」，諸譬喩對治那七種增上慢人？茲表列於下：

(1)	顚倒求諸功德增上慢心	求天人勝妙境界有漏果報	以火宅喩對治
(2)	聲聞一向決定增上慢心	自言我乘與如來乘等無差別	窮子喩
(3)	大乘一向決定增上慢心	無別聲聞辟支佛乘	雲雨喩
(4)	實無謂有增上慢心	實無涅槃生涅槃想	化城喩
(5)	散亂增上慢心	不求大乘，狹劣心中生虛妄解	寶珠喩
(6)	實有功德增上慢心	聞大乘法，取非大乘	髻珠喩

㉚ 〈妙法蓮華經四十二問〉，《龔自珍全集》，頁 364。

(7) 實無功德增上慢心	聞第一乘，心中不取以為第一乘 ㉛	醫師喻

然而，中國佛教更通行三周、三根的說法，《妙法蓮華經文句》即有三周之說，三周是指：法說周；譬喻說周；因緣說周，三根：上根、中根、下根，爲上根人「法說」，爲中根人「譬說」，爲下根人「宿世因緣說」㉜，釋迦有善巧方便，爲不同根器的眾生，開示悟入佛之知見，爲眾生授記，確是《法華經》前半部的宗旨。

龔自珍根據天台宗三周三根之論，於〈妙法蓮華經四十二問〉第三十四問謂：「就三周而論，爲上根說法，授上根記，初善也；爲中根說法，授中根記，中善也；爲下根說法，授下根記，後善也」，文中初善、中善、後善，本於《妙法華》〈序品〉，就《法華經》全經（指今本《妙法華》之前半部）而論，〈方便品〉謂佛以一大事因緣，教化眾生，是授上根記之初善，而「三周譬喻，中善也」，至於〈安樂行品〉，說髻珠喻，則爲後善，爲全經之終了㉝。

龔自珍認爲《法華經》是以一乘佛教爲中心，因眾生的根器不同，而有種種方便。將《妙法華》〈安樂行〉之前的〈見寶塔〉、〈提婆達多〉二品移至後半部，另外刪除了〈法師品〉，如此，龔自珍認爲《法華經》的原貌，是以〈方便品〉爲核心，以種種譬喻、授記爲其內容。

四、《妙法華》後半部之宗旨

《妙法華》有二核心，一者以〈方便品〉爲核心，另一則以〈如

㉛ 同㉙。
㉜ 智者說，《法華文句》，（《大正藏》，卷三四），頁45下。
㉝ 〈妙法蓮華經四十二問〉，《龔自珍全集》，頁 368。

來壽量〉爲主，爲學者的共見。龔自珍亦承認後半部是以〈如來壽量〉爲正宗分，〈妙法蓮華經四十二問〉第十七問，說明《法華經》後半部的大綱及品目，他說：

> 其文以多寶佛為主，以塔見塔沒為首尾，又以下方海眾為由緒，以〈如來壽量〉為正宗，如智者說。又十一品中龍女也、藥王也、常不輕也、妙音也、觀世音也、妙莊嚴王、此六人者，皆證明如來量者也。以六重證明之，以六番指點之，以六事敷演之，以前經例之，此皆不說之說。〈如來壽量〉是正說之說。又第十一品亦名〈多寶塔滅品〉，多寶佛為證明之始，為證明之終。㉞

《妙法華》後半部，以多寶佛之塔出現爲主軸，而〈見寶塔品〉則將過去久遠佛多寶如來，和現在佛釋迦如來，並坐於同一蓮花座，將該經帶入高潮，而〈如來壽量〉也說明釋迦是永遠之佛，釋迦的入滅，則是種方便，該品謂：「我本行菩薩道所成壽命，今猶未盡，復倍上數」，釋迦佛「今非實滅度」，然則歷史的釋迦佛入滅，是釋迦「以是方便教化眾生」。《妙法華》後半部，以過去久遠多寶如來，來說明佛壽命之無量。以〈見寶塔〉爲始，而將《妙法華》之〈囑累品〉移置最後，龔自珍並認爲〈囑累品〉，可更品名爲〈多寶塔滅品〉㉟。

龔自珍引用《正法華》、《添品法華》之最後一品爲證，認爲〈囑累品〉，置於最後，才是正確的，〈妙法蓮華經四十二問〉第十四

㉞ 〈妙法蓮華經四十二問〉，《龔自珍全集》，頁 365。
㉟ 同前註。

問謂：

依晉、隋兩譯，以正秦譯，不亦可乎？此一端可正全經之顛倒竄亂，非阿難原文矣。又此品佛明言多寶佛塔，還可如故，法會遂散，而下品〈藥王品〉中，多寶佛贊宿王華何哉？〈普門品〉中觀世音以一分瓔珞供多寶佛塔又何哉？其倒置不屑辯矣。㊱

《法華經》後半部，既以如來壽量爲主，龔自珍的意見，不能說無見地。

龔自珍認爲《妙法華》的後半部，與前半部是兩部經，天台智者大師，以「迹」、「本」，關聯《妙法華》的二個主題，龔自珍雖贊成天臺「迹」（前半部）中有本，「本」（後半部）中有迹㊲，但龔自珍反對是由「迹」中生「本」，《妙法華》前、後二會，是二部經如〈妙法蓮華經四十二問〉第二十一問謂：

問：使與前經銜尾相承，由迹生本可乎？

答：不可。各自為經。㊳

既如此，則半部的經名爲何？自珍認爲其經名，可定爲《平等大慧經》，亦可命名爲《釋迦壽量經》、《多寶佛出現經》、《多寶佛證明

㊱ 〈妙法蓮華經四十二問〉，《龔自珍全集》，頁 365。

㊲ 同前註，頁 366。

㊳ 同前註，頁 368。

釋迦壽量經》等㊴。若果如自珍所謂《妙法華》之後半部，應是另一經，則佛經的通例，經首是以「一時我聞」開經，但《妙法華》〈見寶塔〉之首爲「爾時」，對於此一反駁，龔自珍的回答是：

> 問：〈見寶塔品〉以爾時二字發端耶？
>
> 答：必有如是我聞，必有序法會云云，必有當說《妙法蓮華經》云云，譯主欲衍尾，因刪之矣。㊵

自珍認爲〈見寶塔〉之首，必有「如是我聞」，是翻譯的過程中被刪除。羅什未必如自珍所說刪除了「如是我聞」，但原始《法華經》的後半部有「如是我聞」，亦有可能。《薩曇分陀利經》其內容大致和今本《妙法華》之〈見寶塔品〉，及〈提婆達多〉相當㊶，《薩曇分陀利經》可能是比鳩摩羅什所用的《妙法華》更早的版本，薩曇分陀利是梵文 Saddharmapuṇḍarīka 之音譯，薩曇譯爲「正法」或「妙法」，而分陀利則爲蓮花之意。《薩曇分陀利經》確有「聞如是」，及序法會處、人，凡此似可作自珍主張《妙法華》之後半部，確爲獨立一經之佐證，但經名則可能非如自珍所說，其經名仍爲《法華經》。

龔自珍認爲《妙法華》之前半部，及後半部，雖是二經，但不是不相關的兩部，二經既可分開，亦可合而爲一，他說二經「合而讀之，用證三昧，分而讀之，用證三昧，無不可者」㊷，《妙法華》的

㊴ 同前註，頁 367。
㊵ 同㊳。
㊶ 鳩摩羅什所譯的《妙法蓮華經》，原本只有二十七品，無〈提婆達多〉。羅什弟子道生所著《法華經疏》，收於《卍續藏經》，第 150 冊。
㊷ 同㊳。

後半部，龔自珍刪除了〈勸持品〉、〈分別功德品〉、〈隨喜功德品〉、〈如來神力品〉、〈陀羅尼品〉、〈普賢法勸品〉，另外將〈法師功德品〉移置爲全經的倒數第二品，而龔自珍說明了刪除及移置的原因，本文已述於前節。

若再讀上述自珍所刪諸品經文，當可發現諸品，都是在宣說，受持經典的功德，如〈勸持品〉謂：「我等於佛滅後，當奉持、讀誦、說此經典」。〈分別功德品〉謂：「若有受持、讀誦、爲他人說，若自書，若教人書，供養經卷，不須復起塔寺及造僧坊供養眾僧」，「廣聞是經，若教人聞，若自持，若教人持，若自書，若教人書，若以華香、瓔珞、幢幡、繒蓋、香油、酥燈供養經卷，是人功德無量無邊，能生一切種智」。〈隨喜功德品〉則謂以一切樂具，施於四百萬億阿僧祇世界六趣眾生之功德，不如第五十人聞《法華經》一偈隨喜功德之百千萬分之一。〈如來神力品〉：「如來一切甚深之事，皆於此經宣示顯說」，「應一心受持、讀誦、解說、書寫、如說修行」，若經卷所在之處，皆應起塔供養。〈普賢菩薩勸發〉：「求索者、受持者、讀誦者、書寫者，欲修習是《法華經》，於三七日中，應一心精進，滿三七日已，我當乘六牙白象（現前說法）」若有人批評受持《法華經》，不管其批評是否爲眞實，此人現世得白癩病，若有人輕笑受持《法華經》者，其人當世世牙齒疏缺，醜脣、平鼻、手腳繚戾、眼目角睞、身體臭穢、惡瘡膿血、水腹、短氣、諸惡重病。於此，不難看出，龔自珍所刪除的諸品，都和經卷受持、經卷崇拜有關。這可能和龔自珍認爲《法華經》後半部，應以佛塔爲主有關，他認爲《法華經》的後半部，是以多寶佛塔之出現——〈見寶塔品〉爲始，以多寶佛塔還沒——〈囑累品〉爲終。

整部《妙法華》中，有佛塔崇拜、經卷崇拜、塔經和合崇拜等三種宗教崇拜形態。前半部的〈授記品〉即是以佛塔崇拜爲主，如謂：

> 我今語汝，是大迦旃延於當來世，以諸供具養奉事事八千億佛，恭敬尊重。諸佛滅後，各起塔廟高千由旬……眾華、瓔珞、塗香、末香、繒蓋、幢幡、供養塔廟。

塔的崇拜在佛教中起源甚早，和大乘佛教的關係，至今學界仍有不同意見，不過塔的崇拜，可能要早於經卷崇拜，而早期塔內所供奉的，則是舍利。

在較晚期的般若系經典，即已有經卷崇拜，如鳩摩羅什譯《大品般若經》，即明白宣示經卷供養，更勝過舍利塔供養，如謂：

> 佛告釋提桓因言，憍尸迦！若滿閻浮提，佛舍利作一分，復有書般若波羅蜜經卷作一分，二分之中汝取何所？
>
> 釋提桓因白佛言：世尊！（略）二分之中，我寧取般若波羅卷。何以故？世尊！我於佛舍利非不恭敬，非不尊重，世尊！以是舍利從般若波羅蜜中生。（略）
>
> 佛告釋提桓因言：如是！如是！憍尸迦，若善男子，善女人，書般若波羅蜜經卷供養恭敬香花，乃至幡蓋。若復有人書般若波羅蜜經卷，與他人令學，是善男子，善女人，其福甚多。（略）善男子，善女人，欲供養現在佛，恭敬尊重讚歎花香乃至幡蓋，當供養般若波羅蜜。㊸

㊸ 鳩摩羅什譯，《摩訶般若波羅蜜》，（《大正藏》，卷八），卷十〈法稱品〉，頁290中。

經卷供養爲大乘運動開創了一些新的契機。《妙法華》〈法師品〉即是以經卷供養，作爲創作經典的指導原則，如謂「於此經卷敬視如佛」，而由〈法師品〉亦開始轉以《法華經》授記，如該品謂：「（大眾）咸於佛前聞妙法華經一偈一句，乃至一念隨喜者，我皆與授記，當得阿耨多羅三藐三菩提」，只要有人受持、讀、誦、解說、書寫《法華經》，即「應以如來供養而供養之」，此品既名〈法師品〉所謂法師，應指能受持、讀、誦、解說、書寫《法華經》者。〈法師品〉又說能爲人說《法華經》一句者，此人爲「如來使」，是如來所遣。〈法師品〉在龔自珍的科判，認爲是應予以刪除的。如此，龔自珍似未體會出，經卷供養所可能發展出的新內涵。

在《妙法華》中，除了有經卷崇拜、佛塔崇拜外，更能反應出其特色的是經塔合和的崇拜。〈法師品〉有強烈的經卷供養觀外，其實仍會歸爲經塔合和供養，如〈法師品〉之末，釋迦囑咐藥王菩薩時說：

> 藥王！在在處處，若說、若讀、若誦、若書、若經卷所住處，皆應起七寶塔，極令高廣嚴飾，不須復安舍利。所以者何？此中已有如來全身。

塔原是放置舍利供奉的，而在經塔和合供養的新崇拜方式中，產生了新的解釋，認爲經就是佛的舍利，故不須放置舍利。

嚴格地說，《妙法華》是以經塔和合爲主軸，〈法師品〉在全經中轉以經卷授記，而後半段則以經塔合和，而接下來是〈見寶塔品〉則說多寶佛的舍利全身塔，「爲聽是經故，踊現其前爲作證明」，在〈分別功德品〉說：「善男子，善女人受持、讀誦是經典者，爲已起塔，造立僧坊，供養眾僧」，雖可見其經卷供養的取向，但仍不失其經塔合和的本質。

龔自珍將《法華經》的後半部，判爲以多寶佛爲核心，頗有見地，但刪除一些經卷供養的品目，則似有將《法華經》後半部理解爲佛塔供養之嫌。

龔自珍對《妙法蓮華經》的科判，有其新穎之處，但刪除的品數，達七品之多，不可不謂爲「強悍」，他在〈妙法蓮華經四十二問〉之末謂:

> 問：子重定《法華》之文，悍如此，不問罪福乎?
>
> 答：凡我所說，不合佛心，凡我所判，不合阿難原文，我為無知，我為妄作，違心所安，誑彼來學，我判此竟，七日命終，墜無間獄，我不悔也。如或所言，上合佛心，我所科判，上合阿難原文，佛加被我，智者大師加被我，我疾得法華三昧，亦得普見一切色身三昧現生蒙佛夢中授記，得阿耨多羅三藐三菩提。[44]

可見他對自己的理解相當有自信，〈妙法蓮華經四十二問〉作於道光十七年（1837）正月，該年九月二十三日，龔自珍「聞茶沸聲，披衣起，菊影在扉，忽證法華三昧」[45]，道光二十年，他寫〈己亥雜詩〉仍謂「鳩摩枉譯此經（《妙法華》）來」。由此，可見龔自珍對他所刪定的《法華經》頗爲堅持。

---

[44] 〈妙法蓮華經四十二問〉，《龔自珍全集》，頁 370。

[45] 〈己亥雜詩〉，《龔自珍全集》，頁 517。

五、《法華經》的經王地位

龔自珍對《法華經》用力頗多，他雖認爲現本《妙法華》有些品目須要刪除，但他對《法華》推崇備至，他認爲《法華經》爲經王，在〈妙法蓮華經四十二問〉開宗明義，指出《法華經》的經王地位，他說：

> 問：三藏十二部，《妙法蓮華經》為經之王，何也？
> 答：隋以來判教諸師，皆曰：《華嚴》日出時，《法華》日中時，《涅槃》日入時。明蕅益大師曰：「諸經有《法華》，王者之有九鼎，家業之有總帳簿。」與一切經各各自言經中之王不同。㊻

很明顯地，龔自珍是延續明代蕅益大師，視《法華經》爲佛教教義的「總帳簿」，《法華經》是統攝佛教一切教義的經王。〈妙法蓮華經四十二問〉第二問中龔自珍又引明代幽溪大師之言謂：「一切經所說，統於是經」，因此，龔自珍所謂經王的意義，是非常清楚了。

龔自珍更認爲《法華經》可以統合各宗派，在深究《法華經》之前，他曾參了一段時間的禪，在〈己亥雜詩〉曾謂：「狂禪闢盡禮天台」㊼，但這並不是說禪宗，言之無物，他認爲禪與《法華經》是一鼻孔出氣的，〈妙法蓮華經四十二問〉謂：

㊻ 《龔自珍全集》，頁 363。
㊼ 《龔自珍全集》，頁 516。

六祖大師《壇經》第七則曰：有人咨問《法華經》大義，祖命誦其文，誦至〈化城喻品〉，祖遽曰：止。即口授大義云云。六祖所言與天台智者大師之言，無二無別，謂之六祖所撰《法華玄義》可矣，謂之六祖所授《摩訶止觀》、《六祖法華三昧》，無不可矣。夫六祖文殊化身也。[48]

將《壇經》視爲六祖的《法華玄義》，並非一時筆興之言，〈最錄壇經〉謂：

六祖所獲於《法華》、《涅槃》也，與吾智者大師同，謂之六祖撰《法華玄義》可，謂之《涅槃玄義》可，謂之六祖《摩訶止觀》無不可也。其斥淨土，開唯心之宗，最上法門，我實不見其謗淨土。五燈以還，險語過此者多有，何獨譏六祖！[49]

禪宗多機鋒，且強調自力，但龔自珍認爲六祖並不排斥淨土，且視《壇經》之旨，與智者之作品相同，龔自珍並將六祖與智者，同置於一龕供奉[50]。

宋以後，中國佛教的大問題，有禪淨關係、禪教的分齊，明、清時「禪淨雙修」、「禪淨一致」，成爲一般的趨勢，在教理、修持，禪、淨都是佛教界關心的問題，而上述的問題，龔自珍都希望，能以

---

[48] 《龔自珍全集》，頁 368。
[49] 《龔自珍全集》，頁 402。
[50] 〈己亥雜詩〉（《龔自珍全集》，頁 517）謂：「龍樹靈根派別三，家家楖栗不能擔，我書唤作《三桠記》，六祖天臺共一龕」，該詩原注：「近日述天台家言爲《三普銷文記》卷七，又撰《龍樹三桠記》」，但這二部書已佚。

《法華經》當作黏合劑。龔自珍曾撰〈以天台宗修淨土偈〉[51]，他想以《法華經》融攝淨土的態度，是非常明確的。龔自珍曾撰〈正譯〉一文，該文共分七節，第一節是討論《妙法華》的翻譯，第七節是總論歷代所譯之經，第六節是討論咒語發音，第五節是批評《大般若經》的翻譯，第四、第三、第二等三節，則是討論淨土宗彌陀系經典[52]，在撰述〈正譯〉之前，龔自珍於道光十一年撰〈誦得淨土陀羅記數簿書後〉立願誦拔一切業障根本得生淨土陀羅尼，以「疾證法華三昧」，並立誓於戊戌年（道光十八年）誦畢，戊戌年即撰〈妙法蓮華經四十二問〉之次年。該文之後，又說得生淨土陀羅尼，即一切陀羅尼，誦此陀羅尼，即是誦大小彌陀，同時亦即是誦《法華經》[53]。道光十二年（壬辰）龔自珍自謂原先無法接受天台性具的思想，後移之念佛三昧，以彌陀性具法界中之我，念我性具法界中之彌陀，而此理念，與《法華》：「是法住法位，世間相常住」並行不悖[54]。

前述〈妙法華蓮華經四十二問〉時，曾提及龔自珍認為《妙法華》中〈陀羅尼品〉應予以刪除，自珍認為陀羅尼，應別行於密部。這並不是說他反對誦咒，道光十七年十月，龔自珍又撰〈論京北可居狀〉告誡其子謂：「子孫如聰慧者，宜習蒙古書，通喇嘛經咒。習蒙古書，通喇嘛經咒，可以代東南書記之館，教讀之師」[55]。此論出自以經史之學著稱的大師之口，確實令人稱奇，但此文並非一時之戲文，而是很嚴肅的一篇誡子筆。

龔自珍誦咒，發願「疾證法華三昧」，以《法華》修淨土，又自

---

[51] 《龔自珍全集》，頁 372。
[52] 《龔自珍全集》，頁357～362。
[53] 《龔自珍全集》，頁 391。
[54] 〈最錄三千有門頌〉，《龔自珍全集》，頁 400。
[55] 《龔自珍全集》，頁 356。

已制定觀儀，〈定盦觀儀〉謂其觀儀是依智者之師南岳慧思教儀而定，在生起次第方面，先觀阿彌陀佛，次觀觀世音、大勢至菩薩，並誦拔一切業障根本得生淨土陀羅尼，在觀儀之後，自珍謂：「弟子龔自珍稽首釋迦牟尼文佛、阿彌陀佛、觀世音菩薩、大勢至菩薩及南岳思大師、天台智者大師」，很明顯，自珍是以《法華》修淨土。

道光十七年，龔自珍又撰《支那古德遺書》該書已佚，今僅有〈序〉，該書收集了慧思、智者、湛然、無相、帝心（杜順）、宗密的著作，其〈序〉謂：

> 有化城以為之止息，乃有大事因緣以為之歸墟。其言明且清也，故被乎三根，其術至樸實平正也。故其書一根學焉，而各無弊，莊論法語，尚懼不聽，烏有所謂機鋒者乎！(56)

龔自珍編集此書的宗旨，是以《法華經》一乘佛教爲開示悟入眾生佛之知見爲主，因眾生根器，有所不同，故有三根方便施教，文中化城、大事因緣，均出自《法華》，他並認爲「三乘所劬勞，八教所筦鑰，盡事禪」，並非離了教，另外尚有禪，該〈序〉又說：

> 診脈處方，臨時區配，烏有以現成語句，囫圇籠罩人者乎？或宗《華嚴經》，或宗《法華經》，或宗《涅槃經》，荊谿讚天台云：「依經帖釋，理富義順」，烏有所謂教外別傳者乎？或難之曰：天臺所云云，都在《法華》七卷內耶？應之曰：書不盡言，言不盡意，作者無之，述者有之，九流之通例如此矣。烏有所謂孤提祖印，密付衣盋者乎？以佛為師，以佛知見為

---

(56) 《龔自珍全集》，頁 384。

歸，以經論為導，以禪為行，烏有所謂不向如來行處行者乎？[57]

龔自珍《支那古德遺書》，是以《法華》的融合精神，調和禪教，至爲明顯。

唐代以後，中國佛教有天台、華嚴的對峙、競爭，而龔自珍認爲華嚴宗之五教與天台宗之四教，是可以相通的[58]。又於〈最錄禪源諸詮〉謂：「居末法中，欲敵生死，如救頭然，達摩、天台、普賢，同是菩薩，華嚴、法華，同是圓教。起禪教分別想，於教中又起教相分別想，於達摩及天台及賢首生軒輊想，於華嚴、於法華生軒輊想。皆是也，皆非也，皆不必，皆不暇」[59]。

由前所述，龔自珍認爲《法華經》是經王，因爲《法華經》有不說之說、正說之說、譬喻之說，而實際只說一佛乘，於禪、教，起分別想，在方便、根器的層次，有其必要，而在唯一佛乘的層次，則沒有必要起分別想，因此，對禪宗、天台、華嚴，起分別想，皆是亦皆非。另外，又以法華三昧與淨土結合。也就是說，龔自珍是以《法華經》爲中心，欲重新建立佛教的體系，而此體系可以和禪、淨、華嚴、天台相會通。以《法華經》，融通各宗，是龔自珍的大前題，但他的《法華經》，和鳩摩羅什所譯的《妙法蓮華經》不盡相同，也就是說，經過龔自珍重新編排過的《法華經》，已和天台宗所用的《妙法華》不同。《法華經》以新的面貌出現，新經典的出現，可否稱爲

---

[57] 《龔自珍全集》，頁384～385。
[58] 〈最錄原人論〉，《龔自珍全集》，頁 405。
[59] 《龔自珍全集》，頁405～406。

新的佛教趨向?

六、結　　論

龔自珍的生活時間，大致和馬克斯相當，當時中國社會和西方社會一樣，面臨重大轉變社會問題嚴重，侯外廬《近代中國思想學說史》，稱龔自珍是「揭露封建黑暗預言民族危機底議政家」，中國在龔自珍逝世前一年和英國爆發鴉片戰爭，再後九年，太平天國起事[60]。太平天國起事，應理解爲中國內部問題的總爆發。

馬克斯有深刻的人文關懷，雖然馬克斯對宗教的批評不遺餘力，但羅素在《西方哲學史》一書，將馬克斯和 St. Augustine 的語彙作了類比，馬克斯是將基督教的情愛運用於社會主義[61]。現代一些唯物主義的學者，往往將龔自珍視爲「封建迷信」的傳聲筒[62]。如此，將無法理解這位近代中國變法史上，居於啟蒙導師地位者的理念。

龔自珍五歲時（嘉慶元年，1796）白蓮教民叛，嘉慶八年福建同安棉花工蔡牽等入海起事，次年，蘇州市民聚眾搶糧，在龔自珍撰〈明良論〉的同一年（嘉慶十八年）天理教叛、段玉裁給龔自珍的評語謂：「四論皆古方也，而中今病，豈必別製一新方」[63]。嘉慶二十一年，作〈平均篇〉，文謂：貧富不均，羨慕、憤怨、驕汰、嗇吝，會造成「澆漓詭異之俗」，因而不祥之氣，鬱於天地之間，鬱之久乃

---

[60] 侯外廬，《近代中國思想學說史》，下册，頁 609。

[61] Bertrand Russell, History of Western Philosophy, p. 361.

[62] 如陳鍾管，《龔自珍研究》，（北京：人民文學出版社，1984），頁 108 謂：「龔自珍的一些詩歌，成爲尊佛談禪和宣揚因果報應，封建迷信思想的傳聲筒」，不只誤解佛教，亦不了解龔自珍的佛教思想。

[63] 《龔自珍全集》，頁 36。

必發爲兵燹」[64]，道光十七年，英國鴉片進口，直逼四千箱，同年四川的彝族起事，也在這年他完成了〈正譯〉、〈龍藏考證〉、〈妙法蓮華經四十二問〉、《支那古德遺書》。次年，林則徐南下禁煙，龔自珍致函林則徐，說鴉片是「食妖」，並提出多項建議，其中有一項謂「火器宜講求」，並想南下助林則徐，而林則徐的覆函對龔自珍的建議，亦多有採納[65]。龔自珍對時局極爲關心，而這段時間，他完成了佛學方面的主要著作。因此，我們不能說龔自珍研究佛教，是爲了消極避世。

大乘佛教的核心教義，是六波羅蜜（六度），六度須以實際的行動，作價值的無限開發，般若系統經典，創造了一系列英雄典範，這些英雄，以一顆永不休止的熱情，獻身於變動無常的俗世，即不執著，又不放棄價值。

中國佛教眞正掌握般若的精神，是由鳩摩羅什翻譯般若系經典開始。就在鳩摩羅什翻譯的《大智度論》中，隱約提及《法華經》優於般若經，如謂：

> 問曰：更有何法甚深，勝般若者？而以般若囑累阿難，而餘經囑累菩薩。
>
> 答曰：般若波羅蜜非秘密法，而《法華》等諸經，說阿羅漢受決作佛，大菩薩能受持用。[66]

鳩摩羅什譯出《妙法華》後，《法華經》才在中國佛教界取得特殊地

---

[64] 《龔自珍全集》，頁 78。
[65] 〈送欽差大臣侯官林公序〉，《龔自珍全集》，頁169～171。
[66] 鳩摩羅什譯，《大智度論》，（《大正藏》，卷二五），卷一〇〇，頁754中。

位。現今尚存最早的《法華經》疏，即鳩摩羅什弟子道生所著之《法華經疏》，可見以羅什爲主的長安教團，對《法華經》是極端的重視。《法華經》會三（聲聞、緣覺、菩薩）歸一（佛乘），對小乘其他教派採取包容的態度，也最能爲當時教義分歧的佛教，提供一可以包容不同教義的可能性。若說南北朝的中國佛教，是以《法華經》爲黏著劑，將其他不同的經典，予以關連，當不爲過。

《法華經》的集成，是經過相當長的時間，這部經典，本身即是時間的沉積，《法華經》史，是個非常複雜的問題。若以現代學術標準，可能會對龔自珍的科判，提出一些批評，但若以銓釋的角度來看，龔自珍的科判，是將《法華經》的歷史沈澱作另一新的呈現。他甚至認爲《法華經》的記錄者阿難，爲「一載筆之史」[67]，並認爲《法華經》與其他經典不同之處，在《法華經》是一記事多於記言的經典[68]。這可能和龔自珍是一出色的史學家有關[69]。《法華經》的核心是一乘佛教、授記、方便，龔自珍企圖重新釐清這部經典資源，因此，有新的科判出現。龔自珍仍確定《法華經》是「經王」的地位，也以《法華經》來融攝其他的宗派，這應是中國佛教另一可能的新契機。

[67] 《龔自珍全集》，頁 369。認爲佛經中，有歷史意義，在龔自珍的其他詩句中，亦有些線索，如〈夢得「東海潮來月怒明」之句，醒，足成一詩〉，《龔自珍全集》，頁 440 謂：「梵史竣編增楮壽」，這裏的「梵史」，可能即指佛經。

[68] 《龔自珍全集》，頁 363。

[69] 錢穆，《中國近三百年學術史》，下册，（臺北：臺灣商務印書館，1976），頁 535 謂龔自珍是章學誠六經皆史論的繼承者。關於龔自珍在史學上的重要成就，參張承宗，〈龔自珍史學研究〉，收於吳澤主編，《中國近代史學史論集》，上册，（華東師範大學出版社出版，1984）。

日據前期臺灣
北部新佛教道場的崛起
——基隆月眉山靈泉寺與臺北觀音山凌雲寺

江　燦　騰

一、前　言

日據時期的佛教史研究，是筆者撰寫近百年來《臺灣佛教發展史》的一部分，過去也曾應邀在「新雨佛教文化」的臺北道場作專題演講（1991年 9 月26日）。隨後即相繼在該雜誌的卷五一、卷五二、卷五三、卷五六、卷五七、卷五八、卷五九，連載了經過補充後的講詞。

可是，該講詞的內容和架構，是以戰前和戰後的佛教史比較爲中心，涉及的層面相當複雜，和單以新道場的崛起爲討論對象，是截然有異的。

爲了使日據前期的臺灣北部新佛教的發展面貌，有一清晰的理解，本文根據上述講詞再整理後，以基隆月眉山靈泉寺和臺北觀音山凌雲寺爲中心，透視當時臺灣佛教轉型的各種問題，及其涉及的中、日、臺三角關係。在研究視角上是較切近宗教社會史的探討。

當然，就實際而言，當時的臺灣北部佛教新道場，除了上述的兩道場之外，還有以覺力法師（1881～1932年）爲核心的苗栗大湖法雲寺派，以及日本移植臺灣的各宗道場❶。但是，本文的重點是側重在臺灣佛教從齋教到正統佛教的轉變，例如靈泉寺的善慧法師（1881～1945年）和凌雲寺的本圓法師（1833～1946年），即是本島齋教徒出身而後成爲受戒的正統僧侶，以及創建了正統的佛寺。反之，覺力法師是來自大陸對岸的鼓山湧泉寺，本身純粹是正統的佛教僧侶，因此情況大有不同。所以有關覺力法師和大湖法雲寺的創建，本文暫不處理，擬另撰專文探討此一日據時期來臺發展的大陸籍僧侶。

二、善慧法師與基隆月眉山靈泉寺的崛起

在日據時期的臺灣佛教界，有所謂的四大門派，即月眉山派、凌雲寺派、法雲寺派和高雄的大崗山派❷。其中大崗山派，也有學者主張因其是由臺南開元寺分枝出來的，應以臺南開元寺派取代大崗山派❸。不過，這種見解的差異，都不涉及本文要探討的北部兩大新興道

---

❶ 日據時期移來的佛教宗派有：（一）曹洞宗。（二）臨濟宗妙心寺派。（三）眞宗（本願寺派和大谷派）。（四）日蓮宗。（五）法華宗（本門法華宗和顯本法華宗）。（六）淨土宗（鎭西派和西山深草派）。（七）天台宗。（八）眞言宗（高野派和醍醐派）。其各宗道場的分佈及建置時間，詳載昭和四十四年（1969）出的《佛教大年鑑》（東京：佛教時代社），頁 175,185,194,195,196,199。另見昭和十八年（1943）《臺灣之神社及宗教》一書（臺北：總督府文教局社會課編），亦詳列各道場分佈載頁 60 以下。

❷ 此四大門派，係按《臺灣佛教寺院庵堂總錄》(臺北：華宇出版社，1988）出版前言的分類而定。佛教學者藍吉富先生在爲《臺灣佛教名刹》一書（臺北：華宇出版社，1988），所撰的〈序〉，也提到月眉山、觀音山、法雲寺、大崗山四大主流。頁 15。

❸ 見《重修臺灣省通志・卷三住民志宗教篇》第二册（南投：省文獻會，1992），瞿海源編纂，頁127～128。

場，故可在此置之不論。

在臺灣的四大門派中，最先應提出討論的，是基隆月眉山的靈泉寺。而創建此寺及此派的善慧法師其人，尤其值得注意。

善慧法師生於清光緒七年（1881）。四歲時遭中法戰爭，法軍圍攻基隆將近一年，戰況慘烈，可以說，他從小就飽嚐戰爭的威脅。九歲入私塾，讀漢文典籍，持續多年，為日後的詩文能力❹，奠下良好的基礎。十五歲（1895）那年，日本因甲午戰爭勝利，將臺灣割為己有，進入臺灣史上的所謂「日據時期（1895～1945年）」，而這時善慧法師仍未接觸佛教。亦即，臺灣佛教的四大門派中，除開元寺派外，都是進入日據時期才崛起的❺。

以善慧法師而論，他是明治二十九年（1896），也就是日據第二年，才和母親郭氏皈信「齋教」的龍華派❻。但是，他何時？或何以會成為正統的受戒僧侶呢？這是頗耐人尋味的。

在現有的一些關於臺灣佛教日據時期的資料中❼，都曾提到福建鼓山湧泉寺僧侶善智和妙密兩禪師，來基隆弘法，並進而影響善慧法師出家的事。但史料的記載並未說明進一步的詳情。

---

❹ 嚴慶雲在〈追懷善慧上人〉一文提到：「上人不獨鑽研佛學，對詩文，尤造詣弘深。」見《中國謎苑雜誌》1990年9月10日，第一版。而《南佛教瀛會報》卷二第五號（1914年9月），頁19～20，即可見善慧法師詩作多首，的確詞清意暢，有一定程度。

❺ 按靈泉寺是始建於明治三十六年（1903）。凌雲寺始建於明治四十二年（1909）。大崗山超峰寺雖建於乾隆二十八年（1673），為一古剎，但中興超峰寺的第一代住持義敏法師（1875～1947年）和第二代住持永定法師，則要到明治四十一年（1908），才開始駐錫和進行擴建。故以上三大派皆崛起於日據時期。

❻ 臺灣「齋教」有三派，即龍華、金幢、先天三門。其中龍華、金幢二派，實是明清羅教的分派。

❼ 此可見李添春撰〈靈泉寺沿革〉一文，以及普現撰〈得戒慧公和尚傳〉一文，皆收在《靈泉寺同戒錄》（基隆：靈泉寺，1955），頁2～7。

因爲善智和妙密兩人，皆出身於對岸福建的鼓山湧泉寺，且於明治三十三年（1900），才來到基隆的。這時，日本統治臺灣已有五年了。根據割臺的〈馬關條約〉規定：在日本割臺後的兩年內，可以自由選擇回大陸爲清國子民，或留在臺灣爲日本國民❽。但兩年早過去了。因此，善智和妙密兩人，已不像清領時期，可以往來大陸和臺灣之間，如一國一省之內那樣自由；而是被視爲外國的清國子民來到日本統治下的臺灣基隆，有種種限制的。此外，旣屬清國子民，則來臺求發展，必得當地的佛教徒協助才行。但所謂佛教徒，其實包括出家在家兩衆，而當時在基隆的出家衆極少；在家衆中，「齋教徒」是被視爲佛教徒的❾，所以成了被吸收的主要來源。這就是「齋教徒」的善慧法師，後來被携到福建出家受戒再帶回臺灣共創佛教事業的根本原因❿。

另一方面，此事也可以從臺灣北部環境，特別是基隆港市的大變化來觀察。因在日本統治臺灣之前，亦即臺灣北部自十九世紀下半葉以來，已逐漸在經濟和政治上，成爲全臺首要的地區。臺北城就是和這一變化有關才建成的。但是，直到日本統治臺灣並大力拓建基隆港之前，臺北和大陸或外國的航線，主要是靠淡水河流域；而淡水港的貿易量在清領末期，也遠遠超過基隆港。筆者曾撰有一篇研究日據前期基隆港市崛起的長篇論文，詳細地分析過各種背景和變遷的因素，發表於《臺北文獻》第八十二期（1987年12月），在此不多作說明。我在這裏要指明的一點，是淡水的没落，然雖要到大正九年（1920）

❽ 爲條約第五條所載。見王曉波編，《臺胞抗日文獻選編》（臺北：帕米爾書店，1985），頁4。
❾ 「齋教徒」自視爲佛教徒，尤其禪宗的一支，原是明代以來的傳統。
❿ 同❼。

以後，但基隆港市的崛起，在明治三十三年（1900）時，因第一期築港工程已在進行，全市正處於欣欣向榮的景況中，因此善智和妙密率十幾個人坐船在基隆上岸求發展，也是可以理解的

善智和妙密兩禪師先住錫在基隆當時的玉田街奠濟宮後面的樓上，或爲施主作法會消災，或爲檀信講解法語和經文，奠濟宮因此成了他們臨時說法的道場。他們來自福建，使用一般閩南語講解佛法禪理，在語言上無隔閡之感，很引起聽眾的興趣，漸漸有了護持的信眾。聽眾中最感興趣的，是俗名淸俊，龍華派法名普傑的善慧法師。他於二十歲之年（1900），禮基隆當地龍華派的張太空⓫爲師，正式皈依爲龍華派的教徒，是所謂的在家長齋，不同於出家爲僧。但臺灣齋教的龍華派和佛教的禪宗關係密切，且福建鼓山湧泉寺久爲臺灣佛教徒受戒和求道的正統禪宗道場，因此善慧法師隨兩師研習佛教典籍，並無本質上的信仰衝突。只是同爲龍華派教徒的郭氏，反對善慧法師進一步隨善智和妙密兩人出家爲僧。但母親的攔阻，僅把出家的時間稍爲延後二年罷了。

由於妙、善兩禪師中的妙密，來臺年餘即過世，因此善慧法師成了善智禪師最親近之人。但善智並未視他爲弟子，而是以同輩論交，因此在明治三十五年（1902），善智帶他回福建鼓山湧泉寺拜景峰法師爲師，同時受大戒⓬，停半年，才回臺灣。他的母親，起初以爲他只是跟善智到鼓山一遊，不料卻削髮出家，心裏十分悲痛，但生米已

⓫ 按張太空，姓張，本名賜歡，是基隆太陽媽廟源齋堂堂主。而「太空」乃龍華派九品階級的第二級，最高級爲「空空」。（此條資料，爲王見川先生提供，謝謝。）

⓬ 按受大戒即「三壇大戒」，爲中國特有的戒法，分三壇正受：初壇授沙彌、沙彌尼戒，二壇授比丘、比丘尼戒；三壇授出家菩薩戒。傳戒整個期間約三十日到五十日等，甚至有長至三個月者。完成三壇大戒的傳授，始被承認爲正式之比丘或比丘尼。

煮成熟飯，也莫可奈何⑬。

不過，就日據時期的臺灣佛教來說，善智帶善慧禮景峰爲師，卻有絕大的意義。因爲根據記載鼓山法脈的《星燈集》⑭，我們可以看到景峰是鼓山第二十一代住持妙蓮長老之徒，輩份是第二十二代；而善智、善慧則屬景峰之徒，故爲第二十三代。至於民國著名的四大師之一的虛雲禪師（1840～1959年），因曾於1929年擔任鼓山湧泉住持（迄1934年止），在《星燈集》中爲第二十四代，比善慧法師還晚一代。《錄》中還特別說明善慧法師：「建臺灣月眉山靈泉寺，其子孫繁衍臺灣。」⑮這也是臺灣佛教僧侶，包括四大門派在內，唯一被如此推重的，證明他是鼓山法脈的正統徒孫。這使得善慧法師不但由臺灣本地的龍華派教徒，成爲大陸福建鼓山系的法師，而且由於輩份甚高，以及回臺灣的道場發展（後詳）相當成功，因此，縱使身爲日據時期的臺灣僧侶，在海峽兩岸都具有極高的叢林聲望⑯，使日本的在臺僧侶，也刻意對此關係加以利用，形成了奇特的日、中、臺三角關係的佛教聯誼。有關這一方面的情況，稍後我們會再交代。

此處，我們必須先行觀察善慧師受戒後回臺發展的狀況。在福建鼓山拜師受戒後，善智、善慧兩師又回基隆弘法。由於善智和妙密先前已在基隆活動甚久，吸收不少信徒，如今善慧法師以基隆本地人出家爲僧，在家鄉弘法，加上人品高潔、才華出眾，因此法務推展大爲

---

⑬ 參看羅慶雲，〈追懷善慧上人〉一文，《中國謎苑雜誌》條一版（1990年9月10日）。

⑭ 此《星燈集》編於民國二十一年（1932）。本文參考資料，是基隆靈泉寺收藏本，爲虛雲法師所編。

⑮ 見《星燈集》，頁6。

⑯ 參考釋東初，《中國佛教近代史》（臺北：東初出版社，1984，再版），下册，第26章，頁915～916。

成功，時人稱之爲「臺疆二甘露門」，可見評價之高⑰。但善智和善慧兩師最重要的貢獻，是在基隆月眉山興建靈泉寺，並進而將佛教人才的培育和法務的推展，遍及臺灣全島。

根據手稿本《靈泉寺沿革》⑱的記載，建寺的問題，最先是善智法師在信徒會議上宣佈的，但因善智不久即逝世（1906），因此，將全寺建成的艱鉅工程，純然是由善慧法師來承擔的。由於這涉及到當時的社會變遷等各種因素，底下再稍加分析。

最初，將寺地捐獻的人，是基隆大水窟庄的林來發，他將已有的茶山捐出一甲餘，作爲精舍之用⑲。由於當時全臺灣的人口，才將近三百萬而已⑳，而經濟的主要來源，是靠茶、樟腦和糖的輸出所賺取的外匯㉑。大多數的老百姓生活是很艱苦的。因此若無大商人贊助，要蓋一座有規模的佛教寺院，是很難的㉒。我們千萬不要將現代的臺灣佛教徒，隨時可以捐大筆錢給寺院的情形，來比擬當時的經濟狀況。須知林來發以茶山捐出，是很大發心的。同時也可以窺見基隆富

---

⑰ 見〈靈泉寺開山善慧大師一百一十歲冥壽紀念專刊〉一文，載《中國謎苑雜誌》（1990 年9月 10 日）第一版。

⑱ 此手稿本《靈泉寺沿革》，內容與李添春後撰的《靈泉寺沿革》有出入，但不知何人所撰。現由靈泉寺收藏。

⑲ 此事亦見普現撰，〈得戒慧公和尚傳〉一文，《靈泉寺同戒錄》，1955，頁 7。

⑳ 臺灣人口在 1905 年時爲 3,123,000 人。而建寺是從 1903 年開始，約在三百萬人左右。參考臺灣省行政長官公署統計室編印，《臺灣省五十一年來統計提要》（1946 年 12 月）76，表49，〈歷年全省戶口〉。

㉑ 參看林滿紅，《茶糖、樟腦業與晚清臺灣》，研究叢刊第 115 冊，（臺北：臺灣銀行經濟研究室，1978）。以及矢內原忠雄《帝國主義下之臺灣》（臺北：鴻儒堂書局，1989），頁84～85。

㉒ 當時捐地、捐錢，大都靠地主或仕紳。可從奠濟宮的改建和靈泉寺的捐獻者看出。見朱其昌編，《臺灣佛教寺院庵堂總錄》高雄：佛光山出版社，1977，頁 251。以及《靈泉寺同戒錄》，1955，頁 7，普現之文所載。

商逐漸能認同正統佛教之一斑。

問題是，當時的基隆一帶，一方面固然因大興土木而迅速蛻變爲現代化的新港市，另一方面，要興建佛教道場於月眉山的大水窟，可能會涉及到基隆防衛上的戰略要地管制區。因當地不但鄰近瑞芳礦區，也是溝通臺北盆地和宜蘭平原的必經之地。例如光緒十一年（1885）春天，中法戰爭時，入侵基隆的法軍，配備精良武器，擬打通基隆和臺北盆地的通路，即在此遭遇來自霧峰林朝棟的臺灣軍隊，雙方血戰達三個月之久，終將法軍扼阻於月眉山一帶，堪稱清末有數的戰役。當時法軍在月眉山的兵員折損率爲六分之一，約當在歐洲戰場的激戰損失，可見戰況的慘烈與臺勇的驃悍善戰㉓。當然，當時負責臺灣防務的劉銘傳，能重用林朝棟及妥善協調援臺清軍和臺勇共同作戰，也是戰力有效發揮的重要因素。然而，月眉山在臺灣防衛上的重要性，也於中法戰役時，爲各方所體認。基於軍事上的理由，月眉山大水窟的道場興建，還要申請基隆要塞司令部的許可。根據昭和八年（1933）出版的《臺灣社寺宗教要覽・臺北州卷》，在刊出興建後的靈泉寺照片時，還要註明：「昭和八年基隆要塞司令部地帶模第17號許可濟」㉔。臺灣其他北部寺院則無此規定，可見其地理環境之特殊。

靈泉寺的建寺申請，是在明治三十六年（1903）十一月提出的，但建寺工程直到明治三十九年（1906）九月，根據《靈泉寺沿革》的記載，仍「事未成就」㉕。而首先倡議建寺的善智法師，即遷化於當年九月。此後靈泉寺的建寺工程，即由善慧法師獨力承擔，又獲基隆

㉓ 參考戚嘉林，《臺灣史》新增修版。下册，臺北，1991，頁763～776。
㉔ 見同書，附錄，佛教各派寺院第3靈泉寺條。
㉕ 見手稿本，頁3。

著名仕紳許梓桑等的極力贊助，才於明治四十一年（1908），將大殿蓋成。當時應聘來臺的鼓山湧泉寺的性進法師，根據地形和林下泉水，將寺取名爲「月眉山靈泉寺」㉖。不過，「月眉山」之名，在中法戰役時，已出現在劉銘傳報清廷的電文和奏摺裏㉗，並非性進法師才命名的。

就建築本身來說，靈泉寺是綜合了大陸叢林和日本寺院的兩種風格，例如它不像臺北龍山寺那樣具民俗信仰的色彩，在佛像的雕塑上，除了大陸名匠林起鳳來臺負責外㉘，日本式的佛教浮雕也陳列寺中㉙，可以說爲臺灣北部建立了純正禪宗叢林的新典範。

就功能來說，靈泉寺的創設是爲了禪修和弘法，但信眾對建寺出錢出力幫助甚大，必須有所回報，此即左側「功德堂」興建的由來。內安地藏王菩薩和供奉長生祿位滿足了信徒的需要。寺右側建「女客堂」和「客室」四棟，以供婦女和香客來寺參詣休憩之用，也顯示了信徒之多。

靈泉寺的道場建築事實上是一直在續建和擴建著。例如在明治四十二年（1909），又申請增蓋天王殿三棟及東西兩廊各兩棟，由總督府核准㉚，於隔年（1910）春天完成，也是爲了安頓信眾和護法的長生祿位，可以看出法務迅速激增的狀況。也就在這一年的農曆四月八日佛誕節，靈泉寺爲在家信徒兩眾（優婆塞、優婆夷）首次傳戒，有三十餘人受戒，是臺灣佛教史上的大事之一。臺灣佛教的主體性建立，總算踏出了第一步。

㉖ 見手稿本，頁4。
㉗ 參考戚嘉林，《臺灣史》下册，頁773～774。
㉘ 同㉖。
㉙ 此種浮雕筆者前年仍在寺中看見。
㉚ 見手稿本《靈泉寺沿革志》，頁6，關於天王殿及兩廊的說明。

明治四十二年九月二十三日，因正式舉辦天王殿和東西兩廊（右名「西歸堂」，左名「報恩堂」）的落成典禮，當時包括基隆要塞司令官、基隆廳長以次，基隆、臺北仕紳及佛教各宗佈教師、全島檀信等共計一千二百多人參加，不但使靈泉寺的知名度大爲提高，而且結餘大筆善款，供寺中增購兩筆水田爲常住之用。由此可以瞭解靈泉寺的發展，從官方到私人、從宗務到財務，各方面都處於絕佳狀態。而善慧法師年紀不過三十歲左右，正當年輕體健，大有作爲時期，在這樣優秀的條件下，如有臺灣佛教會組織出現，其能出人頭地，自是在預料之中。何況，善慧法師非常活躍，從明治四十四年（1911）起，他帶門徒德融師，渡海到大陸，拜訪上海、天童、杭州、普陀山等地重要道場；回臺後，足跡踏遍全臺，親訪各處寺廟齋堂，以建立日後合作的友誼。

然而，對一個新興的佛教道場來說，靈泉寺畢竟年代尚淺，缺乏宗教聖地所需的聖物和宗教奇跡，在領導性的威望來說，是有所不足的。爲了強化類似的宗教弱點，善慧法師雖已於明治四十年（1907），即應邀加入日本在臺曹洞宗的僧籍，並於同一年的十月，晉山爲靈泉寺住持[31]，和日本曹洞宗建立起長期的合作關係[32]。他仍於大正元年（1912），由蔡桂村秀才陪同，到東京請經，並拜訪曹洞宗大本山總

---

[31] 任住持和編入曹洞宗僧籍的時間，以《臺灣省社寺宗教要覽・臺北州卷》附錄中，關於靈泉寺和善慧法師的說明爲準。《靈泉寺同戒錄》（1955 年）中，李添春的看法亦同。但《曹洞宗海外開教傳道史》載石川素童於明治四十一年（1908）十月來臺，而石川是參與善慧法師晉山爲住持的親證人。故時間上，有一年之差。見該書，頁.345。

[32] 根據《明治百年紀念佛教大年鑑》的資料，靈泉寺自明治時期，即是曹洞宗的加盟寺院。而德融師——善慧法師的首徒——是此次合作時，被攜往日本接受日本佛教教育的。德融師赴日後，入「曹洞宗第一中學」後爲「臺灣佛教大學林」的教授之一。至善慧法師和活動狀況，詳後面交代。

持寺管長石川素童[33]，獲素童協助，以及內務省宗教局的嘉獎，請回新修訓點大藏經[34]一部，共8,354卷。這也是《大正藏》[35]之前，臺灣寺院最先擁有的藏經全套，是相當珍貴的。

既有各種經書，靈泉寺即於是年（1912）秋，開辦「愛國佛教講習會」。當時擔任講師的，有來自中國大陸叢林的會泉法師（1974～1943年），主講《金剛經》；日本曹洞宗方面，有剛學臺語的渡邊靈淳師[36]，加上代表臺灣本地的善慧法師自己。參加的會員，則有來自臺南、嘉義、臺中、新竹、臺北和阿猴（今屛東縣）等四十餘人。這也是臺灣佛教史上第一次由寺院主辦大規模的佛教講習會。不過，在講習宗旨中提到：「欲養成布教人才，令一般人民共發遵皇奉佛之精神。」[37]可見有信教和思想改造的雙重目的。而事實上，課程的安排和講師的邀請，也和曹洞宗大本山「臺灣別院」的院長霖玉仙[38]曾商量過。所以中、日、臺三角關係，是當時臺灣佛教的主要方向之一，並且是官方許可的。

---

[33] 石川素童是曹洞宗明治以降的第八代管長，任期自明治三十九年一月至大正八年。他是屬於總持寺大本山系統的。

[34] 此新修訓點之大藏經，據李添春先生的意見，係指《南北龍藏》。見《靈泉寺同戒錄》（1955），頁4。按《龍藏》爲藍本，加上《嘉興續藏經》的部分著作，自雍正年間開雕，迄乾隆三年（1739）多完成，故又稱《乾隆大藏經》，或稱《龍藏》。以上參考〈新編縮本乾隆大藏經刊印緣起〉，收在新文豐主編，《乾隆大藏經總目錄》臺北，1992，頁1～2。

[35] 《大正藏》是高楠順次郎和渡邊海旭主持編修，大正十三年（1924）至昭和九年（1934）完成，故以《大正藏》稱之。

[36] 渡邊靈淳學臺語，見林德林的記載，他在〈臺灣佛教新運動之先驅〉一文提到：「渡邊師自大正元年（1912）渡臺，熱心研究臺灣語，是時已經能自由與島人對話，並且能用臺灣話說教。」載張曼濤主編，《中國佛教史論集——臺灣佛教篇》，現代佛教學術叢刊第87册（臺北：大乘文化出版社，1979）頁82。

[37] 見手稿本，《靈泉寺沿革》第九章〈愛國佛教講習會〉。頁11。

[38] 霖玉仙爲第六任，任期自明治四十四年四月至大正二年八月。

大正二年（1913）八月，善慧法師更携徒德融師等，到印度、緬甸等地，請回玉佛和佛舍利。這是藉南傳上座部佛教的聖物，來提昇靈泉寺的神聖地位。隔年（1914），又赴大陸，請回舍利塔一座，於是築大禪堂於天王殿右畔，並將各堂屋的功能重加調整。然後在中秋節舉辦全島坐禪大會，來山參禪者四十餘人，禪期爲時三週，成效頗佳。當然，富商仕紳如顏雲年、許梓桑等的捐款，也就更踴躍了。但是，接著而來的一年（1915），卻是變異突起的一年。

對臺灣佛教的發展而言，大正四年（1915）八月爆發的「西來庵事件」，因涉及和牽連的齋堂及齋友甚多，對整個宗教信仰環境產生極大的衝擊，並且影響深遠。在此之前，臺灣民眾對日本統治當局的激烈武裝反抗運動，雖自領臺以來，即一再發生，但幾不曾有藉宗教組織或宗教理由爲起事的號召。因此宗教問題在日本統治的穩定考慮上，大多屬於民俗的改革[39]或文化上的傳播[40]，居輔助性的角色而非主要的政策考量對象。而「西來庵事件」，卻是爆發於武裝抗日運動已漸趨消沉之際[41]，且不折不扣是宗教結合政治而形成的大規模民變，無疑對日本統治當局，構成治安上的一大威脅。因此，繼大規模

---

[39] 日據初期的宗教政策，陳玲蓉在《日據時神道統制下的臺灣宗教政策》（臺北：自立晚報文化出版部，1992），曾加以探討。在第三章第二節中所引用各項史料，很明顯可以看出最起碼在昭和之前，對神廟寺院的場所予以尊重，對民俗活動也儘量不干預。而大正十一年（1922）總督府總務長官所令的「通達」，也只是交代要對「淫祠邪教」、「經營不確實」等宗教場所加以管制或廢止。見原書，頁84～91。

[40] 主要爲日語的講習，大多借傳統臺灣寺廟的場所爲之。見曹洞宗宗務廳編，《曹洞宗海外開教傳道史》（1980），第一章臺灣開教，頁 65-70。

[41] 王育德在《苦悶的臺灣》（臺北：鄭南榕，1979）將武裝抗日分爲 3 期。第 3 期從明治四一〇年（1907）起到大正四年（1915），即「西來庵事件」是最後一次。而之前的一次，是大正二年（1913）羅福星事件。

的舊慣調查之後㊷，日本在臺總督府又展開全島性的宗教調查，意圖藉此澈底瞭解並掌握臺灣各種宗教信仰的背景和生態，以防止類似「西來庵事件」的再發生。

負責督導此次宗教調查事務的人是丸井圭治郎。他從大正四年（1915）開始督導，最初原定半年就想完成，但是從大正四年十月至隔年（1916）三月調查的結果，發現並不理想。原因是時間太過匆促，人員的訓練也欠成熟，故資料不可靠。接著從大正五年四月至六年（1917）八月止，第二次展開全島性的宗教調查，爲期一年餘，執行調查的是當時各廳轄區內的公學校教員和警員，但督導者丸井圭治郎，仍感覺整個調查記載欠標準化，未符預期目標。而臺灣總督府爲使此一調查事務落實，在大正六年五月，也就是第二次調查的末期，在總督府內務局新成立「社寺課」，並任命丸井爲課長。丸井一直擔任此職至大正十三年（1924），此一機構被撤裁，丸井辭職回日本爲止。由於丸井是臨濟宗的佛教學者㊸，又長期督導臺灣全島的宗教事務，所以在任期內，他促成下列事宜：

（一）他在大正六年九月，印製「有關宗教調查體例」，將資料表格和登記事項加以標準化，並發給各廳所屬的宗教事務人員，要求彼等按所發體例填寫調查資料。結果在數月之內，即全部填報完畢，此即各縣市現存「宗教臺帳」的由來㊹。

㊷ 舊慣調查依岡松參太郎在《臨時臺灣舊慣調查會第一部調查第三回報告書——臺灣私法第一卷》（臺中：省文獻會，1990）的〈敍言〉所說，從明治三十三年（1900）二月開始，到三十六年（1903）三月完成。原書，頁1。所以大規模的宗教調查報告，是繼此而進行的。

㊸ 丸井圭治郎參與臨濟宗妙心寺派的「臺灣佛教道友會」，且爲評議員。另外，從丸井登在《南瀛佛教報》的佛教文章來看，對禪學和一般佛教史的知識，相當精通。

㊹ 目前各縣市保留日據時期的「宗教臺帳」資料的多寡不一，有甚多縣市，甚至視爲無用資料，加以燒毀。

（二）在大正八年（1919）三月，他依據多年來調查完成的宗教資料，撰體例精嚴、內容紮實的《臺灣宗教調查報告書第一卷》，使臺灣宗教史和宗教學的研究。都有了劃時代的躍進㊺。而「齋教」和禪宗的差異性，也被學術性的凸顯出來㊻。

（三）他在大正十年（1921），召集善慧法師（代表臺灣曹洞宗）和本圓法師（代表臺灣臨濟宗），商討籌組成立「南瀛佛教會」的全島性佛教組織，並於隔年（1922）正式成立時，被推爲「會長」。因此，可以說，他一手促成了「南瀛佛教會」的成立和成長㊼。

不過，從「西來庵事件」爆發到「南瀛佛教會」的成立，共計七年（1915～1922年）之久，除了上述代表總督府方面的丸井宗教事業之外，還涉及到善慧法師與日本在臺曹洞宗寺務當局的合作關係，以及大正時期新佛教運動的興起。故此處仍得再略回溯說明，然後才能明白丸井上述努力，對善慧法師、乃至日據時期臺灣佛教發展的深遠影響。

在前面，我們曾詳細交代善慧法師由「齋教徒」轉爲出家僧侶、並努力興建月眉山靈泉寺的經過。同時，也約略提到了他自明治四十年起，即列入日本曹洞宗僧籍，從此雙方展開長期合作的關係。

可是，我們必須注意雙方此一合作的背後，還涉及到佛教界平行發展的獨特現象，以及在新統治權之下，臺灣本土佛教（尤其是在家

㊺ 丸井此一報告書，構成了其後增田福大郎和李添春等撰寫臺灣宗教概況的主要依據。《臺灣省通志》關於宗教部分的早期資料，亦大體依據本書。

㊻ 近年來，臺灣地區的部分宗教學者，極力想排除齋教和佛教的關係，而視之爲另一新興宗教。此種看法是否正確，筆者不在此評論。但丸井在分類上，是沿續岡松參太郎在《臺灣私法》中的用法，而有更進一步的歷史說明和職掌分類。

㊼ 參考《南瀛佛教會會報》卷一第一號（大正十二年七月），關於「南瀛佛教會之沿革」的說明。頁19～33。

的「齋教」）爲求自保而匆促投靠日本佛教組織的情形。

什麼是日據時期臺灣佛教界平行發展的獨特現象呢？所謂「平行發展」是指臺灣總督府當局，雖然也想利用日本佛教的各宗派組織來控制臺灣本土的佛教勢力，但是，基於兩者間實際上存在著差異，如信徒來源或信仰方式的不同等㊽，所以並不主張日本在臺的佛教各宗派完全併吞臺灣的本土佛教道場 。因爲根據《曹洞宗海外開教傳道史》㊾的記載，當明治四十一年（1908），日本曹洞宗本部在召開宗務會議時，擔任教學部長的新井石禪在〈臺北、臺南、臺中、新竹、新寺建築費補助支給文件〉，即所謂「第三號議案」中，曾對日本領臺後的臺灣佛教狀況，作了極扼要而清楚的說明。他說：

> 自明治二十八年末，從事在臺灣的開教，經二十九年到三〇年為止，可說是混沌的時代，而本宗派下的各佈教師致力於佈教的擴張，亦為無可否認的事實。可是，當時臺灣有人既不瞭解日本政府的方針，而日本人方面也不瞭解臺灣人的性質，雙方不易溝通的事情。㊿

在這種「混沌的時代」，他提到臺灣佛教寺院和日本寺院接觸後的初期情形。他說：

> 臺灣的寺院甚多，由於其中以禪宗佔大部分，所以與他宗相較之下，像曹洞宗和臨濟宗，要建立與臺灣人的關係，乃至和臺

㊽ 參考《眞宗本派本願寺臺灣開教史》（臺北：臺灣別院，1935），關於臺人和日人兩者在信教各方面的差異說明。原書，頁130~138。

㊾ 此書爲曹洞宗宗務廳在 1980 年刊行。

㊿ 參考《曹洞宗海外開教傳道史》，頁 70。

灣寺院的關係，似能早些逐漸達成。[51]

但他接著指出這種建立關係，是被迫的。他說：

> 雖然在明治三〇年代前後，臺灣的寺院之中，約有上百的寺院簽約成為日本曹洞宗的的附屬寺院，但這是寺院的負責人，在日本佔領之際，不知自己的寺院將淪於何種命運，於是想到借日本佛教界的庇護，或可平安無事，因而才附屬於曹洞宗之下。[52]

然後，他提到這種簽約隸屬的關係，開始面臨來自總督府方面的壓力。他說：

> 漸漸地，秩序回復了，日本政府的方針也確定了[53]，因總督府方面專取懷柔政策，為了保護島民的權利，總督府向曹洞宗表示希望本身能獨立。並且好像已到了不許將島民寺院作為曹洞宗寺院來收容的地步。[54]

換言之，至少從明治四十一年開始(以第三號議案爲據)，日本曹洞宗必須朝建立本身新寺院爲主的發展途徑了。而明治四十四年（1910）四月，更頒佈了《曹洞宗大本山臺灣別院暫定章程》，其中第一條規

---

[51] 同[50]。
[52] 同[50]。
[53] 同[50]。
[54] 同[50]。

定：大本山臺灣別院，直屬管長(55)，承宗務院指揮，宣揚曹洞宗教義，並作爲監督臺灣整個曹洞宗佈教事務中心(56)。這個所謂「大本山臺灣別院」，就是現在位於臺北市仁愛路一段的「東和禪寺」。它在大正四年以後，開始對臺灣新佛教運動產生重大的影響，稍後我們還會提到。

以上的資料，旨在說明臺灣佛教在日據前期，儘管和日本佛教系統有密切的簽約隸屬關係，卻依然保有一種「平行發展」的可能性。而後來的臺灣佛教組織發展，就是在這一基礎上建立起來的。

爲了使我們的這一觀察更加清楚起見，接著我們在以下，以善慧法師的作法和其他「齋教徒」在「西來庵事件」的反應爲例，說明兩者間的處境和差異。

首先，就善慧法師和基隆月眉山靈泉寺而言，由於本身是正統的佛教寺院，而且和日本曹洞宗有多年的合作關係，所以「西來庵事件」這一以「齋教徒」爲連絡對象的反抗運動，並未波及到善慧法師本人和寺方。他在當年（1915）九月十五日，以臺灣佛教代表的身份，帶領長於籌劃的林學周(57)，到日本大本山總持寺恭賀石川素童的晉山典禮(58)，大正天皇特頒「御金牌」一座給靈泉寺(59)，同年十二月

---

(55) 根據村上專精的《日本佛教史綱》一書，提到明治十七年（1884）八月，規定佛教各宗應定「管長」爲一人（第 2 條）。選定方式，依教規行之，報內務卿核定（第 3 條），而曹洞宗以永平寺和總持寺爲大本山，本山之長稱「貫首」。以一年爲期，由兩大本山「貫首」擔任「管長」之職。原書，頁364～365。

(56) 見《曹洞宗海外開教傳道史》，頁 70。

(57) 林學周又名林普易，是臺大醫院著名外科醫師林天祐先生的尊翁。本職是殖產局。專長在林業農事。但對佛教有異乎尋常的熱心，是反迷信的健將。大正年間的佛教革新運動，他策畫甚多。著有《臺灣宗教沿革志》一書（臺北：臺灣佛教月刊社，1950年），說明當時的活動眞相。

(58) 按石川素童是明治以降第八代「管長」。任期在交替的時間從明治三十九年一月至大正八年。採隔年輪替制。

(59) 見手稿本《靈泉寺沿革》第 11 節。

五日，安置於大雄寶殿上。當天，基隆和臺北各地的軍政首長和仕紳名流前來參拜者，不下五十餘人。這是社交實力的展現，可謂替靈泉寺原有的光彩，更添了一道燦爛的金光。

相對於善慧法師和靈泉寺的春風得意，臺灣南北的「齋教徒」或「齋堂」的負責人，由於害怕被「西來庵事件」所牽累，紛紛設法表態或和日本在臺的佛教組織建立起更密切的關係。例如在臺南市的「齋堂」，計龍華、金幢、先天三派共十四堂，聯合起來，組織一個號稱「愛國佛教會臺南齋心社宗教聯合會」，並發佈該會的《聯合約束章程》。在《章程》的引言中，曾提到：先是臺南地區的龍華派，自日本領臺後，即認許爲曹洞宗的信徒，凡有辦齋供佛時，皆延請曹洞宗的佈教師前來誦經說教。自大正元年（1912）起，臺南的齋門三派即聯合，共名爲「齋心社」，合計七堂，每堂每年辦公共供佛二次。到「西來庵事件」爆發，已歷時三年[60]。由此段說明，可以看出「齋教徒」，在「西來庵事件」前，和曹洞宗合作的概況。雙方的往來，主要是在每年二次的公共辦齋供佛之時，和前述《曹洞宗海外開教傳道史》的記載情形，可以相對照。但「西來庵事件」之後，不但在臺南加入「齋心社」的堂數擴充爲原先的一倍，即達十四堂之多，在《聯合約束章程》中，還強調要守法、納稅、安份作一良民外，不參加教外結黨，或讓不軌之徒入會。同時也規定：在會中的各「齋堂」，要建立各人檔案，詳細登錄各人資料，以備稽查。至於有關各派的稱呼或信教方式，則彼此尊重，互不干涉。可見其組會的目的，是在避免政治或違法事件的再發生，也是「西來庵事件」之後的補救措施[61]。

---

[60] 李添春，《臺灣通志稿》卷二〈人民志宗教篇〉，頁 111。
[61] 同前註，頁111～112。

臺南市爲「西來庵事件」的爆發地點，事後有「齋心社宗教聯合會」的成立，似乎是理所當然的。而在臺灣北部方面，以「齋教徒」先天派長老黃玉階(1985～1918年)爲首，也提出一個全島性的組織方案，稱之爲《本島人宗教會規則草案》。在黃氏的構想中，全臺入會的教界人士，應包括僧侶、道士及在家持齋者，全臺設一總會及各分會，並設有全臺總會長和分機構的負責人等。當然也包括資料登記、繳納會費及其他會務事項等[62]。這個計畫雖好，卻未能付之實行。原因可能是涉及的規模太大了，它不但是全島性的而且包含所有的宗教人士。這遠遠超出像曹洞宗與齋堂或寺院的單一隸屬關係，所以不易付之實現。要等七年後，丸井圭治郎推動全島性的「南瀛佛教會」時，才再度被考慮[63]。不過，無論如何，像這樣的組織構想，於「西來庵事件」之後，在佛教界已變得日趨需要了。

事實上，「西來庵事件」的後續影響，在次年（1916），即演變爲臺灣佛教史上首次出現的新佛教運動[64]。

大正五年（1916），爲日本領臺二十週年，又是臺灣總督府新建大樓完成，故在臺北舉辦爲期月餘的大規模「臺灣勸業共進會」。當時，總督府方面邀請英國籍的甘爲霖牧師（Rev. Willian Cambell, A. D. 1871-1917 年），擔任臺灣史專題的演講[65]，由總督府的翻譯官翻譯。可是，在此次演講之後，以佛教徒林學周爲主的演講會[66]和

---

[62] 李添春，《臺灣通志稿》卷二〈人民志宗教篇〉，頁114～115。

[63] 同前註，頁 116。

[64] 見臺灣基督長老教會總會歷史委員會編，《臺灣基督長老教會百年史》（1965 年出版），頁 119。講題是：①臺灣歷史資料。②荷蘭的臺灣佔領。③中國的臺灣統治。④日本最初的殖民地。

[65] 同前註。

[66] 據林學周本人的自述。見《臺灣宗教沿革志》，頁2～3。

以長老會牧師陳清義爲主的演講會[67]，演變成互爭優劣、相互攻擊的宗教批判大會[68]。

佛教徒由於這次宗教的大批判，受到了曹洞宗臺灣佈教總監大石堅童的激賞，立刻呈報日本的「大本山宗務院」，分別給予每位演講者一張獎狀[69]。但此次「大演講會」（原名）的重要影響，是在會後成立了「臺灣佛教青年會」和創辦了「臺灣佛教中學林」。而善慧法師在這兩樣重要的佛教事業中，皆擔任了重要的角色。茲說明如下：

（一）「臺灣佛教青年會」是林學周首倡的[70]，但善慧法師不但列名「發起人」之一，而且是組織正式成立後的「幹事長」。根據〈臺灣佛教青年會規則〉第八條：「幹事長受會長指揮、掌本會庶務會計等。」[71]當時任「會長」的，是「曹洞宗大本山臺北別院」的負責人大石堅童，爲日籍，而善慧法師則是業務的實際執行者，可見在此一新組織中，他已開始嶄露頭角，是臺籍僧侶中最令人注目者。

（二）「臺灣佛教中學林」是臺灣佛教史上第一所正式的佛教學校。根據村上專精（1851～1929年）在《日本佛教史綱》的說法，日本本土自宗制、寺法於明治十七年（1884）規定後，各宗都劃分區域，辦理學校，其中曹洞宗除有「大學林」外，以「中學林設三十個爲最多[72]。「臺灣佛教中學林」，是曹洞宗「臺北別院」第七任（1913～1920年）佈教總監大石堅童，在任內極力促成者。大石堅童

---

[67] 同前註。
[68] 同前註。
[69] 見林德林，〈臺灣佛教新運動之先驅〉，載《南瀛佛教》卷一三，第5期，1935年5月，頁28。
[70] 同[1]，頁3。組織的籌備〈趣意書〉亦爲林氏手筆。
[71] 林學周，《臺灣宗教沿革志》，頁4。
[72] 村上專精，《日本佛教史綱》，收在藍吉富編，現代佛學大系第29冊（臺北：彌勒出版社，1984），頁366。

在明治四十年十一月至明治四十四年三月（1907～1911年），已擔任過同一職務，是爲第五任總監，與善慧法師結緣甚深[73]。因此「臺灣佛教中學林」的創辦，他自任「林長」，而委由善慧法師任「學監」。此一「中學林」的發展和日後的名稱變革如下:

甲、大石堅童是在大正四年開始籌劃，也就是在臺灣爆發「西來庵事件」後，開始考慮加強現代佛教知識，以消除迷信，而有了設「佛教中學林」的構想。初期的目標，是爲了加強就學者的日語能力，以利銜接日本佛教教育，爲曹洞宗在臺灣的發展奠下更深的基礎。因此，初期的開辦經費，是由日本曹洞宗的兩大本山與臺灣曹洞宗僧眾及皈依信徒共同籌措。學制是採三年制，每年收學生二十五名，分本科和研究科二級。但日本本土的中學學制是五年，因此在臺灣讀完三年，可編入日本山口縣（在瀨戶內地方，本州南部）曹洞宗辦的「多多良中學」四年級就讀；畢業後，有能力者，即進入「曹洞宗大學林」（即日後的「駒澤大學」深造）。

乙、「臺灣佛教中學林」正式開學，是在大正六年（1917）四月，所以也稱得上是由大正五年的「大演講會」所促成的。初期招收的學生中，出家僧侶和在家信徒各占其半，教授八人，臺籍僧侶和日僧，亦各占其半。當時，靈泉善慧法師的出家弟子，即有四人在「中學林」就讀。善慧法師的大徒弟德融法師則任教授。四個日籍教授，有二人才從「曹洞宗大學林」畢業來臺。但一般說來，皆學有專長。大正十一年（1922），擴建「私立曹洞宗中學林」。昭和十年（1935），採五年制，又改名爲「私立臺北中學」。昭和十二年（1937），學生增加，男生移至士林新址，原址改稱「修德實踐女子

---

[73] 見李添春編纂，《臺灣省通志稿》卷二〈人民志宗教篇〉，頁 123。

學校」。戰後，再易名爲「私立泰北高級中學」。是臺灣佛教界所辦最悠久的一所中學。迄今校中猶有「善慧圖書館」以爲紀念[74]，可見善慧法師和此「中學林」的因緣之深！

善慧法師在大正六年這一年，除了參與「臺灣佛教青年會」的會務和「臺灣佛教中學林」的校務之外，還有一項法務的重大活動，那就是邀請中國近代著名的佛教改革家太虛法師(1890～1947年)來臺，主持靈泉寺的法會。爲什麼會有此一邀請呢？照說在大正六年之際的太虛法師，才剛從普陀山閉關出來[75]，新的佛教事業才正起步，因此尚非達到大師級的程度，何以會被善慧法師看重呢？

其實最初擬邀請的人，並非太虛，而是圓瑛法師(1878～1953年)。圓瑛法師是福建古田縣人，光緒二十三年(1897)在鼓山湧泉寺受戒，主戒和尚是第二十一任的住持妙蓮法師，故戒臘長善慧法師五年。在民國六年（按即等於大正六年）時，已當選爲「寧波市佛教會會長」，是漸在江浙叢林揚名的少壯派僧人。善慧法師久慕其人，適靈泉寺因新建「三塔」[76]完成，要舉辦七壇水陸大法會，便在大正六年秋末，邀當時江浙叢林的法會高手岐昌法師[77]和圓瑛來臺聯合主持。但圓瑛臨時有事，無法踐約，遂改邀太虛來臺。

此一法會，是靈泉寺建寺以來，最盛大的宗教活動。法會期間，名紳巨商，逐日來寺參與，節目爲：（一）迎聖諷經，（二）秋季祭

---

[74] 見《中國文教》第 920 期，1980 年 12 月 31 日，第一版所載。

[75] 見太虛，〈太虛自傳〉，收在臺灣善導寺精裝版，《太虛大師全書》第 29 册，頁 219。

[76] 「靈泉三塔」之名，是據手稿本《靈泉寺沿革》第 12 節所載。建塔是爲安置靈骨舍利。塔址在靈泉寺右脈。

[77] 岐昌法師別號水月，浙江鄞縣人。少出家於江東永豐寺。能詩文，精音聲佛事，以表唱水陸懺文名於聲。見太虛，〈岐昌老和尚八十冥壽啟〉收在《太虛大師全書》第 31 册，頁1215～1217。

典，（三）石塔開幕，（四）祝釐萬壽，（五）祠堂回向，（六）設放水燈，（七）大施餓鬼，（八）追薦國殤。官紳民眾赴會者，前後將近萬餘人，相當熱鬧。太虛在最後一天，是和日本僧侶輪流演講佛法。他不會臺語，故由善慧法師替他翻譯。

法會後，太虛曾到臺北、臺中、彰化等地參觀訪問。甚至到霧峰林家，和林獻堂晤談及說法。當時太虛每日的遊踪、吟詩和演講內容，都被報刊登載。但他在臺期間，最大的收獲，是和「中學林」的教授，談及日本佛教學制和課程問題。同時也由德融法師教他研讀日本文語，以及由熊谷泰壽告知日本近代佛教的發展及學者成就[78]。這對太虛回大陸後的佛教改革事業，特別是「武昌佛學院」的學制創設，有極大的幫助[79]。總之，由於善慧法師的邀請，和太虛大師的訪臺，使得臺灣和日本的佛教經驗，得以回流到中國大陸，並產生影響。

由以上的各種活動，我們可以很清楚地看到善慧法師和他所創建的基隆靈泉寺，已在大正年間成為臺灣北部佛教界的重鎮之一。所以，丸井圭治郎在大正十年（1921）要籌組臺灣人自己的全島性佛教組織「南瀛佛教會」時，最先諮商的對象，就是代表曹洞宗的善慧法師和代表臨濟宗的本圓法師[80]，此兩人在「南瀛佛教會」成立後，也

---

[78] 見太虛，《東瀛采眞錄》收在《太虛大師全書》第 29 冊，頁324～325。

[79] 從太虛在《東瀛采眞錄》一書中，詳錄在臺灣和日本所聽及所見的佛教學制課程來看，他是相當努力在吸收的。但「武昌佛學院」創立後，未能全部仿效，是一限於師資，二限於經費設備。見拙作，《太虛大師前傳》第 6 章新佛教教育的實驗，（臺北：新文豐出版公司，1993。）

[80] 同[47]。

成了實際的領袖[81]。

不過，何以本圓法師也能受到丸井的如此器重呢？他在日據前期的佛教事業，又是怎麼一回事呢？以下我們即加以介紹。

三、本圓法師與觀音山凌雲寺的崛起

凌雲禪寺是在淡水河出口南岸的觀音山腹，即今臺北縣五股鄉，舊屬新莊郡五股庄觀音坑。就建寺的時間和經過來看，除了缺乏像善智、妙密兩師這樣的大陸籍僧侶外，可以說極類似月眉山靈泉寺的開創。促成建寺的人，並非本圓法師(1883～1949年)，而是寶海法師。寶海法師俗名林火炎，家住三重埔菜寮，他在明治二十九年(1896)皈依佛門，後遊鼓山湧泉寺及受戒，在大陸叢林修學佛道數年，於明治三十三年(1900)返臺，在自宅設佛堂，致力弘法渡眾，成效不錯。但他平生宿願，是希望能開山建道場，而因經費籌措不易，只得等待。到明治四十二年（1909），獲悉有臺北市大稻埕富商劉金波喪父，欲作功德，寶海法師即親訪劉家，說之以建寺供養亡父的計畫，獲劉金波母子贊同。建寺經費遂由劉金波、劉金清兩人捐助；土地的擇定，則由林知義、邱連水、劉緝光等負責。從明治四十二年十二月起造，到隔年（1910）十一月完成。然因寶海法師體弱多病，對寺務的發展，頗有力不從心之感，便邀請自大陸參學多年返臺的本圓法師幫忙經營。寶海法師遷化後，本圓法師繼任住持，而觀音山凌雲禪寺的崛起，就是在本圓法師接任後才展開的[82]。

---

[81] 兩人各創月眉山派和觀音山派，是臺灣四大門派之半，故在會中影響力甚大。

[82] 見《臺灣社寺宗教要覽・臺北州卷》，附錄一之五，觀音山凌雲禪寺的說明。

本圓法師，俗家姓沈，和善慧法師一樣，同是基隆人。他從小習漢學，奠下中國古典語文的知識基礎。明治三十年（1897），他拜奠濟宮後面的清寧宮住持釋元精為師，從此踏入佛門，研習佛理數年。奠濟宮和清寧宮，原是一前一後，各自分開；是明治三十一年(1989)十二月重新改建，為節省經費，才合併為同一建築的。而此年也是妙密、善智來基隆，駐錫清寧宮樓上弘法的同一年。奠濟宮是奉祀開漳聖王陳元光，屬閩南漳州人的地方守護神，清末由臺北第一富豪板橋林本源家族捐獻玉田町（今基隆市仁愛區）的一塊土地，以為建廟之用，基隆當地仕紳張金發及賴武等捐巨資為建廟發起人，許多民眾也踴躍捐獻，於是在光緒元年（1875）建成。光緒二十年（1894），清廷將奠濟宮作為駐基隆陸軍的指揮所；但隔年（1895）因清廷戰敗，按〈馬關條約〉規定，必須撤出讓日軍佔領，可能在撤軍時，引爆了殘留的水雷，致使廟被震壞。明治三十年八月，當地仕紳及信眾，由林榮欽、張金發、江忠良、陳文貴、蔡天培、黃發等發起重修，卻歷經二十五年(1898～1923年)的漫長歲月，才完成改建工程[83]。約當奠濟宮開始重修之際，本圓、善慧兩師，正好同時接觸剛由鼓山傳來基隆的純正佛法，時同、地同，眞可說有緣。可能因為這一層的關係，日後在「南瀛佛教會」，兩人有較多的合作機會。

我個人認為：善慧法師和本圓法師，所以分屬曹洞宗系統和臨濟宗系統，一方面是出於個人的選擇，一方面是相對時代環境的不同所致。兩人雖曾一度同時同地，接觸來自大陸僧侶的影響，但是本圓法師卻早二年（1900）到鼓山去受戒（戒師父是振光老和尚），反而晚九年才回臺灣。這一前後將近十一年的時空差異，使兩人的際遇完全

---

[83] 《臺灣社寺宗教要覽·臺北州卷》，附錄三之七，奠濟宮的說明。

改觀。

前面提到過，善慧法師的崛起，是因他適時掌握了基隆正在發展的關鍵性時機，於月眉山建立了靈泉寺，並以靈泉寺爲中心，凝聚了基隆當地，乃至北部地區重要的仕紳作爲外護力量；同時還善用臺、中、日的佛教三角關係，把自己置於此關係的核心人物之一。換句話說，在日據初期，北部佛教界可操控或可汲取的各種社會條件和資源，都被善慧法師藉靈泉寺的興建，加以運用了。特別是在靈泉寺創建初期，其護法信眾的主要來源，是由奠濟宮的原先護持的那批仕紳和信眾，轉移到靈泉寺來的。之所以靈泉寺可以迅速發展，而奠濟宮的改建卻要拖了二十幾年之久，應有相當大的因素，是資源被移轉爲建寺之用的緣故。雖然本圓法師先到大陸受戒，他也出身於奠濟宮的系統，但畢竟他離開基隆太久，和地方信眾脫了節，致使原有的宗教資源，大多爲善慧法師所掌握和運用。一旦善慧法師的羽翼已成，又加盟日本曹洞宗本系統，自然本圓法師必須另闢蹊徑，就像佛光山的星雲法師，不到高雄去的話，佛光山的龐大事業，是無法順利建立起來的；星雲避開了北部的眾多大陸籍前輩法師的環境[84]正如本圓法師必須在基隆之外發展一樣。

本圓法師是明治四十四年（1911）三月，回到臺灣的，這一年也是中國境內正要爆發大革命的前夕，因此在大陸叢林已渡過十一年（1900~1911年）歲月的他，在思想上並不保守，無論對傳統叢林的規矩和社會流行的新潮思想，都有相當程度的理解。他回到臺灣來，是應新建的凌雲寺住持寶海法師之聘，但他一進駐凌雲寺。就覺得寺

---

[84] 星雲最初前往宜蘭發展，是在許多外省佛教大德不願前往，才獲機會的。以後到高雄去，也是高雄爲一新興都市。筆者正撰《高雄縣佛教發展史》，將對此有進一步的分析。

中格局過於陳腐和狹隘，換言之，新建的凌雲寺，仍深染傳統民俗信仰的色彩，並且殿宇也不够恢弘，缺乏大陸叢林的開闊氣象。因此，他努力說服寶海法師和主要信眾如劉金波家族等，再重新將凌雲寺改建。我們要知道，當時像靈泉寺一樣不斷地增建和改建，並非老舊殘破才須改建，而是為了適應新環境的需要，所以本圓法師的觀點是有其依據和洞見的。另一方面，他在行爲上，也表現了作爲出家僧侶應有的風範，他嚴禁寺中住眾食肉帶妻——這是日本佛教在臺灣的新影響之一，食肉尤其和「齋教」牴觸——但他對信眾和同道，則態度平易近人，讓人有親切感。因此，信眾對他是有好感和能信賴的，凌雲寺的改建得以順利進行，可以說和他的這一人格特質有關。

凌雲寺的改建工程，分兩個階段才完成。第一階段，是從大正三年（1914）八月到隔年（1915）二月，費時半年完成。所花經費，較第一次新建還多。第二階段，是大正七年（1918）五月至大正九年（1920）一月完成。此次經費又超出前一階段，因此，除劉金波、林祖壽等富商贊助近半數外，又向各地募集到不足的部分，才算解決開銷的大問題。

前後兩個階段的改建和增建，使全寺的格局和設施，全然佛寺化了，並且寺中住眾又皆屬僧侶，因此本圓法師不要讓凌雲寺再像臺灣一般的寺廟一樣：說是「寺」，其實和「廟」差別不大。於是他致力於將凌雲寺的寺格提昇。在這種情形下，歸屬宗派的選擇就很重要了。

本圓法師是曾受大陸叢林長期薰陶的，應屬於禪宗的系統；而當時臺灣北部的日本禪宗，除曹洞宗外就是臨濟宗，因此，如要避免受制於靈泉寺的勢力，就得選擇臨濟宗。何況，臨濟宗在臺北的布教監督長谷慈圓也竭力爭取，加上丸井圭治郎又是臨濟宗的重要信徒之一，所以本圓法師在徵得信眾代表劉金波、林知義、林清敦、林明德等人和寺中監院覺淨法師的同意後，申請加入「臨濟宗妙心寺派」的寺院系統，獲總督田健治郎的批准，文號為第 6640 號指令。從此，觀音山淩雲禪寺，便在臨濟宗妙心寺派的協助之下，大力推展寺務，並發揮其影響力[85]。

可是，我們必須問的是：本圓法師如何克服觀音山淩雲禪寺的地理環境的弱點？因淩雲禪寺是在淡水河的南岸；而淡水河流域的沒落，也恰在淩雲寺第二階段工程完工之際：基隆港自那時起，已決定性地取代了淡水港。那麼本圓法師如果要使淩雲禪寺有大作為，他面臨的挑戰，是如何將鄰近的信眾，特別是在它東北邊的臺北市信眾，吸引到山上來?

要使一個信眾走向遠方的道場，應具備兩種力量，一種是拉力，另一種是推力。所謂「拉力」，是指道場本身要具備有足以吸引人的地方，像建築優美、典雅、壯觀，或有珍奇寶物，或法師名氣大、善於說法及有神通等，都可歸之這類。另一種「推力」，是基於信仰的需要，或已成道場的皈依弟子，或好奇等等，所形成的推動力量。簡單地說，要設法使信徒有「意願」或「義務感」，那麼他才有可能走向道場。以現在的佛教狀況來說，打響知名度和引導信徒「皈依」，是達成「朝山」或「供養師父」最常用手法。如果這一分析是對的話，本圓法師如何達到他的「要求效果」，而使外地信眾來到淩雲禪寺?

本圓法師的作法，可分為下列幾個方面：

（一）和日本臨濟宗長期合作，以拔展淩雲禪寺的佛教事業。我

---

[85] 《臺灣社寺宗教要覽・臺北卅卷》，附錄一之五。

們在前面曾提到本圓法師將凌雲禪寺正式歸屬臨濟宗妙心寺派下的寺院，是到了大正九年的事。但在此之前，他和在臺的臨濟宗妙心寺派已有長期的接觸和合作的經驗。例如大正五年（1916），因曹洞宗在臺北擬籌組「臺灣佛教青年會」及「臺灣佛教中學林」，想從教育、布教、宣傳三方面來強化僧侶的素質和對社會的影響力，臨濟宗妙心寺派也不甘示弱，由長谷慈圓約本圓法師商議，想和曹洞宗一樣，進行籌組「臺灣佛教道友會」和創辦「鎭南學林」。此事說明，最遲大正五年時，觀音山凌雲禪寺的本圓法師，已成了臨濟宗妙心寺派合作的對象。

而據太虛大師在訪臺回憶錄《東瀛采眞錄》中，也提到民國六年的春夏之交，本圓法師曾經會同開元寺監院成圓法師及「鎭南學林林長」長谷慈圓，渡海到浙江普陀山訪他未遇[86]。我們不難由此可透視到：本圓法師一如善慧法師，也是具有溝通中、日、臺三方面佛教關係的檯面人物之一，臨濟宗妙心寺派和他合作，顯然是從多方面來考量的。反過來說，在日本統治下的臺灣社會，當權派是屬於日本官方和日本佛教方面的，有兩大在臺禪宗派系之一的臨濟宗妙心寺，能和本圓合作，無疑對凌雲禪寺的佛教事業大有幫助。特別是在「南瀛佛教會」成立之後，他又躍昇爲臺灣佛教界的領袖人物之一，更可發揮影響力。

（二）擴建道場和修築馬路併進，以利信眾朝山。基本上，當時的凌雲寺仍是創建未久的佛寺，要想在北部的佛教圈引人注目，就必須得將道場的殿宇或僧寮、客房等，安排得極其妥善，以使寺眾安心和香客願來。此外，因寺在山區，得解決通車的問題，使有心在山參

---

[86] 太虛，《東瀛采眞錄》，《太虛大師全書》第 29 册，頁 335。

詣者，不因而卻步。本圓法師在這些方面的努力，是很出色的。在《臺灣社寺宗教要覽・臺北州卷》中，清楚地記載，縱使大正九年已完成第二階段工程，並變更為正式寺院後，本圓法師仍和信眾代表等，繼續增築禪堂、報恩堂、齋堂、雲窟堂、事務室、客堂、接待室、佛閣等；迄昭和八年(1933)，仍在建築中的計有：開山院、擁雲廬、楞嚴閣、觀月臺、達磨洞、拾得庵、寒山岩等。同《要覽》也提到，由於已將汽車道闢抵山麓，一般朝山香客可搭營業的汽車前來，較過去方便不少，因此不論節日與否，來山參詣的老幼婦女都絡繹不絕[87]。

（三）藉傳戒以強化與信眾的宗教關係。一個道場能否長期、穩固地維持和信眾之間的宗教關係，有相當大的因素，是依賴道場的皈依或傳戒活動，其中尤以後者的持續性更為長久。根據本圓法師親撰的〈臺北觀音山凌雲禪寺同戒錄序〉提到，觀音山凌雲禪寺的首次傳戒，是在大正十二年（1923）十一月十一日。雖然戒期只有一週，但來自全臺的四眾戒子共有七百人之多參加；並且擔任三師七證的法師，還包括了當時可動員的中、日、臺三方面的重要佛門人物，顯示人脈很雄厚。傳戒大和尚，是本圓法師自任，羯磨師是來自鼓山湧泉寺的聖恩老和尚，教授師則是赫赫有名、首次來臺的圓瑛法師。而當時善慧法師是擔任導戒師，覺力法師則任證戒師、大崗山超峰寺永定法師為授經師，其他還有來自臺南開元寺的得圓法師任尊證師、竹溪寺捷圓法師任尊證師、北投鐵眞院鈴木雪應和基隆最勝院伊東大器兩日人法師亦任尊證師，說戒大和尚為臺北圓山護國禪寺策堂法師也應為日人。唯獨不見妙果法師列名其中，頗不可解。然從受戒者的背景

---

87 《臺灣社寺宗教要覽・臺北卅卷》，附錄一之五。

資料來看，由於遍及全島各寺廟，我們可以說這是日據時期佛教界空前的大合作，才能促成這樣浩大、殊勝的傳戒活動。傳戒結束後，丸井奎治郎特撰序載《同戒錄》中，對本圓法師的人品、學養和叢林事業的成就，皆有扼要的佳評[88]。綜合上述內容來看，應是「南瀛佛教會」成立後，本圓法師在臺灣佛教界展現他個人長期經營凌雲禪寺的具體成效，相對他在教界地位的提升及各地信眾對凌雲禪寺的認同感，必大爲增強。附帶一提，在《同戒錄》中，可以看到信徒除拜本圓法師爲師外，亦有拜寺中僧眾如達淨、志淨、參圓、通淨、常道、蓮淨等人爲師者，顯示凌雲禪寺的其他法師在吸收信徒的這件事上，也盡了一份心意。而本圓法師的得力幹部覺淨法師是中壢郡人，十三歲（1906）即到鼓山出家，十八歲（1911）和本圓法師回臺，共同致力建設凌雲禪寺和整理西雲寺；本圓法師於民國三十五年圓寂後，即由他繼任住持。可以說，本圓法師亦接棒有人[89]。

四、結　　論

日本自甲午戰勝，據〈馬關條約〉的談判內容而領有臺灣的統治權。自明治二十八年(1895)至昭和二十年(1945)，共計五十年，是所謂的「日據時期」。本文探討臺灣北部兩個新佛教道場：靈泉寺和凌雲寺的崛起，著重在日據前期（約1895～1923年），是爲了觀察臺灣佛教從清末進入日據時期的變遷狀況。儘管年代不是剛好二十五年，

---

[88] 見《臺灣觀音山凌雲禪寺同戒錄》（1923），頁1～2。

[89] 見張文進主編，《臺灣佛教大觀》（臺中：正覺出版社，1957），頁28～29。以及朱其昌主編，《臺灣佛教寺院庵堂總錄》（高雄：佛光山出版社，1977），頁223。

但在分期上自有其特定的意義。即從靈泉寺的興建過程，看明治和大正時期，臺灣佛教道場的日、中、臺三角關係。而其間，從日本在臺灣統治權的確立，經「西來庵事件」的衝擊，到「南瀛佛教會」的籌組，可以明確地看到臺灣佛教如何在日本政府和日本佛教通力影響下，所產生的組織變化。

雖然本文並未詳細探討「南瀛佛教會」的全部籌組經過，以及其後藉《南瀛佛教》雜誌聯誼及定期舉辦活動的情形，但是本文已清楚地點出「西來庵事件」爆發後，對日本政府和臺灣本地佛教徒（包括齋教徒）的巨大影響。尤其關於大正五年（「西來庵事件」後隔年）「大演講會」促成的發展：「臺灣佛教青年會」的成立和「臺灣佛教中學林」的開辦，使得大正時期的新佛教運動有了較清楚的面貌。而其中善慧法師個人擔負的角色，及其涉及的中、日、臺三角佛教關係，也藉此凸顯出來。本文的目的，主要就是在交代這樣三角關係的臺灣佛教的新特質。

由於日本曹洞宗是在日據初期佔主要領導地位的（指和本島的寺廟齋堂的聯絡而言），所以本文中也詳引原始資料，說明其中臺灣佛教界如何在政局動盪下，靠簽約歸屬曹洞宗的寺院，以求自保的情形。雖然李添春先生在《臺灣省通志稿》也約略指出過[90]，但本文在資料詳盡上和清楚上，都提高許多。例如日、臺佛教的「平行發展」，即是過去被忽略的。本文特將其點出。

從論文的重點來看，本文較詳基隆靈泉寺，而較略凌雲禪寺。這是由於資料留存的多寡、建寺的遲早、建寺者的社會關係、以及實際影響力等所決定的。其中值得注意的，是基隆港市的崛起，是臺灣北

[90] 見李添春編纂，《臺灣省通志稿》卷二〈人民志宗教篇〉，頁111～114。

部在日據前期的重大變化，而靈泉寺的崛起，幾乎是伴隨此一變化而來的。因此在探討上，詳予說明，是理所當然的。反之，凌雲寺則是在淡水港即將沒落之前，迅速崛起的。所以兩者代表的區域和發展的模式，是大有不同的。例如同樣來自基隆的本圓法師，卻在外地的觀音山發展，以及加入的是日本臨濟宗而非曹洞宗，即是和在基隆本地發展的善慧法師不同的。

總之，臺灣佛教的發展，在日據前期，有了完全嶄新的面貌，尤以北部的靈泉寺和凌雲寺最具代表性。不過，本文對大正時期的民主和民族運動，到底如何影響了當時的臺灣佛教，並未交代。這在原先的「講詞」中，是詳加交代過的。此處由於重點不在此處，擬待另篇討論日據時期的臺灣佛教改革運動，才一併處理。

略談現代禪的核心思想與修證方法

——回憶創立現代禪五年的歷程

李　元　松

一、前　言

藍吉富老師告訴我傅偉勳教授七月將返臺，因適逢傅教授六十歲之齡，學術界友人預備以各自撰寫論文的方式集成論文集向傅教授祝壽，並向我邀稿，希望我能寫一篇詳實介紹現代禪的文章共襄盛舉。起初，我未敢驟然答應，因爲我不敢想像不具學術基礎的我是否可以嘗試參與學術界的活動。後因感藍老師的盛情及我和傅教授確有深厚的方外情誼，於是欣然接受，著手撰寫本文，以爲傅教授六十大壽的獻禮。

現代禪這幾年，確實帶給佛教界一些困擾，而我也曾經反省而有這樣的察覺：過愆大致在我——倘若自己更接近無諍，對教理哲學更具知識，以及創立現代禪之初能稍減弘法的熱情，則可以無大過。對於過去五、六年或出自貪瞋無知或出自理想的堅持和義理的辯析，一切所引生教界前輩憂心，令教界初學惱損的事業，我皆虔誠懺悔。

二、現代禪的核心思想

現代禪的核心思想是什麼？我說當然是「緣起空義」。不僅核心思想是緣起空義，即使修行方法和弘法利生的動力，也無不立基與發自緣起空義。至少我存著這樣的理想，並且在所撰述的拙著裏始終努力地堅持此等理念。

爲什麼現代禪特重緣起空義？首先，因爲我得自經論的啟發特別是現代學術著作及印順法師《妙雲集》裏的部份研究成果，而能確定「緣起無我論」或「緣起（畢竟）空義」是佛教的根本思想。任何團體及個人倘若觀念偏離緣起空義，將不被承認是佛教的一員。儘管它仍然可能是偉大的宗教、嚴密的哲學或道德情操令人敬重的個人。其次則因爲我歷經難以計次的思惟觀察，肯定「諸法因緣生」「緣生即幻生」「幻生即無生」這諸法畢竟空義確是千眞萬確顛撲不破的事實；尤其空義的觀察確實有遠離憂怖、摧破罣礙的功效——重覆經驗到這身心宛如脫落般的心境時，我對佛法生起一種堅定的信心。一九八八年三、四月間受友人邀請，到永和黃國達居士家及洪啟嵩兄所屬的文殊文化中心講課——這是我踏入佛教開始講學生涯的第一步，而我所根據的便是這種自肯的信心。

三、現代禪的修證方法

起初，我所講解的修行方法，純依照自己走過的次第而說，例如：首重建立理性的信仰態度、學習科學的觀察精神、培養民主平權的性格、充實現代的學術常識；之後，繼而於日常生活中培養活在眼前一瞬的禪定個性，靜坐時則思惟吟咏平日所誦讀的阿含、般若與禪典。最後，則教人應於心志清明平靜無波的定心下修習無常觀、無我觀。然而，令我驚訝的是，一般佛教徒說句不恭敬的話，基礎實在非常淺薄，不僅缺乏心理學所謂的健康性格，對佛法的觀念也很模糊，甚多似是而非的知見，當然更不要談對佛教根本思想有深入認識，乃至緣空義入定心或依定心尋伺觀察空義。和一般佛教徒的接觸，大概只經過兩個月，我便感覺到佛法眞的很衰頹，不僅修證不明，連義學也十分衰落。——不過，宛若初出柵門的我並沒有灰心，自己一邊繼續浸習緣起空觀，一邊也在尋思更有效指導一般佛教徒的修行方便。不久，我第一次提出「只管打坐」的修行觀念。

一般不諳禪宗解行二門的人，常認爲禪的修行方法大抵屬「定學」，缺乏般若空慧；但據我的理解和經驗，禪宗的修行方法反倒是特重慧解的。例如「只管打坐」乍看之下，似乎純是訓練禪定的方法，但其實打坐修定只似浮在海面的冰山而已，在水面之下冰山的基座是碩大無比的。換句話說，打坐修定之前的道基、打坐修定的見地以及打坐修定的具體方法和趣向目標，都包括在只管打坐中不可分離——而以只管打坐爲中心，圍繞在只管打坐周圍的，依舊是佛法正常道信、戒、定、慧。

大約從一九八八年六月起，我所談的修行方法，除「止觀雙運」之外，也開始納入具有禪宗意味的只管打坐。同時「現代禪」這三個字的提出，也是在這個時候——此後，我以「禪」爲名所談述的哲理也愈來愈多。後來，「現代禪」這三個字竟成我的標幟。

古人說「學海無涯」，對於自知「我慢猶在、貪瞋猶存」的我，修行這條路並沒有因爲很多人敬我爲老師（當時我希望學習者只稱我爲「學長」）而稍歇。我知道自己還沒有達到「大用流行、不存軌則」的悟境，仍然會有「任運迷執有爲之法」的情形出現，我一邊教人修行，一邊繼續發掘潛藏在意識深處的罣礙，並試煉各種超越克服之道。一九八九年三月，我有了進一步的突破——因觀察空義而獲得的身心脫落感，開始不時地自動生起，也因此較以前更明瞭修行的原理，指導他人也自此增加了「直指人心——本地風光」的修行法。

「本地風光」是內心無疑無惑、無憂無怖的當體——當然它有眞假虛實、深淺強弱的差別，依修行者智慧大小、習氣輕重及道基厚薄而有不同。根據我的經驗，幾乎每一個正常人都有或深或淺、或明或晦的本地風光心體，和佛教修行者的差別只在自覺不自覺，以及是否明了善巧趨入之道罷了！即使沒有聞思慧基礎的人，倘經明眼人指引，一旦能認明本地風光甚至善於長養本地風光，經常導引本地風光入苦樂順逆的生活中，則可省略許多修行力氣，直從近乎修慧的階段起修。——可是這種方法，學習者一般都需要一段時間的親近善知識，並且對善知識的信賴是不可缺的。之所以如此，是因爲這已經不是在學習經論，而是學習善知識的心。

四、現代禪教團初創

由於我的第一本著作《與現代人論現代禪》（第六版之後改名爲《從自我實現到禪定解脫》），是在一九八八年十一月出版，加上先前已在永和、臺北、新店、新竹開過禪修班，所以來訪的同修相當多，在翌年三月我家事實上已成熱鬧非凡的「共修會」了。當時隨著自己對佛法的信解日益加深，以及慢慢地了解佛教的一些現況，一股自認是「不忍聖教衰，不忍眾生苦」的熱情緩緩生起。不久之後，我家這一羣來自北中南原本互不認識的同修籌組「現代禪教團」的因緣已然成熟，我於一九八九年四月寫下《佛教現代禪菩薩僧團宗門規矩》（簡稱「宗門規矩」），從此現代禪在佛教界由個人蛻化爲教團，「本地風光」也成爲現代禪的根本心法，而我也將逢遇平生最痛苦的一年。

從一九八九年四月創立現代禪教團、九月成立根本道場、十月現代禪出版社正式作業、十二月發行《現代禪月刊》，翌年二月到四月，高雄、彰化、宜蘭分別成立共修會，這短短的一年，是我半生中最痛苦的一年。

我之所以用「痛苦」二字來形容，實在因爲那是一段不堪回首慘烈的過程；它不是肉體的刑罰也不是精神的折磨，而是讓你每天只能睡三五個小時，殫精竭慮耗盡心神去處理忙不完的庶務和糾纏不清反反覆覆的人事問題。我今天回顧當初的障礙與艱辛，認爲原因主要有三點：

（一）現代禪膨脹太快了。短短一年之中教團成員的增加達數倍，行政庶務更是多如牛毛，然而，行政人才的培養不易，指導修行的師資更無法速成。但，遷就現實的需要，讓部分乍得本地風光心法，實則道基仍然未穩的學人擔任禪修老師指導修行，卻是最大的敗筆！此後一波波的人事問題都在此埋下伏因。

（二）制度不健全。現代禪創立之初，我雖有建立健全制度的決心，但健全制度的建立又談何容易？我在一九九一年修訂《宗門規矩》的序提到：「建立一個具民主議會精神、有組織有制度且內涵純粹爲佛教的菩薩僧團，在臺灣的佛教史上，現代禪應屬首創；唯正因它是一個創舉，許多法、律和制度無從仿效，外在的壓力不說，每逢困境，總賴自己更多的深思和摸索。在此等情況之下，若說菩薩僧團的建立，現代禪已經做了良好的示範，是不可能的。這不僅是教團組織的因素，人性的問題也是困難重重。」由於制度在摸索中不斷地修正，早期的教團成員較不易有安定感，凝聚共識自然也倍增困難。

（三）我個人大事不妥協的剛烈個性。早期的教團成員大概沒有不怕我的，因爲我有小事不管，大事「寧可玉碎不爲瓦全」的性格，處理人或事的問題，我的態度都是如此。這種大方向大原則不遑讓的氣勢，使很多同修只看到我果斷的一面，卻沒有看到每一次的人事異動，我總無例外最少給對方三次、五次乃至十次以上的等待和規勸。尤其是現代禪成員無論對我的稱謂如何，在實質上他們是入室求教者，對他們我有責善之義——不僅我的角色應如此，作爲佛弟子嚮往古風的我更不曾心存顧忌而不敢鞭策扞捶。可惜的是，人除非一心志在修道解脫，否則事不關己則罷，一旦關己則貪瞋痴慢隨即起現行。尤其，現代禪教團得以維繼，是依賴每一位成員每個月固定繳交兩百元的「護持教團義務金」（後改爲五百元），以及少數特別發心時常額外贊助教團的同修，如果沒有教團成員和這些發心的同修護持，教團是無法支撐下去的。但，這也使我在指導禪修時增添困難，試思：一手伸出要錢，另一手卻拿著香板隨時準備揍人，如此豈易收到棒喝之效？早期的同修，不心生矛盾怨尤者，當接近賢者吧！

佛經說「一切唯業所造」，對於當時那最艱苦的一年，我很甘心甘受。唯一比較感懷的是，因爲自己福慧方便不足，導致當時的同修或主或從地憑添一些無謂的煩惱，我至今回想猶感不忍！

一九九〇年，大約五月以後，我的苦難開始有減少的轉向。除了經過一年，內規的修正、慣例的累積，使教團制度漸趨明朗外，初步可用的人才也逐漸養成，這時我不需要再一人兼數職，許多瑣碎的事漸漸有其他的同修分別承擔，而因指導修行同時夾雜著指揮事務性工作的我，也至此稍能擺脫角色複雜的困境。再者，這時期我個人的道業也略有進步，主要還是對「五蘊苦、空、無常、無我」更深刻的感觸——這種感觸最能在深沉意識處淨化對世間的貪戀，使自己在日常生活中行雲流水的覺受較之一年前更流暢自如。另外，必須特別一提的是，在這時候我也結識了藍吉富老師。

外人，包括現代禪一部分同修，可能不瞭解我和藍老師的交往因緣，也不太瞭解一位閱歷廣闊具實務經驗的佛教史學家，對專注於修行解脫的我而言，在引導教團發展方向的意義和影響力有多麼的巨大！特別是他從不假辭色也不吝於提出針砭。由於有關現代禪教團制度、內部各種稱謂、發展的先後緩急、對傳統佛教應保持的態度、當前佛教情勢及學術研究現況的講明……等等，在這一時期之後的三年，我都全盤深受影響，實在無法在本文細述，他日有機會應另撰專文記述此一因緣。唯必須在此先略作交待的是，即使我得自藍老師的諍言已對現代禪教團作過多方面的重大改革，但據我所知藍老師依然對現代禪不滿意，而我的心情始終一如年前寫給藍老師的簡函所說（大意如此）：「現代禪教團恐怕最後仍然會令老師搖頭——唯敢於自肯的是，晚個人的修業這輩子該不致讓您過於失望。」

五、現代禪教團的曙光

一九九三年對現代禪來說是一個嶄新的里程，或許說現代禪光明的曙光初露。得自善知識的誨誡復經三年的慘淡經營，教團的制度、教團的方向、教團的哲學架構，都遠比過去完備明確；另外，於二月成立的全國性財團法人文教基金會也使現代禪的觸角更廣，經濟來源從而更穩定。尤其令人欣慰的是領眾的修行人才的出世。在諸多讓我感念不已的同修之中我想特別提起的是連永川——在我二十年的宗教生命中，除卻師長不談，我覺得他是最瞭解我的人。雖然他始終敬我爲老師，但五年多的相處共事，我覺得他是讓人感動的眞修行人——這樣的修行人，我以和他同爲佛弟子爲榮。目前現代禪教團的重擔已經轉由他承擔了，當然他周圍有許多——比我更多的，志在修行的跟隨者協助他。一個教團日後的成敗，事實上是堪以有否修行人出面領眾加以推測論斷的——我在「現代禪教團未來發展方向之我見」所提出的方針共有五項，前兩項就是：（一）維繼禪門深廣高峻、精純清寂的宗風。（二）培養剛正無私、柔軟悲憫的大修行人。五年來我始終堅定的認爲：沒有出現大修行人的教團，即使多麼的膨脹，也不如沒有徒眾唯獨一人孤立於妙高峯的「教團」！

六、結　語

現代禪教團我想終究不會有太大的發展，除了受限於我的性格，當今世上少有眞發出離心想修行的人也是主因。其實現代禪經常使學習者感到挫折，因爲它的標準非常高，而偏偏人們所想要的頂多只是「獨酌明月常自在」的風雅幽情，而眞正的禪、眞正的解脫——「烈火焚軀亦宛然」的悟境，卻不是當初他們所想像的，也不是他們在現實生活中所需要的。善根深厚的，心存慚愧望難而退；欠缺厚道的，則每在不知所云的誤解中以譴責埋怨代替慚愧。

我曾經有過「虛空有盡，我願無窮」的悲情，幾年後的今天，我知道自己依然心繫佛教，只是略微成熟的是，奔騰的豪情已在「南無阿彌陀佛」的聲中逐漸消息。

傅教授曾邀我和藍老師、林光明先生四人一起結拜，我因自忖前兩位是師長，後一位是現代禪同修，未敢遵從。不過，和傅教授的道情似乎因此更深。近聞傅教授因淋巴腺癌而再度入院電療，心頭凛然一震。特利用祝福傅教授六十大壽的文末，喝道——

再娶個老婆，

生一個小孩!

李元松寫於　鹿谷居

一九九三年七月二十日

傅偉勳教授六十歲以前學術經歷表

林　光　明　編

編按：本表內容之選輯，以臺灣讀者較為關心之事蹟為主。其他未錄入之經歷，請參閱本書末篇之〈傅偉勳教授學術履歷〉（英文版）及傅教授所撰之《學問的生命與生命的學問》一書。

年代	事　　　　　　　　　蹟
一九三三	十月七日誕生於臺灣新竹市。 進高中之後開始對哲學發生興趣。在高二時偶爾讀了日本近代哲學家西田幾多郎的幾本論著，如《善的研究》、《思索與體驗》、《日本文化的問題》等書，印象特別深刻，因而決意報考臺灣大學哲學系。
一九五二	畢業於省立新竹中學，並考取臺大哲學系。大學一年級時，受到哲學系方東美教授與中文系王叔岷教授的深刻影響。 二年級以後上系主任洪耀勳所講授的西洋哲學史與印度哲學史，對於整個世界哲學的發展線索開始關心，也了解到哲學史的研究在哲學探求上的重要意義。 大三以後逐漸縮小研究範圍，興趣漸從廣泛的哲學史凝聚於康德到黑格爾的德國觀念論與齊克果、尼采到沙特的實存主義（又稱存在主義）。 大學最後半年，對雅斯帕斯的實存哲學興趣大增，就選了他的主著《哲學》三卷的首卷〈哲學的世界定位〉做爲大學畢業論文的題目。

一九五六	臺大哲學系畢業並考取哲學研究所。
一九六〇	擔任臺大哲學系助教。
一九六一	前往夏威夷大學深造。 夏大第一年的秋季，開始跟出生在檀島的美籍日人稻田龜男（Kenneth Inada）唸大乘佛學與鈴木禪。 第二年冬天用東西文化中心的獎學金轉到加州大學（柏克萊分校）哲學系。在加大期間，全部精力放在康德知識論的研究，選修系主任阿先布列納（Aschenbrenner）的高班課程「康德」，專讀《純粹理性批判》。
一九六三	二月中旬回到臺大哲學系，擔任講師。除授「西洋哲學史」外，另開兩門新課：「英國經驗論討論」與「哲學問題討論」。
一九六五	十一月《西洋哲學史》出版（此書至一九九〇年已再版十餘次）。
一九六六	赴美國伊利諾大學研究。
一九六九	春，獲伊利諾大學哲學博士學位。 九月，俄亥俄大學哲學系聘爲副教授。
一九七一	八月，從俄亥俄大學哲學系轉任天普大學宗教系之後，曾先後自創了大學部與研究所的幾門美國學府獨有的比較課程，包括大學部的「（禪）佛教、心理分析與實存

	分析」、「易經、道家與禪宗」、「宗教、道德與馬克思主義」等課，以及博士班的「宗教與反宗教」、「道家、禪宗與海德格」、「佛學與實存的現象學」等課，相當叫座。 同年為挪威籍老師納斯教授（Arne Naess）所創辦的國際性哲學期刊《探索》(Inquisy)，撰寫一篇〈老子對於「道」的看法〉（“Lao Tzu's Conception of Tao”）。
一九七六	發表 “Creative Hermeneutics: Taoist Metaphysies and Heidegger”, in Journal of Chinese Philosophy, vol. 3 No. 2 (March 1976), pp. 115-143.
一九八二	七月，赴夏威夷大學參加陳榮捷教授所主持的國際朱子學會議。
一九八三	六月下旬，為《中國時報》人間副刊撰寫一長文〈胡適、鈴木大拙與禪宗眞髓〉，連載四天（二十六日至二十九日），引起不少讀者熱烈反應。不久又在人間副刊撰短篇〈鈴木大拙二三事〉（八月七日）。這長短兩篇促使臺灣讀者對於「鈴木禪」（Suzuki Zen）產生極大興趣，以後數年出現好多册鈴木著作的中譯。
一九八四	三月，以校外考試委員身份應聘訪問香港中文大學之後，順路回到闊別十八年的故土臺灣。在臺灣大學的哲學系演講「創造的詮釋學」。
一九八五	十一月，應威斯康辛大學（Oshkosh 校區）哲學系教

	授吳光明（英文《莊子》一書作者）之邀，飛往該校演講「環繞著貧窮與開發的中日兩國意識形態問題」。演講完後接著又飛往加州大學（柏克萊校區），在熊玠教授主持的「毛後中國大陸意識形態與價值觀念的轉變問題」學術討論會（係第二十七屆全美中國研究協會年會節目之一），主講自選的題目：「以十年來的哲學研究爲例，分析中國大陸當前的馬列主義兩難」。 十二月，在《中國時報》發表〈從大辭典談到外語定譯問題〉。
一九八六	四月間應邀赴大陸作學術訪問與講學，曾在中國（大陸）社會科學院世界宗教所（北京）與江蘇省社會科學院哲學研究所（南京）分別演講過「中國大乘佛學的繼承課題」，首次提出「社會（共）苦」的新辭，旨趣是在提醒受過馬列訓練的大陸學者，大乘佛教的終極關懷必定涉及政治社會層面，因此佛（宗）教並非馬克思所云，只不過是「人民的鴉片」。如果予以創造的詮釋，其實是具有永無止境的辯證開放性的。 六月，《從西方哲學到禪佛教》及《批判的繼承與創造的發展》二書由東大圖書公司出版。在後一書中提出其四年前所構思完成的「生命的十大層面及其價值取向」的理論模型。以及有關中國文化問題的「中國本位的中西互爲體用論」。 同年亦發表有〈道德抑或超道德：宋明理學與大乘佛教的對抗〉（"Morality or Beyond: The Neo-Confucian Confrontation with Mahāyāna Buddhism"）與〈朱熹的佛教批判：一個哲學的考察〉（"Chu Hsi on Bud-

	dhism: A Critical Examination"）兩篇英文姊妹作，分就形上學、心性論、解脫論、修行論與道德論等五項一一評論以朱熹爲主的宋明理學家們對於（中國大乘）佛教所作批判的功過得失。
一九八七	元月，在臺北靈山講堂演講「佛教、心理分析與精神治療」，首次公開提出「人際苦」的新辭。並在耕莘文教院，以「文化中國與海峽兩岸的學術交流」爲主題公開演講。敦促政府與民間人士依照「公平競爭、互助互利」的新時代大原則，以超政治的客觀態度，重新「知己知彼」，並進一步早日設法與中國大陸進行正常的文化學術交流。 五月，在《文星雜誌》發表〈中國文化往何處去？——一個宏觀的哲學反思與建議〉。並以美籍華裔學者身份，應邀訪問大陸講學三十四天，五月中旬，曾赴成都市的四川省社會科學院演講「邊緣科學與創造性思維」。
一九八八	四月，由東大圖書公司出版《「文化中國」與中國文化》。 五月，在武漢大學演講「創造的詮釋學」。 同年參加國際孔學會議，發表〈儒家倫理（學）的現代化重建課題〉。
一九八九	元月，回臺灣參加佛光山「國際禪學會議」，發表論文：《壇經慧能頓悟禪教深層義蘊試探》。 四月，與韋政通共同主編的《世界哲學家叢書》，由東大圖書公司出版。

一九九〇	元月，回臺北參加中華佛學研究所主辦的「中華國際佛學會議」。並發表論文，題爲: 〈（大乘）佛教倫理現代化重建課題試論〉。 七月，由東大公司出版《從創造的詮釋學到大乘佛學》。 十月，主編《從傳統到現代》，東大圖書公司出版。 十二月，回臺灣參加佛光山「國際佛教學術會議」，發表論文《緣起思想的義理開展與現代意義》。
一九九一	三月，主編《永恆與現實之間——當代宗教思想家》，正中書局出版。 七月，回臺北爲法光佛教文化研究所主持佛學講座，講題爲〈佛教思想與現代思潮〉. 每週二次，共計一個半月。 十二月，赴香港參加法住學會主辦之國際學術會議，發表主題演說〈佛學研究的現代化課題〉。
一九九二	元月十五日開刀作切片檢驗，證實患淋巴腺癌。 五月一日第二次開刀，切除脾臟，以避免癌細胞蔓延。 兩次開刀之後，對生死問題有深刻的體認，並克服自幼以來畏懼死亡的性格。由於在病牀上瞑思生死問題，而獲致其對死亡一事的新看法。
一九九三	七月，由正中書局出版《死亡的尊嚴，生命的尊嚴》，僅月餘卽銷售五千册，甚受歡迎。 七月中旬，回臺灣作多次學術演講，所講內容皆以與「死亡學」有關者爲主。

傅偉勳 (Charles Wei-hsun Fu)
教授學術履歷 (1993年以前)

○ 英語發表
√ 日語發表
＋ 德語發表
其他全用中文發表

EDUCATION (學位)

University of Illinois, Philosophy	1966-69, Ph. D.
(University Fellowship & Teaching Assistantship)	
University of California, Berkeley, Philosophy	1962
(study tour on East-West Center Fellowship)	
University of Hawaii, Philosophy	1961-63, M. A.
(East-West Center Fellowship)	
National Taiwan University, Philosophy	1956-58, M. A.
	1952-56, B. M.

DOCTORAL DISSERTATION (博士論文)

○*Contemporary Ethical Autonomism: A Critical Study of Sartre and Hare*, 1969 (Department of Philosophy, University of Illinois)

POSITIONS HELD (曾任職務)

Temple University, Religion Department 1971-present

tenured, promoted to Associate Professor 1973

promoted to Full Professor 1980

Ohio University, Philosophy Department 1969-71

Assistant Professor

University of Illinois, Philosophy Department 1966-69

Teaching Fellow

National Taiwan University, Philosophy Department

Lecturer 1963-66

PUBLICATIONS (出版)

Books Authored (專書)

《學問的生命與生命的學問》(臺北; 正中書局, 1993 年年底)

Dignified Death and Dignified Life: From Thanatological Psychiatry to the Postmodern Learning of Life and Death. Taipei: Cheng-chung Book Co., 1993.

From Creative Hermeneutics to Mahayana Buddhism: Essays in Philosophy and Religion, 4th Series. Taipei: Tungta Publishing Company, 1990.

A Critical History of Western Philosophy, 12th ed. Taipei: Tungta Publishing Company, 1988.

"Cultural China" and Chinese Culture: Essays in Philoso-

phy and Religion, 3rd Series. Taipei: Tungta Publishing Company, 1988.

On the Critical Inheritance and Creative Development of Chinese Thought and Culture: Essays in Philosophy and Religion, 2rd Series. Taipei: Tungta Publishing Company, 1986.

From Western Philosophy to Zen Buddhism: Essays in Philosophy and Religion, 1st Series. Taipei: Tungta Publishing Company, 1986. Beijing: Joint Publishing Company, 1989.

○*Guide to Chinese Philosophy.* Boston: G. K. Hall, 1978.

A Critical Inquiry into British Empiricism. Taipei: National Taiwan University, 1965.

Books Edited (專書主編)

Western Sinologists on China. Taipei: Cheng-chung Book Co., 1993.

Western Thinkers on China. Taipei: Cheng-chung Book Co., 1993. 263 pp.

○*Buddhist Ethics and Modern Society: An International Symposium* (The English Version). New York: Greenwood Press, 1992.

Between Eternity and Secularity: Contemporary Religious Thinkers. Taipei: Cheng-chung Book Co., 1991.

Buddhist Ethics and Modern Society: The First Chung-

Hwa Conference on Buddhist Tradition and Modern Society (The Chinese Version). Taipei: Tungta Pub. Co., 1990.

○*Religous Issues and Interreligious Dialogues: An Analysis and Sourcebook of Developments Since 1945*. New York: Greenwood Press, 1989.

○*Movements and Issues in World Religions: A Sourcebook and Analysis of Developments Since 1945*. New York: Greenwood Press, 1987.

Series Editor (叢書主編)

○*Resourcesn in Asian Philosophy and Religion Series*. New York: Greenwood Press.

○*Asian Thought and Culture Series*. New York: Peter Lang Publishing, Inc. Five volumes have been published thus far.

World Philosophers Series. Taipei: Tungta Publishing Company. Approximately 200 volumes are projected, with over 50 volumes published thus far. Participating authors are from the United States, Canada, Japan, Korea, China (Beijing and Taipei), Hong Kong, and Singapore.

History of World Thought and Culture Series. Taipei: Tungta Publishing Company. Approximately 55 volumes are projected. The first volume, *A History of Korean*

Confucian Thought by Professor Kim (Korea University, Seoul) and the second volume, *Medieval Theology and Western Culture* by Professor Tang Yi, also have been published.

Modern Buddhist Studies Series. Taipei: Tungta Publishing Company. More than 50 volumes are projected. The first volume *Buddhism in Taiwan and Modern Society* has been published.

Eminent Living Chinese Scholars' Intellectual Autobiography Series. Taipei: Cheng-chung Book Company. 15 volumes are projected.

Current Global Trends Translation Series. Taipei: Cheng-chung Book Company. 10 volumes are projected. The first volume Gloria Steinem's *Revolution from Within* in Chinese translation has been published.

Contemporary Academic Currents Translation Series. Taipei: Cheng-chung Book Company. 10 volumes are projected.

Chapters in Books (發表於其他論文集中者)

○"The Taoism of Lao Tzu and Chuang Tzu," in Indira Mahaligam and Brian Carr, eds., *An Encyclopedia of Asian Philosophy*. London: Routledge, 1993.

"On the Modern Development of the Dharma and Buddhist Scholarship," in *From Being to Becoming*: *Studies in*

Culture East and West, Dharmasthihi Press, Hong Kong, December, 1992, pp. 7-27.

○"On the Modernization of Confucianism as a Philosophy/ Moral Religion," in Tu Wei-ming, ed., *The Triadic Chord: Confucian Ethics, Industrial East Asia and Max Weber*. Singapore: The Institute of Asian Studies, 1991, pp. 357-376.

"On the Contemporary Development of Confucian Studies," in Editorial Committee for the International Conference on Contemporary Neo-Confucianism, ed., *Collected Essays in Contemporary Studies of Confucianism*. Taipei: Wen-tsin Publishing Co., 1991, vol. 1, pp. 43-68.

"On the Methodology and Urgent Task of the Current Buddhist Studies," in the *Report on the International Conference on Academic Studies of Buddhism*. Taiwan: Forkuangshan Publishing Co., 1991, pp. 44-62.

"On the Pluralistically Open Life-attitude and Value-orientation," in Fu-jen Catholic University, ed., *International Conference Papers on Chinese Culture and Modern Life*. Tapei: Fu-jen Catholic University Press, 1990.

○"From *Paramartha-satya* to *Samvrti-satya*: On the Modern Reconstruction of (Mahayana) Buddhist Ethics and Morality," in both the English and Chinese versions of *Buddhist Ethics and Modern Society* as listed under Books Edited.

○"Toward a Creative East-West Dialogue in Moral Education and Value Orientation", Mary Clark and Sandra A. Wawrytko, eds., *Rethinking the Curriculum: Toward an Integrated Interdisciplinary Education*. New York: Greenwood Press, 1990.

○"On the Ideological Revitalization of Confucianism in Relation to Eastasian Economic Development: From Methodological Reflections to Creative Dialogue", Chung-hua Institution for Economic Research, ed., *Confucianism and Economic Development in East Asia*. Taipei: 中華經濟研究院出版社 1990.

○"Philosophical Reflections on the Modernization of Confucianism as Traditional Morality", in Fu/Spiegler, eds., *Religious Issues and Interreligious Dialogues: An Analysis and Sourcebook of Developments Since 1945*. New York: Greenwood Press 1989, pp. 303-323.

"On the Self-adjustment and Future Development of Confucian Thought." Chou Yang-shan, ed., *From the May 4th Movement to the Pro-Democracy Movement in the Tiananmen Square*. Taipei: China Times Pub. Co., 1989, pp. 204-216.

"On Philosophical Wisdom." Chung Hui-min, ed., *Standing on the Shoulders of Chinese Academic Giants*. Taipei:

Free Youth Press, 1989, pp. 149-158.

○"A Philosophical Examination of the Various Mahayanist Hierarchical Classifications of Buddhist Texts and Teachings," in *World Sutric and Tantric Buddhist Conference Report,* Fokuangshan (1989), pp. 123-141 (Chinese text), pp. 234-235 (English abstract).

"On the Modern Reconstruction of Confucianism as an Ethical Theory", *International Symposium on Confucianism and the Modern World: Proceedings.* Taipei: 1988, pp. 1213-1221.

○"A Universal Theory or a Cosmic Confidence in Reality?: A Taoist/Zen Response," in Len Swidler, ed., *Toward a Universal Theology of Religion,* (Orbis Books, NY, 1987), pp. 154-161.

"A Critical Examination of the Mainland Chinese Scholars' Recent Approaches to Chinese Culture," National Chengchi University, ed., *Developmental Experience in the Chinese-speaking World and the Future of China* (Research Center for International Relations, 1988). pp. 301-324.

○"Postwar Confucianism and Western Demoracy: An Ideological Struggle". *Movements and Issues in World Religions: A Sourcebook and an Analysis of Developments Since 1945.* New York: Greenwood Press, 1987, pp. 177-196.

朱子學繼承者として退溪の哲學的獨創性：Takahashi Susumu, ed., *The 8th International Conference on the T'oegye School of Neo-Confucianism: Proceedings*, 1986. pp. 96-99. (in Japanese)

○"The Philosophical Originality of T'oegye as a Korean Successor to Chu Hsi." Takahashi Susumu, ed., *The 8th International Conference on the T'oegye School of Neo-Confucianism: Proceedings*, 1986. pp. 287-293.

"On the Ultimate Nonduality of the Ideal and the Actual," in *Style*. Taipei: Yushih Cultural Enterprise, Inc., 1986, pp. 131-142.

○"Chu Hsi on Buddhism: A Critical Examination". Wing-tsit Chan, ed. *Chu Hsi and Neo-Confucianism*. University of Hawaii Press, 1986, pp. 377-407.

"The Thorny Path of My Philosophical Pursuit". Editorial Committee of *China Tribune Fortnightly*, ed., *My Academic Pursuit*. 1985.

"A Critical Examination of Philosophical Studies in Mainland China". Editorial Committee of *China Tribune*, ed. *Academic Studies in Taiwan and Mainland China (1950-1985)*. 1985, pp. 37-62.

○"Chinese Buddhism as an Existential Phenomenology". Anna-Teresa Tymieniecka, ed. *Phenomenology of Life in a Dialogue Between Chinese and Occidental Philosophy*, volume 17 of *Analecta Husserliana*. D. Reidel

Publishing Company, 1984, pp. 229-251.

○"Heidegger and Zen on Being and Nothingness: A Critical Essay in Transmetaphyiscal Dialectics". Nathan Katz, ed., *Buddhist and Western Philosophy*. New Delhi, India: Sterling Publishing Company, 1981, pp. 172-201.

○"People's Republic of China: Maoism and Chinese Philosophy". John Burr, ed., *Handbook or World Philosophy: Contemporary Developments Since 1945*. Greenwood Press, 1980, pp. 499-522.

○"Beyond Aesthetics: Heidegger and Taoism on Poetry and Art". Kenneth K. Inada, ed., *East-West Dialogues in Aesthetics*. State University of New York Press, 1978, pp. 173-181.

○"Buddhist Approach to the Problem of God". S. A. Matczak, ed. *God in Contemporary Thought: A Philosophical Perspective*. NY and Paris: Learned Publications, 1977, pp. 155-181.

○"Mahayana Buddhism (China)". Ismail al Faruqi, ed. *Historical Atlas of the Great Religions of the World*. Macmillan Publishing Company, 1975.

○"Chinese Religions: Confucianism and Taoism". Ismail al Faruqi, ed. *Historical Atlas of the Great Religions of the World*. Macmillan Publishing Company, 1975.

Journal Articles Published (發表於期刊者)

"On the Contemporary Problems of Death and Dying" *Contemporary* (May, 1993), No. 85, pp. 108-117.

"Cultural Nationalism and Political Nationalism: A Critical Comparison of Chinese Nationalism and Japanese Nationalism," *Con-temporary* (March, 1993), No. 83, pp. 92-115.

"The Confucian and Taoist Views of Life and Death," *Philosophical Quarterly* (April, 1993), No. 4, pp. 110-122.

"The Gadamer - Derrida Hermeneutic Debate and the Problems of Hermeneutic Studies and Methodology of Creative Thinking in Contemporary Studies," the *Twenty-First Century*, Institute of Chinese Culture, Chinese University of Hong Kong, April, 1993.

"On Morita Therapy: a Synthesis of Zen and Psychotherapy," in *Zen Now*, No. 37, April, 1993.

"The Learning of Life and the Life of Learning: The Tenfold Task of Modernizing Buddhist Studies and Dharma," *Con-temporary Monthly*, No. 79 (November, 1992), pp. 42-59.

"The Way of Ch'an (Zen) and East Asian Culture," *Studies in Ch'an Buddhism*, No. 1 (August, 1992), Jiansu Classics Press.

"On the Contemporary Development of Confucian Studies," *Con-temporary*, nos. 64 (pp. 106-117) and 65 (pp. 126-133), 1991.

"A Creative-Hermeneutical Investigation into the Formation and Development of the *Pratitya-samutpada* Thought," *Chung-Hwa Buddhist Journal*, No. 4, Taipei, 1991, pp. 169-199.

"Japanese Zen and the Art of Tea," *Universal Gate Monthly* (April, 1991), pp. 116-119.

"Asian Buddhism in North America," *Buddhist News Weekly*, November, 1990.

"A New Hermeneutic Inquiry into the *Awakening of Faith in Mahayana*," *Chung-Hwa Buddhist Journal*, No. 3, Taipei, 1990, pp. 117-147.

"On the Revitalization of Chinese Buddhism," *Universal Gate Monthly* (July, 1989), pp. 85-87.

"On the Deeper Meaning and Multidimensional Complexity of Hui-neng's Ch'an (Zen) Teaching: An Application of Creative Hermeneutics," *Studies in the History of Chinese Philosophy*, No. 3, 1989. Also published in *Universal Gate Monthly* (May-June, 1989), pp. 24-31 and pp. 27-40.

"Post-Marxism and Neo-Marxism," *China Tribune*, Nos. 293 and 294 (December, 1987).

"A Critical Examination of Fung Yu-lan's Philosophical

Development," in *Con-temporary,* Nos. 13 and 14 (May-June, 1987).
"Whither Chinese Culture?—A Macroscopic Philosophical Reflection and Suggestion," in *Literary Star Monthly,* No. 107 (May, 1987).
"My Three Week Academic Trip to the People's Republic of China: Lectures and Speeches". *The Chinese Intellectual* 10 (January, 1987).
"On Recent Social Changes and Academic Research in China," in *China Tribune,* Nos. 268-269, 1986.
"The Thorny Path of Li Zehou: The Symbol of Academic Agony in China", *Wen-hsing,* 3, 1986, 90-103.
"The Rebirth of Aesthetic Consciousness on Li Zehou", ed. *A History of Chinese Aesthetics,* volume 1, *Wen-hsing* 2, 1986, 56-63.
"On the Philosophical Task of Inheriting and Developing Chinese Mahayana Buddhism", *The Philosophical Yearbook of Soochow University,* 5, 1986, 1-41.
"On the Contemporary Task of Resolving the Traditional Problems of Confucianism", *Universitas* (Monthly Review of Philosophy and Culture), 13 (2), 1986, 27-42. [Also published in *The Chinese Intellectual,* New York, 2(4), 1986, 4-14.]
○"The Philosophical Originality of T'oegye as Chu Hsi's

Successor", *Journal of T'oegyehak Study*, 49, 1986, 53-67.

"Philosophical Reflections on the Task of Revitalizing Chinese Culture", *Universitas*, 12(10), 1985, 31-41.

"Lao-Chuang, Kuo Hsiang, and Ch'an (Zen): A New Approach to the Question of Ideological Continuity", *Universitas*, 12(12), 1985, 2-18.

"(Zen) Buddhism, Psychoanalysis, and Existential Analysis", *The Philosophical Yearbook of Soochow University*, 4, 1985, 9-40.

○"Japanese Spiritual Resources and their Contemporary Relevance", *Journal of Dharma*, Dharma Research Association, India, 10(1), 1985, 82-89.

"A Philosophical Modernization of the Confucian Theory of Human Nature and Mind", *Legein Monthly*, Part I, 10(5), 1984, 1-10; Part II, 10(8), 6-18.

"The Ideological Dilemmas of Marxism-Leninism and China's Future Prospects", *The Chinese Intellectual*, 1(2), 1985, 105-17.

"Monk Ju-ching and Zen Master Dogen: From Chinese Ch'an to Japanes Zen", *The Philosophical Yearbook of Soochow University*, 3, 1984, 13-34.

○"The Mencian Theory of Mind and Nature: A Modern, Philosophical Approach", *Journal of Chinese Philosophy* (Tenth Anniversary Memorial), 10(4), 1983, 385-410.

○"The Underlying Structure of Metaphysical Language: A Case Study of Chinese Philosophy and Whitehead", *Journal of Chinese Philosophy*, 6(3), 1979, 339-66.

○"Marxism-Leninism-Maoism as an Ethical Theory", *Journal of Chinese Philosophy*, 5(4), 1978, 343-62.

○"Trans-Onto-Theo-Logical Foundations of Language in Heidegger and Taoism", *Journal of Chinese Philosophy*, 5(3), 1978, 301-33.

○"On Teitelman's Pragmatist-Marxist Critique of the Meta-Theory of Justice", *Journal of Chinese Philosophy*, 5(3), 1978, 249-54.

○"Fingarette and Munro on Early Confucianism: A Methodological Examination", *Philosophy East and West*, 28(2), 1978, 181-98.

○"Creative Hermeneutics: Taoist Meta [Physics and Heidegger",] *Journal of Chinese Philosophy*, 3(2), 1976, 115-43.

○"Rejoinder to Professor Howard Parsons' Critical Remarks (on my "Confucianism, Marxism-Leninism and Mao")," *Journal of Chinese Philosophy*, 2(4), 1975, 447-54.

○"Confucianism, Marxism-Leninism and Mao: A Critical Study", *Journal of Chinese Philosophy*, 1(3/4), 1974, 339-71.

○"Lao Tzu's Conception of Tao", *Inquiry*, 16, 1973, 367-

94.

○"Morality or Beyond: The Neo-Confucian Confrontation with Mahayana Buddhism", Philosophy East and West, 23(3), 1973, 375-96.

○"Hare's Precriptivism", *Philosophical Review* (NTU), 1, 1971, 25-62.

"British Empirical Philosophers and the Argument for the Existence of God", in three consecutive issues, *Democratic Review*, 1965.

"On Kierkegaard's Doctrine of Three Stages on Life's Way", *Humanities Weekly*, 1965.

"The Decline of the Dualistic *Weltanschauung* in the West and the Rise of Existentialism", *Humanities Weekly*, 1965.

"An Inquiry into the Philosophical World-Orientation of Karl Jaspers", *Free Scholars Monthly*, 1957, 1-20.

Newspaper Articles Published (發表於報刊者)

"The Real Significance of Gloria Steinem's *Revolution from Within,*" *United Daily*, July 9, 1992.

"The Sociopolitical Significance and Spiritual Meaning of Gloria Steinam's *Revolution from Within,*" *United Daily*, July 9, 1992.

"How to Study Buddhist Sutras?" *China, Times*, November, 1991.

"The Political Sufferings and Inner World of Fung Yu-lan," *China Times Weekly (New York)*, December 8-14, 1990, pp. 80-81.

"The Ch'an Wisdom and Religious Practice of Master Hsu-yun", *China Times*, September 17-18, 1990.

"Enlightenmental Education and Cultural Development," *Capital Morning News*, July 29-30, 1990.

"Art is a Matter of Uniqueness", *China Times*, September 19, 20, 1986.

"Recent Cultural and Religious Trends in the People's Republic of China", *China Times Weekly* (New York), August 10-16, 75-78.

"Academic Studies of Philosophy and Religion in the People's Republic of China", *China Tribune*, 22(10), 1986, 12-13.

"On the Nonduality of the Ideal and the Actual", *United Daily News*, June 15-16, 1986.

"Preface to *From Western Philosophy to Zen Buddhism*", *China Times*, May 19, 1986.

"A Reexamination of Sartre and Simone de Beauvoir", *China Times*, May 19, 1986.

"From Poverty to Development; from Self-Closedness to Openness", *China Times*, 1986.

"Kawabata Yasunari and the Rediscovery of (Japanese) Traditional Beauty", *China Times*, 1985.

"The Japanese View of Life and Death", *China Times*, 1985.

"On the Critical Inheritance and Creative Development of Chinese Thought and Culture", *China Tribune* (fortnightly), 19 (5), 1984, 45-48; Part II, 19(6), 40-43.

"Moral Obligations (*giri*), Human Feelings (*ninjo*), and Love Suicide (*shinju*): The Aesthetic Sense of Chikamatsu's Drama", *China Times*, November 7, 1985.

"On the Thanatological Significance of Leo Tolstoy's *The Death of Ivan Ilych*", *China Times* (New York), August 31, September 1, 1984.

"On the Moral Question of Euthanasia", *China Times*, June 22, 1984.

"Jean-Paul Sartre's Philosophy of Existentialism: A Critical Examination", *China Tribune* (fortnightly), 17 (6), 1983, 66-72; 17(7), 1984, 69-72.

"From Industrial Society to Information Society", *China Times* (New York), September 12, 12, 1983.

"High Tech and High Touch", *China Times* (New York), October 6, 1983.

"From a Simple Choice to Multiple Options", *China Times* (New York), October 31, 1983.

"On the Higher Phase of Democracy", *China Times* (New York), November 18, 1983.

"On the Establishment of Academic Institutes of Religion and Academic Studies of Religion", *China Times*, February 7, 1984.

"Jean-Paul Sartre and Simone de Beauvoir", *China Times*, December 15, 16, 1983.

"Hu Shih, D. T. Suzuki, and the Marrow of Zen", *China Times*, June 26-29, 1983.

"Viktor Frankl and Logotherapy", *China Times*, May 12, 1983.

"On the Wisdom of Life-and-Death and Religious Enlightenment", *China Times*, June 18, 19, 1983.

"Logotherapy and Social Therapy", *China Times*, August 30, 1983.

PAPERS PRESENTED AT PROFESSIONAL MEETINGS

(學術研討會上所發表之論文或演講稿)

"On the Concept of Cultural China," at the Conference on "Cultural China: Economic Development and the Changes of Human Value," Princeton University, May 3-4, 1993. y

○"Mixed Precepts, the Bodhisattva Precepts, and the Preceptless Precept: A Critical Comparison of the Chinese and Japanese Buddhist Views of *Sila/Vinaya*," at the Second Chung-Hwa International Conference on Traditional Buddhism and Modern Society, sponsored by the Chung-Hwa Institute of Buddhist Studies, Taipei,

July 18-21, 1992.

Key note speech on "On the Task of Modernizing the Academic Studies of Buddhism," at the International Conference on From Being to Becoming, at the Dharmasthihi Society, Hong Kong, December 25-26, 1991.

Three lectures on "From Creative Hermeneutics to Buddhist Hermeneutics," "The Deeper Meaning and Multi-hermeneutic readings of the Four Noble Truths," and "The (Zen) Buddhist Way of Overcoming Death and Dying," at the Dharmasthihi Society, Hong Kong, December 27-29, 1991.

Guest speech on "Buddhist Studies in the United States" at the International Buddhist Studies Center, Taipei, August, 1991.

"On the Improvement of Academic Studies and Further Development of Dr. Sun Yat-sen's Thought" International Conference on "Dr. Sun Yat-sen and the 21st Century," sponsored by the University of Hong Kong and National Taiwan Normal University, Hong Kong, April 24-27, 1991.

"The Recent Impacts of Foreign Thought and Culture and China's Cultural Rejuvenation in the Pluralistically Open Context,"The Conference on Cultural Changes in Contemporary China, Princeton University, December 2, 1990.

"Enlightenmental Education, Open Society the Revitalization of Chinese Culture," The Conference on Historical Reflections on the Twentieth-Century Chinese Culture, East-West Center, University of Hawaii, February 18-24, 1991.

"On the Task of Modernizing Academic Studies of Confucianism," The International Conference on Confucian Studies, Central Library, Taipei, Taiwan, December 29-31, 1990.

"The Doctrinal Development and Contemporary Relevance of 'Dependent Origination' (*Pratityasamutpada*)," The Fokuangshan International Conference on Buddhism and the Modern World, December 25-29, 1990.

○"From *Paramartha-satya* to *Samvrti-satya*: A Preliminary Attempt at Modern Reconstruction of (Mahayana) Buddhist Ethics and Morality." The First Chung-Hwa Conference on Buddhist Tradition and Modern Society, sponsored by the Chung-Hwa Institute of Buddhist Studies, Taipei, January 12-15, 1990.

"On the Pluralistically Open Life-attitude and Value-orientation."International Conference on Chinese Culture and Modern Life, sponsored by the Fu-jen Catholic University, Taipei, December 19-22, 1989.

○"Toward a Creative East-West Dialogue in Moral Education and Value Orientation." Conference on "Rethinking the

Curriculum." Sponsored by San Diego State University and University of California at San Diego, San Diego, June 19-23, 1989.

"On the Ideological Revitalization of Confucianism in Relation to Eastasian Economic Development: From Methodological Reflections to Creative Dialogues." International Conference on Confucianism and East Asian Economic Development, sponsored by the Chung-hua Institute of Economic Research, Taipei, May 29-31, 1989.

"On the Deeper Meaning and Multidimensional Complexity of Hui-neng's Ch'an (Zen) Teaching: An Application of Creative Hermeneutics." International Conference on the *Platform Sutra of the Sixth Patriarch*, Fokuang-shan, Taiwan, January 9-12, 1989.

"On the Self-adjustment and Future Development of Confucian Thought." Conference on the Future Prospect of Confucianism, sponsored by the Institute of East Asian Philosophies, Singapore, August 31-September 4, 1988.

"A Critical Examination of the Mainland Chinese Scholars' Recent Approaches to Chinese Culture." Conference on the "Developmental Experience in the Chinese-speaking World and the Future of China," sponsored by the Research Center for International Relations, National

Chengchi University, Taipei, December 22-25, 1987.

"On the Modern Reconstruction of Confucianism as an Ethical Theory." International Symposium on Confucianism and the Modern World, Taipei, November 12-18, 1987.

"On the Search-*Idee* of Interdisciplinary Integration." Sponsored by National Normal University, Taipei, August 20-21, 1987.

○"On the Modernization of Confucianism as a Philosophical/Moral Religion". International Conference on Confucian Ethics and the Modernization of Industrial Asia. Sponsored by the Institute of East Asian Philosophies, Singapore, January 5-9, 1987.

"A Philosophical Presentation of the Various Sino-Japanese Mahayana Buddhist Hierarchical Classifications of Buddhist Teachings and Texts". World Conference on the Integration of Sutric and Tantric Buddhist Traditions, Mount Fo-kuang, Taiwan, December 26-30, 1986.

"On the Task of Critically Inheriting and Creatively Developing Chinese Mahayana Buddhism". Institute of World Religions, Chinese Academy of Social Sciences, Beijing, China, April 6, 1986.

○"The Ideological and Philosophical Dilemmas of Marxism-Leninism-Maoism in Post-War China". Search for a New Value and the Ideological Tradition in Post-Mao

China, symposium at the 27th Annual Meeting of the American Association for Chinese Studies, University of California at Berkeley, November 25, 1985.

✓"The Philosophical Originality of T'oegye as Chu Hsi's Successor". In Japanese. Eighth International Conference on T'oegye and Korean Neo-Confucianism. Sponsored by the T'oegye Study Institute (Seoul, Korea), Tsukuba University, Japan, August 27-29, 1985.

"Chung Tzu, Kuo Hsiang, and Ch'an (Zen): A New Approach to the Question of Ideological Continuity". Fourth International Conference of the International Society for Chinese Philosophy, State University of New York at Stony Brook, July 15-18, 1985.

+"T'oegyes These über die Vier Anfange und Sieben Gefühle: Eine philosophische Untersuchung". Seventh International Conference on T'oegye and Korean Neo-Confucianism, sponsored by the T'oegye Study Institute, the University of Hamburg, West Germany, September 8-11, 1984.

"The Mencian Theory of Mind (*hsin*) and Nature (*hsing*)". Department of Philosophy, Chinese University of Hong Kong, March 4, 1984.

○"Natural Spontaneity and the Origin of Morals: The Confucian and Neo-Confucian Approaches". Annual Meeting of the American Philosophical Association, Boston,

December 28, 1983.

○"The Chinese Theories of Human Nature and Mind (with emphasis on the Mencian Theory". Third Symposium in Phenomenology and Oriental Philosophy. Cronkhite Graduate Center, Harvard University, May 5, 1983.

○"Japanese Spiritual Resources and Their Contemporary Relevance". International Interreligious Seminar on Spiritual Resources: Contemporary Problems, Immaculate Conception Seminary, New Jersey, March 18-20, 1983.

○"Chu Hsi on Buddhism: A Critical Examination". International Conference on Chu Hsi, East-West Center, m University of Hawaii, Honolulu, July 6-15, 1982.

○"Chinese Buddhism as an Existential Phenomenology". "Mind and Consciousness in Phenomenology and Chinese Philosophy", symposium at Cronkhite Graduate Center, Harvard University. Sponsored by the World Institute for Advanced Phenomenological Research and Learning, April 22, 1982.

RESEARCH IN PROGRESS (撰寫中之著作)

Three books in progress (under contract): *Zen Master Dogen* (Tungta Pub. Co.), *Fundamentals of Chinese Philosophy: A Modern Guide to Traditional Roots and Creative Transformations* (Greenwood Press).

Long-term projects (under contract): the first three volumes of *A History of Japanese Thought and Culture* (Ancient, Medieval, and Pre-modern); *Essentials of Primal Confucianism*; *Sourceaook in Prinal Confucianism*; *Essentials of Taoism*; *Sourcebook in Taoism*; *Essentials of Chinese Buddhism*; *Sourcebook in Chinese Buddhism*.

TEACHING:

Undergraduate Courses:

Religion and Human Life

Introduction to Asian Religions

Intellectual Heritage: 52

Buddhism, Psychoanalysis, and Existential Analysis

Yi-ching, Taoism, and Zen

Death and Dying

Issues in Religion and Society

Graduate Courses:

Proseminar in Chinese Religions

Proseminar in Buddhism

Mahayana Buddhism

Taoism, Zen, and Heidegger

Buddhism and Existential Phenomenology

Buddhist Language Studies

Topics in Chinese Religions

Foundations in Buddhism

Hermeneutics East and West

Undergraduate Individual Study:

1993-Mr. Eugene McMahon

Graduate Individual Study:

1993-Mr. Jin-wen Yu, Mr. Brian Victoria, Ms. Myungshin Hong, Mr. Hai-bo Wang

1992-Mr. Xaio Hong Ma

1991-Mr. You-ru Wang, Mr. Brian Victoria

1990-Mr. Brian Victoria, Mr. Robert Glass

1989-Mr. Kai-yu Chen

Dissertations Supervised:

1988-Lang Ra (passed with distinction); Alan Fox (passed with distinction): J. S. Choi (passed).

1989-Dan Lusthaus (passed with distinction)

1991-Chen-kuo Lin (passed with distinction)

Additional Doctoral Committee Service:

1989-Steve Goodman (passed with distinction); Boh-kin Kim (passed)

Ahmad; Sunggon Kim (passed the final examination in April, 1991); Tran

SERVICE TO THE PROFESSION (學術顧問等)

Editorial Consultant, *Tang-tai* (*Con-temporary*) Monthly, Taipei

Academic Consultant, Center for Studies of the History of

Contemporary Chinese Thought, Princeton University.

International Board of Advisors, International Society for Philosophy and Psychotherapy

Executive Board, International Society for Chinese Philosophy

○Associate Editor, *Journal of Ecumenical Studies*

Consulting Editor, *Chung-Hwa Buddhist Journal*

○Review Editor, *Journal of Chinese Philosophy*

○Consulting Editor, *Journal of Buddhist Philosophy*

Consulting Editor, *Chinese Culture* series, Beijing, China

External Examiner, Graduate School, Chinese University of Hong Kong

External Examiner, Undergraduate Studies, Department of Philosophy, Chinese University of Hong Kong

Advisor, International Academy of Chinese Culture, Beijing

Advisor, The South-China Society for Zen Studies, Nanjing

Editorial Consultant, *Journal of Chinese Studies,* Institute of Chinese Studies, Shenjun University, Shanghai

Senior Consultant, The Fokuangshan Cultural Foundations

Advisor, *Journal of Asian Arts*

Editorial Consultant, *Studies in Oriental Religions*

Honorary professor, Institute of Cultural Research, East China College of Chemical Engineering, PRC

Advisor, The Shanghai Association of Studies in Philosophy and Social Sciences on a regular basis

Visiting Professor, The Fa-kuang Institute of Buddhist Studies on a regular basis

Visiting Professor, Fokuangshan Buddhist Academy

SERVICE TO THE DEPARTMENT

Personnel Committee

Financial Aid Committee

Graduate Studies Committee

Sub-Committe on Hiring

PROFESSIONAL MEMBERSHIPS

International Society for Chinese Philosophy

American Philosophical Association

International Society for Philosophy and Psychotherapy

滄海叢刊書目（二）

國學類

先秦諸子繫年	錢　穆　著
朱子學提綱	錢　穆　著
莊子篡箋	錢　穆　著
論語新解	錢　穆　著
周官之成書及其反映的文化與時代新考	金春峯　著

哲學類

哲學十大問題	鄔昆如　著
哲學淺論	張　康　譯
哲學智慧的尋求	何秀煌　著
哲學的智慧與歷史的聰明	何秀煌　著
文化、哲學與方法	何秀煌　著
人性記號與文明——語言·邏輯與記號世界	何秀煌　著
邏輯與設基法	劉福增　著
知識·邏輯·科學哲學	林正弘　著
現代藝術哲學	孫　旗　譯
現代美學及其他	趙天儀　著
中國現代化的哲學省思——「傳統」與「現代」理性結合	成中英　著
不以規矩不能成方圓	劉君燦　著
恕道與大同	張起鈞　著
現代存在思想家	項退結　著
中國思想通俗講話	錢　穆　著
中國哲學史話	吳怡、張起鈞　著
中國百位哲學家	黎建球　著
中國人的路	項退結　著
中國哲學之路	項退結　著
中國人性論	臺大哲學系主編
中國管理哲學	曾仕強　著
孔子學說探微	林義正　著
心學的現代詮釋	姜允明　著

中庸誠的哲學	吳　怡　著
中庸形上思想	高柏園　著
儒學的常與變	蔡仁厚　著
智慧的老子	張起鈞　著
老子的哲學	王邦雄　著
當代西方哲學與方法論	臺大哲學系主編
人性尊嚴的存在背景	項退結編著
理解的命運	殷　鼎　著
馬克斯・謝勒三論	阿弗德・休慈原著、江日新　譯
懷海德哲學	楊士毅　著
洛克悟性哲學	蔡信安　著
伽利略・波柏・科學說明	林正弘　著
儒家與現代中國	韋政通　著
思想的貧困	韋政通　著
近代思想史散論	龔鵬程　著
魏晉清談	唐翼明　著
中國哲學的生命和方法	吳　怡　著
孟學的現代意義	王支洪　著
孟學思想史論（卷一）	黃俊傑　著
莊老通辨	錢　穆　著
墨家哲學	蔡仁厚　著
柏拉圖三論	程石泉　著

宗教類

圓滿生命的實現（布施波羅密）	陳柏達　著
薝蔔林・外集	陳慧劍　著
維摩詰經今譯	陳慧劍譯註
龍樹與中觀哲學	楊惠南　著
公案禪語	吳　怡　著
禪學講話	芝峯法師　譯
禪骨詩心集	巴壺天　著
中國禪宗史	關世謙　著
魏晉南北朝時期的道教	湯一介　著
佛學論著	周中一　著
當代佛教思想展望	楊惠南　著
臺灣佛教文化的新動向	江燦騰　著

釋迦牟尼與原始佛教 于凌波 著
唯識學綱要 于凌波 著

社會科學類

中華文化十二講 錢穆 著
民族與文化 錢穆 著
楚文化研究 文崇一 著
中國古文化 文崇一 著
社會、文化和知識分子 葉啟政 著
儒學傳統與文化創新 黃俊傑 著
歷史轉捩點上的反思 韋政通 著
中國人的價值觀 文崇一 著
紅樓夢與中國舊家庭 薩孟武 著
社會學與中國研究 蔡文輝 著
比較社會學 蔡文輝 著
我國社會的變遷與發展 朱岑樓主編
三十年來我國人文社會科學之回顧與展望 賴澤涵 編
社會學的滋味 蕭新煌 著
臺灣的社區權力結構 文崇一 著
臺灣居民的休閒生活 文崇一 著
臺灣的工業化與社會變遷 文崇一 著
臺灣社會的變遷與秩序(政治篇)(社會文化篇) 文崇一 著
臺灣的社會發展 席汝楫 著
透視大陸 政治大學新聞研究所主編
憲法論衡 荊知仁 著
周禮的政治思想 周世輔、周文湘 著
儒家政論衍義 薩孟武 著
制度化的社會邏輯 葉啟政 著
臺灣社會的人文迷思 葉啟政 著
臺灣與美國的社會問題 蔡文輝、蕭新煌主編
教育叢談 上官業佑 著
不疑不懼 王洪鈞 著
自由憲政與民主轉型 周陽山 著
蘇東巨變與兩岸互動 周陽山 著
鄉村發展的理論與實際 蔡宏進 著
戰後臺灣的教育與思想 黃俊傑 著

史地類

國史新論	錢　　穆　著
秦漢史	錢　　穆　著
秦漢史論稿	邢義田　著
宋史論集	陳學霖　著
中國人的故事	夏雨人　著
明朝酒文化	王春瑜　著
歷史圈外	朱　桂　著
當代佛門人物	陳慧劍編著
弘一大師傳	陳慧劍　著
杜魚庵學佛荒史	陳慧劍　著
蘇曼殊大師新傳	劉心皇　著
近代中國人物漫譚	王覺源　著
近代中國人物漫譚續集	王覺源　著
魯迅這個人	劉心皇　著
沈從文傳	凌　宇　著
三十年代作家論	姜　穆　著
三十年代作家論續集	姜　穆　著
當代臺灣作家論	何　欣　著
師友風義	鄭彥棻　著
見賢集	鄭彥棻　著
思齊集	鄭彥棻　著
懷聖集	鄭彥棻　著
周世輔回憶錄	周世輔　著
三生有幸	吳相湘　著
孤兒心影錄	張國柱　著
我這半生	毛振翔　著
我是依然苦鬪人	毛振翔　著
八十憶雙親、師友雜憶（合刊）	錢　穆　著

語文類

訓詁通論	吳孟復　著
入聲字箋論	陳慧劍　著
翻譯偶語	黃文範　著
翻譯新語	黃文範　著

中文排列方式析論	司　琦	著
杜詩品評	楊慧傑	著
詩中的李白	楊慧傑	著
寒山子研究	陳慧劍	著
司空圖新論	王潤華	著
詩情與幽境——唐代文人的園林生活	侯迺慧	著
歐陽修詩本義研究	裴普賢	著
品詩吟詩	邱燮友	著
談詩錄	方祖燊	著
情趣詩話	楊光治	著
歌鼓湘靈——楚詩詞藝術欣賞	李元洛	著
中國文學鑑賞舉隅	黃慶萱、許家鶯	著
中國文學縱橫論	黃維樑	著
古典今論	唐翼明	著
亭林詩考索	潘重規	著
浮士德研究	劉安雲	譯
蘇忍尼辛選集	李辰冬	譯
文學欣賞的靈魂	劉述先	著
小說創作論	羅　盤	著
借鏡與類比	何冠驥	著
情愛與文學	周伯乃	著
鏡花水月	陳國球	著
文學因緣	鄭樹森	著
解構批評論集	廖炳惠	著
世界短篇文學名著欣賞	蕭傳文	著
細讀現代小說	張素貞	著
續讀現代小說	張素貞	著
現代詩學	蕭　蕭	著
詩美學	李元洛	著
詩人之燈——詩的欣賞與評論	羅　青	著
詩學析論	張春榮	著
修辭散步	張春榮	著
橫看成嶺側成峯	文曉村	著
大陸文藝新探	周玉山	著
大陸文藝論衡	周玉山	著
大陸當代文學掃描	葉穉英	著

走出傷痕——大陸新時期小說探論	張子樟	著
大陸新時期小說論	張　放	著
兒童文學	葉詠琍	著
兒童成長與文學	葉詠琍	著
累廬聲氣集	姜超嶽	著
林下生涯	姜超嶽	著
青　春	葉蟬貞	著
牧場的情思	張媛媛	著
萍踪憶語	賴景瑚	著
現實的探索	陳銘磻	編
一縷新綠	柴　扉	著
金排附	鍾延豪	著
放　鷹	吳錦發	著
黃巢殺人八百萬	宋澤萊	著
泥土的香味	彭瑞金	著
燈下燈	蕭　蕭	著
陽關千唱	陳　煌	著
種　籽	向　陽	著
無緣廟	陳艷秋	著
鄉　事	林清玄	著
余忠雄的春天	鍾鐵民	著
吳煦斌小說集	吳煦斌	著
卡薩爾斯之琴	葉石濤	著
靑囊夜燈	許振江	著
我永遠年輕	唐文標	著
思想起	陌上塵	著
心酸記	李　喬	著
孤獨園	林蒼鬱	著
離　訣	林蒼鬱	著
托塔少年	林文欽	編
北美情逅	卜貴美	著
日本歷史之旅	李希聖	著
孤寂中的廻響	洛　夫	著
火天使	趙衛民	著
無塵的鏡子	張　默	著
關心茶——中國哲學的心	吳　怡	著

放眼天下	陳新雄 著
生活健康	卜鍾元 著
文化的春天	王保雲 著
思光詩選	勞思光 著
靜思手札	黑野 著
狡兔歲月	黃和英 著
老樹春深曾著花	畢璞 著
列寧格勒十日記	潘重規 著
文學與歷史	胡秋原 著

美術類

音樂與我	趙琴 著
爐邊閒話	李抱忱 著
琴臺碎語	黃友棣 著
音樂隨筆	趙琴 著
樂林蓽露	黃友棣 著
樂谷鳴泉	黃友棣 著
樂韻飄香	黃友棣 著
弘一大師歌曲集	錢仁康 編
立體造型基本設計	張長傑 著
工藝材料	李鈞棫 著
裝飾工藝	張長傑 著
現代工學與安全	劉其偉 著
人體工藝概論	張長傑 著
藤竹工	張長傑 著
石膏工藝	李鈞棫 著
色彩基礎	何耀宗 著
五月與東方——中國美術現代化運動在戰後臺灣之發展（1945～1970）	蕭瓊瑞 著
中國繪畫思想史	高木森 著
藝術史學的基礎	曾堉、葉劉天增 譯
當代藝術采風	王保雲 著
唐畫詩中看	王伯敏 著
都市計畫概論	王紀鯤 著
建築設計方法	陳政雄 著
建築鋼屋架結構設計	王萬雄 著
古典與象徵的界限	李明明 著